世紀波瀾中的文化記憶

——葉以群與他的文學戰友們

葉周 —— 著

責任編輯	李　斌	
書籍設計	a_kun	
書籍排版	楊　錄	

書　　名　**世紀波瀾中的文化記憶 —— 葉以群與他的文學戰友們**

著　　者　葉　周

出　　版　三聯書店（香港）有限公司

香港北角英皇道 499 號北角工業大廈 20 樓

Joint Publishing (H.K.) Co., Ltd.

20/F., North Point Industrial Building,

499 King's Road, North Point, Hong Kong

香港發行　香港聯合書刊物流有限公司

香港新界荃灣德士古道 220-248 號 16 樓

印　　刷　美雅印刷製本有限公司

香港九龍觀塘榮業街 6 號 4 樓 A 室

版　　次　2024 年 7 月香港第 1 版第 1 次印刷

規　　格　大 32 開（140mm × 210 mm）272 面

國際書號　ISBN 978-962-04-5528-5

© 2024 Joint Publishing (H.K.) Co., Ltd.

Published & Printed in Hong Kong, China.

1｜葉以群（右一）到日本留學前與父親、哥哥、姪子合照。

2｜1939 年作家戰地訪問團在重慶出發前與送行者合影。一排左二起：陸晶清、王禮錫、姚蓬子；二排右一：老舍；三排右一：邵力子；四排左一：郭沫若，左三：葉以群。

3｜葉以群與作家戰地訪問團到達太行山八路軍總部時留影。

4｜20 世紀 40 年代葉以群與張瑞芳在重慶。

5｜20 世紀 40 年代的葉以群。

6｜20 世紀 40 年代的葉以群。

7｜20世紀40年代茅盾、
老舍、于立群攝於重慶。

8｜1947年葉以群和郭沫若、夏衍等人在香港。左三起：郭沫若、歐陽予倩、陳可辛、舒繡文、
葉以群、夏衍、方成；中排左起：李湄（廖夢醒的女兒）、沈寧（夏衍的女兒）；前排：丁聰。

9 | 1948 年在香港南群影業公司。前排左三起：瞿白音、葉以群、歐陽予倩、舒繡文；二排左四起：顧而已、劉素明；後排左二起：于伶、馮喆。

10 | 1948 年在香港電影攝製組。中立者為葉以群。前排：左一歐陽予倩、左二瞿白音、左三舒繡文。

11｜1948 年文化界人士在蕭紅墓前。前排左起：丁聰、夏衍、白楊、沈寧、葉以群、周而復、陽翰笙；後排左起：張駿祥、吳祖光、張瑞芳、曹禺。

12｜葉以群與劉素明新中國成立前在香港。

13 | 20 世紀 50 年代葉以群與陳毅市
長攝於上海。

14 | 左起：20 世紀 50 年代于伶、陳荒煤、葉以群（左三）、徐桑楚攝於上海。

15 | 1950 年蔣燕、周而復、葉以群、于伶攝於上海。

16 | 1950 年葉以群與劉素明在上海結婚。前排左起：葉以群、劉素明；後排左起：主婚人潘漢年、證婚人夏衍。

17 | 葉以群（左四）、姜椿芳（左五）、于伶（右一）在上海中蘇友協會見蘇聯友人。

18 | 20 世紀 50 年代葉以群攝於上海中蘇友協。

19 │ 1953 年葉以群率中國電影代表團訪問捷克，在開幕式上发言。后排右三為演員郭振清、右四為陳戈。

20 │ 葉以群和演員郭振清與捷克兒童。

21｜周揚會見《魯迅傳》攝製組主創。左起：謝添、杜宣、葉以群、于是之、于藍、周揚、
趙丹、陳鯉庭、陳白塵、石羽、藍馬。

22｜《魯迅傳》主創參觀魯迅紀念館。前排左起：
沈鵬年、葉以群、陳白塵、陳鯉庭（後中）。

23 | 葉以群在上海作協辦公室。

24 | 1960 年 1 月周恩來總理在北京新橋飯店接見文藝界人士。前排左二起：柯仲平、賀綠汀、方令孺、白楊、周恩來、張瑞芳、草明。二排左起：周立波、杜宣、葉以群、歐陽山；右二于伶、右一張駿祥；三排左二趙丹、左四孔羅蓀、左六陳鯉庭；四排左二：袁水拍；後排左一鄭君里、右一沙汀、右二黃佐臨。

25 | 20 世紀 60 年代葉以群在家中。

26 | 1960 年 7 月劉少奇、宋慶齡、朱德、郭沫若接見文代會代表。左起：葉以群、孟波、周小燕、才旦卓瑪。

27 | 夏衍、葉以群、紅線女、柯靈合影。

28 | 白楊、葉以群、顧而已合影。

29 | 1979 年 1 月巴金在葉以群骨灰安放儀式上致悼詞。

30 | 1979 年 1 月巴金等前輩與葉以群家屬送葉以群前往骨灰安置室。左起：任乾、張瑞芳、王西彥、杜宣、吳強、孔羅蓀、陳白塵、鍾望陽、巴金、劉素明（葉以群妻子）及家屬：吳曉桂、葉新民、葉新桂、葉新建、葉建生（葉元龍之子）、葉周、黃淑英、潘閏梅。

31 | 1984 年于伶等前輩與葉以群的孩子合影。左起：孔羅蓀、吳強、葉周、于伶、葉新紅、艾明之、葉新桂。

32 | 1984 年葉周與陳荒煤攝於濟南。

33 | 1996 年葉周與黃宗英、馮亦代。

34 | 2011 年葉周、錢谷融、徐中玉攝於以群百年誕辰紀念座談會。

目　錄

自序

　　我與父親葉以群並沒有深入交流的機會，因為他離開這個世界的時候，我還只是一個小學二年級的學生。如今我保留下來的父親給我的信只有一封，那是父親一次出差期間寫的。在信中他囑咐我帶好弟弟和妹妹，並且記得每天給家中的盆景澆水。父親的唯一愛好就是培植盆景，家中的客廳裡常年放著一些常青的綠葉。也許是受父親的影響，我也一直秉持著這樣的喜好。我與父親的距離曾經很近，在家中整理舊照片時我看見三歲的自己坐在父親的膝蓋上，與兄長、母親和姨婆一起合影。照片上父親的笑容是燦爛的，但我卻嘴裡含著手指，一臉疑惑。也許那時候我並無意識，20世紀60年代的前兩年，對我們家還是最平靜的歲月。

　　雖然等到我成年後，已經無法建立與父親的交流，不過聊以自慰的是，我與他同輩的朋友們保持了緊密的接觸。我與周揚、陳荒煤、于伶、周而復、葉子銘等前輩通過信，更有機會和他們中的許多位多次見面，促膝談心。他們的言傳身教影響了我成年後的個性。從他們身上我看見了曾經與他們並肩前行的父親的身影。可以說這本書不僅是我與父親的對話，也是我與前輩們交流的記錄。如今回想起那些年輕的時光，溫潤清新，是那麼彌足珍貴！

我曾經在一篇文章中寫過：在我成長的年代裡，親眼所見文壇前輩們經受著磨難，但是苦難為什麼沒有阻擋我選擇文學，依然步上了筆耕的道路？有一次我去巴金故居舊地重遊，我找到了問題的答案。當我走進一間狹小的太陽房中，我知道巴金先生曾在那張小書桌上創作了傳世之作《隨想錄》。我忽然明白，正是前輩們遭遇磨難時，沉默中展現的默默承受和人格尊嚴，留給我極其深刻的印象。當社會氛圍中阿諛奉承和攻訐陷害瀰漫時，他們的沉默和自尊在我年輕的心靈中投上一道永遠無法磨滅的光亮，為人有尊嚴，為文才有品味。這束光在我心中點燃的火苗至今燃燒著，我的文學夢想從此開始。

多年前回上海，為了探訪魯迅先生的遺跡，我特地去了虹口的魯迅紀念館。在魯迅墓地一側的文物陳列室中，我一件件地細看陳列室裡的文物。意外地在一份由許廣平女士捐贈的送殯者登記簿上看見父親葉以群的名字。其他的參加者還有王統照、關露、沙汀、麗尼等數十人。那時父親還是個二十幾歲的年輕人，加入「左聯」以後，早已將個人的生死置之度外。離開魯迅紀念館，我又去了不遠處尚是民居的「遠東國際反戰會議舊址」。在那幢三層樓高的建築中，我爬上長長的深棕色樓梯，久久地站在那兒，憶想著當年走上那道樓梯的宋慶齡、英國勳爵馬萊和法國《人道報》主筆古久里。而那次國際會議正是父親和周文等幾個年輕人接受了馮雪峰的指示具體籌劃組織的。「遠東國際反戰會議」成功舉行後，魯迅在回答作家蕭軍、蕭紅對會議的詢問時說：「會是開成的，費了許多力；各種消息，報上都不肯登，所以中國很少人知道。」

經由父親的血脈傳承，我忽然與八十多年前的歷史有了連結。在摩登的上海街頭依然可以尋覓到歷史的遺跡，這樣的事也是上海這座城市與我割不斷的聯繫，世界上任何其他的城市都無法取代。這些沉睡多年的歷史，似乎已經很少人關注。但我卻深入開掘，書寫出那個時代文化前輩的執著堅韌與輝煌。我十分慶幸自己的筆激活了那段歷史，正如有

些同行們所評論的：您的筆使父親和前輩們再生。

　　在前輩的著作中我還了解到：父親二十世紀三十年代在上海與丁玲、田漢等人一起加入中國共產黨，那年他才二十一歲。後來他擔任了「左聯」組織部長；茅盾的著作《子夜》出版時在上海舉行的新書發佈會是父親主持的；在抗戰期間，由周恩來安排，父親始終在茅盾身邊擔任他的助手，協助主編了抗戰年代影響深遠的刊物《文藝陣地》；還有他在陪都重慶曾與作家徐遲一同組織了法國作家羅曼·羅蘭逝世的追思會，產生了非常大的影響……許多史料在我面前構築起一幅父親生平的生動畫面。在這些文字中，我將父親與他同時代的前輩們從「左聯」時期，到抗戰前後以及新中國成立後所從事的進步文化事業勾勒出來。我不僅僅用這些文字記錄了父親的生平，而更著重於描寫父親與他的同時代文化前輩們的互動交流。在這些文字的寫作中，我不僅了解了一個在各個歷史時期都十分活躍的父親，也讓我看見了他和前輩作家們攜手為中國的文學事業奮鬥的精彩歷史。如今他們已經遠離我們，但是他們的音容笑貌依然常留在我的記憶中。他們留給後代的是寶貴的文學財富，崇高的人格品質。他們即便在極其艱難的歷史環境中，不論是忍飢捱餓，或是經受著精神上來自各個方面的干擾和迫害，仍然那麼有個性地活著，仍然熱愛著自己的民族、自己的人民、自己的文化，堅韌地追求自己的理想，矢志不移地追尋著文學。這是父輩留給今天這個世界永遠不朽的精神財富。這些故事感動了我，並且始終在我的腦海中閃現，把他們的故事寫下來似乎成為我生命的救贖。

　　《世紀波瀾中的文化記憶 —— 葉以群與他的文學戰友們》對我還有更重要的意義。當我以一個海外寫作者的身份回顧與文壇前輩的交往，以及對前輩歷史的尋索，在這些文字中我建立了一種與歷史、與前輩的對話。兩者間形成的對話，不僅是血脈的傳承，更重要的是文化的傳承。我身為海外華文寫作者的一員，文學觀和價值觀都是在思想解放

運動興起的 20 世紀 80 年代形成,我的血液中流淌著中國文學的豐富滋養。我今天的文字是兩種文化、兩個國度融合的產物,我為此慶幸。這些在文字空間中形成的對話,不僅是我和父親的對話,並且是一個海外華文文學寫作者,在海外生活了半世人生後,回到故土,再次面對先輩,面對我的文學起源時的一種思索。這種思索不僅增加了我的人生閱歷,使我彷彿有了另一種完全不同的人生,也使我更清楚地看見我是誰,我從哪裡來。

在本書的寫作過程中,我時常設法將自己放進父輩們所經歷的那個對於我來說遙遠而又艱苦卓絕的年代,設想如果是我會有怎樣的抉擇,如何開拓自己的文學寫作。這種對話是充滿張力的,我至今崇尚他們年輕時的選擇,同時又在他們的挫折中,追究歷史的原因,並設法避免他們曾身陷其中的困境。也許我對某些信條也不會那麼容易信奉,對於人文主義和符合人之常情的自然倫理的喜愛會增加。如果有一天和父親相對而坐,我相信他也能理解我的想法。

還記得前幾年,深秋的一個傍晚,我獨自坐在上海市中心一家近年來落成的飯店大廳裡喝咖啡,兩位年輕的女音樂人正在演奏鋼琴和小提琴。在我座位的前方掛著一幅巨大的上海城市寫意畫,斑駁的金色和灰色中交錯著外白渡橋和東方明珠電視塔,而散佈於明暗色塊中的是無數歷史的痕跡……獨自一人時我本希望沉澱一下自己的心情,可是從兩位音樂人手底流出的舒緩悠揚的曲調卻不經意間觸動了我心中敏感的神經,過往的人和事隨著這悠揚的曲調向我走來。他們中有些是我熟悉的前輩和朋友,有些只是我在書本上認識的先驅者,他們一個個生動地走進了我想像中的世界。我心中湧動起一種不可名狀的激動,禁不住熱淚盈眶。一個摩登上海的寧靜傍晚,獨自一人的我,卻莫名激動,是什麼原因?我終於悟到,我走進了一個嶄新的上海,卻處處撞擊歷史,處處與先人邂逅,在那一個熟悉的街角,在那一棟曾經到過的故居裡……一

個歷史與現實不可分割，交錯的城市，是我陌生的，卻更是我熟悉的。有無數魂牽夢縈的人事物伴隨著我走到世界各地，也吸引我回到家鄉。

在行將步入老年行列之前，我念念不忘要把所了解的前輩們留下的文化記憶形成文字，記錄下來。現在，我終於完成了這個使命，這是一個幾十年累積的產出。我喜歡旅行，本書寫作過程如同一次遠行，可是這次遠行卻是走向歷史縱深，如同時光倒流，我經歷了另一種完全不同、極其豐富的人生。我在夢中和我所見過的每一位前輩再次握手，向他們報告我的書已經寫完，以此告慰他們曾經對我的栽培，我也為此感到欣慰和滿足！他們的人生經歷也許只是歷史大潮中的一個小水滴，卻曾經發光發亮，折射出屬於他們自己的獨特光照，值得歷史永久銘記！父親和他的文學戰友們：茅盾、周揚、馮雪峰、丁玲、夏衍、陳荒煤、于伶等前輩，在世紀波瀾中個性鮮活，各領風騷，在文化戰線上扮演著重要的角色。在歲月的長河中他們是衝浪者、奮進者。他們在中華大地上生活過，思想過，行動過，並留下了自己深深的文化印跡。

在此也特別感謝中國社會科學院文學研究所趙稀方先生的引薦，讓我有機會結識時任香港三聯書店的周建華總編輯和出版經理李斌，我們一見如故，彷彿多年未見的老朋友那樣暢敘。感謝他們對拙作的賞識與支持！

2023 年 12 月 23 日
於洛杉磯

引言

　　幾年前我去重慶，特地前往「中華全國文藝界抗敵協會」的遺址，文協的舊址在張家花園路六十五號的棫園，原來用竹泥巴牆建起的三層建築已經不存在了，只剩下一堵圍牆和圍牆邊繁茂伸展的黃葛樹。這個名為張家花園的地區入口很隱蔽，許多重慶人在這個城市住了幾十年也未必知道。小巷子很幽靜，這裡沒有車道，走在高低起伏的步道上，一邊是為防水土流失築起的堡坎，一邊是老式樓房，腳下是石梯，天空中還不經意間橫陳著綠色的植物。聽不見鬧市的車聲、人聲，彷彿是一個時間停滯的世界。那個下午我在間歇性的小雨中走在起伏高低的石階上，路面被雨水浸濕了，我的腳步在石路上留下了一行行足印。在濕滑的路上徘徊，我試圖從空間中尋找前輩留下的信息。

　　重慶文化部門為了保持遺址的原味，特地按照原來的樣子做出了一堵牆。兩扇斑駁的黑色大門，門邊的圍牆上鐫刻著一幅幅壁畫，依稀可見抗戰年代文藝工作者的身影。特別珍貴的是一塊牌子上，鐫刻著許多文壇前輩的名字：「1938 年武漢失陷前夕，中華全國文藝界抗敵協會遷來重慶，設會址於此。中國抗戰大後方進步文藝界的著名人士郭沫若、老舍、茅盾、馮乃超、胡風、臧克家、葉以群、何其芳、艾

蕪、柳青、邵荃麟、聶紺弩、馮雪峰等多在此集會，舉辦各種活動。」

我早已聽說過這段往事，等到有一天來到這個地方，一步一步地踏上山城的土地，我才真實地感受到這片土地上散發的歷史傳奇的力量。

當年父親葉以群（著名文學評論家、編輯家，新中國成立後曾任上海聯合電影製片廠副廠長、上海作家協會副主席、上海文學研究所副所長等職）協助老舍先生主持「抗戰文協」日常事務的歲月裡，這棟臨街的樓房，如同一幢集體宿舍。兩扇黑漆門板裡面，是一個天井，一邊是國民黨元老廖仲愷的女兒廖夢醒住的小樓。另一邊一棟三層樓房，左手靠著樓梯的一間住著父親葉以群，他負責「文協」日常事務，負責編輯茅盾主編的《文藝陣地》。廖夢醒的女兒李湄到了耄耋之年，在一本畫冊上看見葉以群的照片，顯得特別高興，即刻對身邊的人回憶起在重慶張家花園裡自己童年的一件往事。有一天媽媽廖梦醒為她煮了一鍋麵條，燒得時間太久了成糊狀了，李湄哭鬧著不吃。這時葉以群叔叔聽到李湄的哭聲後，自己又重新煮了一鍋，送來給李湄做晚餐。其實在到重慶之前，在上海時葉以群與廖夢醒、李少石夫婦就非常熟悉。我在家中的相片中，還看見一幅 1937 年廖夢醒簽名送給父親葉以群的照片，上面他們夫婦倆擁著才二三歲的女兒李湄。

樓裡另一邊是文協會刊《抗戰文藝》編輯部。二樓住著影劇界的劇作家和導演宋之的，史東山，章泯，葛　虹；二樓先是住著導演陳鯉庭，演員舒繡文帶著三四歲的小女兒。當時，史東山導演和舒繡文都在附近的中央製片廠拍電影。中央製片廠 1937 年底從武漢遷渝，重慶成為中國電影精英避難地，大後方的電影生產基地，有「中國好萊塢」之稱。後來這裡又搬來了導演鄭君里等。臨時到這裡投宿的文化人就更多了。艾青在去延安之前曾經住在這裡，艾青走了以後，徐遲住了進去，還在抽屜裡看見艾青留下三四十幅畫得極美的圖畫。前面

我提到的這些名字，也許今天的青年人都不熟悉了。不過可以說，他們都是那個時代具有代表性的文藝界人士。如今這些前輩都已離世，可是憶想當年的歷史情景，其中有許多故事依然令人熱血沸騰、鼓舞人心。

抗戰期間，日軍飛機對陪都重慶長達五年的大轟炸，造成了許多生命的損失，那時也是父親葉以群堅守在重慶渝中地區工作的日子。當我在細雨中爬上斜坡上的階梯，仿如聽到不遠處朝天門和市中心的爆炸聲。當時受災最嚴重的就是解放碑一帶的市中心。那時一到夏季雲開霧散，日軍飛機就開始了季節性的轟炸，有時一天來襲數次，敵機一來全城便響起刺耳的防空警報。成人們帶著孩子急忙躲進住家附近的防空洞。重慶到處是山，許多防空洞都在厚厚岩石下的山洞裡，有時在裡面一呆就是幾個小時。文藝理論家胡風曾這樣描繪過防空洞：洞裡像電車車廂一樣，面對面兩排木板架的凳子，中間空著兩米寬的過道，還有電燈。有一次忽然電燈熄滅，外面能聽到天空中飛機凌空的轟轟聲，還聽到高射炮射擊的聲音。等到走出洞外經常看見遠處燃起的大火，或是附近被打死的人們。

據不完全統計，在那極其艱苦的五年中，日本軍機的轟炸次數達218次，出動飛機 9000 多架次，投彈 11500 多枚，炸死一萬人以上。市區大部分繁華地區被破壞。最慘絕人寰的是 1941 年 6 月 5 日，日機從傍晚起至午夜連續對重慶實施數小時轟炸。重慶市內的一個主要防空洞部分通風口被炸塌，引致洞內通風不足，洞內市民因呼吸困難擠往洞口，造成互相踩踏，以及大量難民窒息，估計數以千人死亡。當我乘車經過了鬧市區附近的大轟炸紀念碑，彷彿依稀望見鐵絲網後的地下室裡掩埋了許多無辜的生命。

一到了冬季，重慶成天是霧氣茫茫，出門看不見五米遠的路，霧季倒成了重慶人最繁忙的季節，日本軍機無法前來轟炸。於是各地來

的商人政客紛紛出門活動，轟炸時疏散到各地去的人們都回來了，文藝界開始舉行霧都戲劇演出，各種詩歌晚會、戲劇晚會都在城市裡熱鬧起來。那幾年的重慶霧季公演了許多著名的抗戰話劇，都是在市中心的國泰戲院。自然「抗戰文協」也舉行了許多載入史冊的文化活動，使這座山城成了父輩們記憶中的一個聖地……我選擇在深秋前去尋訪，或許是因為這個季節繁花落盡，寒風未起，我可以在洗盡鉛華的色彩中看到歷史沉澱的原色。嘉陵江江面不寬，波瀾不驚。曾經發生在重慶的故事卻已深刻進歷史。

父親葉以群是 1938 年在武漢參加了「抗戰文協」的籌備工作。武漢淪陷前又去了桂林，然後輾轉來到重慶。「抗戰文協」的駐地起初是在臨江門，後來在一次日軍大轟炸中被炸毀了，再搬到張家花園。說起父親在張家花園的那間屋子，我在好幾位前輩的回憶文章中都讀到過。原來不僅父親葉以群在裡面住了很多年，茅盾、老舍也常去那兒和葉以群討論工作，有時討論得熱烈了就在葉以群的屋裡住一晚。沙汀、徐遲是葉以群很好的朋友，有一段日子他們先後在這間屋子裡與他共處一室，互相幫助，留下了很多美好的記憶。沙汀還有好幾篇頗有影響的小說是在葉以群的鼾聲陪伴下寫成的……當我看到各位前輩對重慶生活的點滴回憶，裡面充滿了精彩的描寫。那是中華民族災難深重的歲月，父輩們還年輕，他們顛沛流離，遷徙於各地。當我回望他們的歲月時光，如同聽到一首好歌，那首歌是一代文化前輩的合唱，歌聲嘹亮，直沖雲霄。父親葉以群是一個貫穿其中的活躍成員，他和前輩們並肩戰鬥、相濡以沫。我跟隨著他的足跡重返現場，去重慶，去香港，去上海……歷史的大幕在我面前揭開，上演的是他們的如歌歲月。

　　1988 秋季我從上海去北京出差，專程去張穎（抗戰時期在重慶擔任南方局文委書記周恩來的秘書，新中國成立後曾擔任外交部新聞司副司長、中國戲劇家協會《劇本》月刊主編）家中拜訪。她住在北京市區的一個四合院裡。我在北京訪問過一些前輩作家，通常都住在高層的公寓中，唯有張穎的家是在四合院裡。她家的四合院修繕得很好，獨門院落，感覺很舒適。她的先生是章文晉先生（當時擔任中國人民對外友好協會會長，在此之前擔任過外交部副部長、中國駐美國大使）。抗戰時期他們都在周恩來身邊工作，在重慶認識並成為夫妻。那天我見到了他們夫婦，在繁忙的社交事務間隙，我得以和張穎坐下交談。張穎那時六十多歲，瘦瘦的身形，很精神。那天她饒有興致地和我回憶起第一次見到葉以群的情景。她送了我一本新出的著作《恩情日月長》，其中有一篇文章回憶了在重慶時周恩來領導下的南方局文化組的工作情況，葉以群成了曾家岩五十號的常客。周恩來經常會見他，他擔當了文化組與文藝界的聯絡工作。

「以群還常常把周恩來的意見轉達給茅盾和老舍，並徵求他們的看法，以溝通思想，配合工作。實際上以群在南方局和全國文協之間起到了溝通的作用，通過他的工作，聯繫文藝界持有各種不同見解的朋友，使之在大的方面達到一致。」（張穎：《回憶南方局文委 —— 文化組》）

閒談中張穎回憶起她和以群的第一次見面，那些往事後來她在文章《在南方局文委工作的日子：獻身藝術甘願吃苦》中寫得極為周詳。1939 年張穎和博古、董必武坐同一輛車從延安來到重慶，不久從紅岩咀調來曾家岩五十號的南方局文委擔任周恩來的秘書。那時她才只有十七歲。兩年前她從廣州去了延安，並成為魯迅藝術學院戲劇系的首屆畢業生。自 1938 年夏秋之間，奔向延安的有志之士可以說是絡繹不絕的。每天都有百八十人到達延安。到抗戰後期，在延安的知識分子人數達到了四萬餘人。除各地黨組織派來的以外，大多是嚮往進步和光明的普通知識分子。其中四分之一都有在上海的經驗。以群認識的就有荒煤、劉白羽等。

「記得我到文委工作後不到半年，恩來同志有一天和我談話：問我在重慶文藝界有沒有認識的朋友。我說一個也不認識，只是我從延安出來的時候，我的老師陳荒煤交給我一封信，讓我轉交給葉以群，並說以群是他的好朋友，如果有必要他會給我幫助。我告訴恩來同志，這封信一直還保存在我手中，因為在紅岩咀時，我是不能外出的，所以還一直沒有見面並轉交那封信。恩來同志頓時笑了，說你也太老實了，應該向（童）小鵬彙報呀，怎麼能把一封信壓了一年呢。隨即他把葉以群的電話告訴我，讓我聯繫上了就親自把信送去，並告訴我說，你既然調到文委來工作，就應該儘可能認識文化界的朋友。葉以群是個非常熱情的人，我和他通上電話，他知道我從延安出來，又帶了荒

煤的信，他很高興。隨即約我到重慶城裡的廣州大三元酒家飲茶。我答應了，問清地址，在約定時間找到了『大三元』。」（張穎：《在南方局文委工作的日子：獻身藝術甘願吃苦》）已經是四十多年前的往事了，在張穎的敘述中卻如同昨日，一定是葉以群給她的印象很深刻，她的敘述才會那麼形神兼備，栩栩如生。從此張穎負責和葉以群具體聯絡，傳達周恩來對文協工作的指示。

我似乎看見了父親葉以群在重慶文化界的生活概貌，那時他才二十九歲，穿著西裝前去與十七歲的張穎見面。父親曾經回憶他當時的生活，為了工作，每天都穿著西裝，其實他也就只有一套西裝。每天晚上把褲子摺得整整齊齊放在枕頭下面，第二天褲縫又可以顯得筆挺。當時的生活其實是蠻艱苦的，在霧都山城裡，從他辦公和居住的張家花園抗戰文協的駐地，走過幾個斜坡到曾家岩其實不太遠，也就十幾二十分鐘吧。不過那時道路泥濘，上下坡的石階都是粗坯的石板路，有時在路上摔幾個跤也是稀疏平常的事。

父親還是一個細心的人，他了解到張穎是廣東人，見面時特地在重慶市區找了一家廣東酒樓，讓離開家鄉很多年的張穎感受到了久違的家鄉風味。張穎回憶道：「我把荒煤的信交給他。當即他就看了，而且顯得特別高興，說我們都是荒煤的好朋友，自然也是好朋友啦。我說荒煤是我的老師，你以後也會是我的老師的。第一次見面，我們談得很投緣，主要是他非常願意聽到有關延安的消息，他問起的多是他的朋友到達延安後的情況。並說以後將通過我和延安取得更多聯繫。」

在張穎的記憶中：「在重慶的這部分文藝家，為了工作和生活，分別在國民黨的一些機關或群眾團體裡找了職業，安下身來。比較多的人集中在國民政府軍委政治部三廳。郭沫若是三廳廳長。洪深、田漢、陽翰笙、馮乃超、張光年等人都曾在三廳任過職。也有不少同志和進步文藝工作者在中華全國文藝界抗敵協會總會工作。這是一個有廣泛

群眾基礎的文藝界組織，只要是主張堅持抗戰的都可以團結在一起。由茅盾、老舍、葉以群、葛一虹、梅林等同志領導或主持日常工作，出版了會刊《抗戰文藝》。」我讀著一個個如雷貫耳的名字，有些熟悉，有些陌生，許多人都已經不在這個世界了。

書中對於當時的工作程序是這樣描述的：南方局文化組在對一些重要問題形成決議後，「並很快把文化組討論的意見和情況告訴負責『全國文協』日常工作的葉以群。周恩來經常會見他。『全國文協』組織的各種活動，葉以群都和徐冰（文化組組長）事先商量，事後了解反應，總結經驗。以群還常常把恩來同志的意見轉達給茅盾、老舍，並徵求他們的看法，以溝通思想，配合工作。實際上，以群在南方局和『全國文協』起到了溝通的作用。通過他的工作，聯繫文藝界持有各種不同見解的朋友，使之在大的方面達到一致。」

　　父親，我讀了荒煤的文章《在霧重慶的永訣》，才了解到您和荒煤是在太行山八路軍總部認識的。在上海「左聯」時期你們都讀過彼此發表在文學刊物上的作品，可是未曾謀面。終於到了 1939 年，你們十四個作家、詩人和畫家穿上軍裝，組成了作家戰地訪問團，走出書齋，奔向中條山、太行山戰場，行程上萬里，展現了你們鋼鐵般的意志。訪問團當年悲壯的經歷，今天已經很少人提起，更別說知曉了。

　　我特別研究了一下你們的行程，作家戰地訪問團的「筆征」，從重慶出發，途經四川、陝西、河南、山西、湖北等省，計劃訪問中條山、太行山兩大戰區。你們的筆征，可不同於所有形式的文人採風。你們每個人穿上了軍裝，只是沒有領章和帽徽。你們身背簡單的行裝，做好了翻山越嶺的準備。這一路有無限好風光，四川的劍門關，三國時諸葛亮曾經在兩山之間建起了關門，作為蜀漢屏障。還有陝西西嶽華山。可是延伸在你們前方的更多是連馬都不能騎行的懸崖邊的山道。你們在泥濘中步

行，攀山跨河，在敵軍的陣地前迂迴前進。我翻開一本泛黃的
《作家戰地訪問團史料》，讀到你們在行程的夜晚寫下的日記。
雖然已經很久遠，卻仍能感受到你們心中的激情和掙扎，路途
上所經歷的曲折和艱險。

　　這是一段極不平凡的往事——1939 年 6 月，中華全國文藝界抗
敵協會組織作家戰地訪問團，前往晉東南戰地訪問。出發前周恩來、
國民政府軍委會政治部第三廳廳長郭沫若、國民黨中央宣傳部長邵力
子等參加歡送會並致辭鼓勵。被稱為「筆遊擊」的這個戰地訪問團，
屬抗戰文化史上的重大事件。作家戰地訪問團是第三廳下設的「文協」
組織作家奔赴正面戰場的「筆部隊」，經濟上受到國民政府的支助，名
義上代表著政府的抗戰宣傳。所以說作家戰地訪問團的形成，也是當
時國共合作的一個產物。1939 年 6 月，「文協」正式成立作家戰地訪
問團。經過周恩來的推薦，請剛從英國歸國的詩人王禮錫擔任訪問團
團長。副團長為劇作家宋之的，成員有作家羅烽、白朗、葉以群、葛
一虹、楊朔、楊騷、李輝英、張周；《新華日報》編輯袁勃、畫家陳曉
南、詩人方殷，還有秘書錢新哲等，共十四人。經過南方局的挑選，
其中大半是中共黨員和共青團員。國民黨方面顯然對訪問團的人員挑
選是不滿意的，即刻向前綫的國民黨部隊發電：要他們提防代表團中
大部分是共黨分子。

　　擔任團長的詩人王禮錫 1939 年初從英國流亡回到陪都重慶，受到
《新華日報》和中華全國文藝界抗敵協會等團體代表的熱烈歡迎。王禮
錫抵達重慶後，即向蔣介石提出希望能到抗日的最前綫去。他還曾向
國民政府軍事委員會戰地黨政委員會副主任委員李濟深、秘書長邵力
子進一步提出去敵人後方的要求，得到了正面的回覆，並被委任為戰
地委員會冀察綏晉指導員的職務，去華北戰區做戰地文化工作。就在

王禮錫準備前往前綫的時候,「文協」也正加緊組織作家戰地訪問團,準備使該團與王禮錫同行。作家戰地訪問團出發前,周恩來特地召集訪問團中的黨團員,對他們進行了鄭重的囑咐:「大家一定要尊重王禮錫,他是一位真正的愛國詩人,他從英國返回祖國,就是為了參加抗日救亡運動。他不圖名利,更不想做國民黨的官,只希望馬上奔赴戰地,當一名勇敢的戰士,竭盡畢生之力。」

當時聚集在重慶的作家們正在熱烈討論如何用文學支持前綫抗戰,提出的口號是「文章入伍,文章下鄉。」葉以群曾以《擴大文藝的影響》撰文稱,「在目前,我們文藝工作者必須緊急動員,展開文藝大眾化的工作,使我們的作品深入到都市、鄉村、前綫、後方的一切所在當中去」。

出發前「文協」在重慶生生花園為作家戰地訪問團舉行出發儀式,周恩來、郭沫若、邵力子、老舍等出席並致辭勉勵。郭沫若給訪問團授了一面三角團旗,國民政府軍事委員會高級參議陳銘樞贈給王禮錫一把手槍讓他隨身攜帶。王禮錫在告別詞中說:「我們這支隊伍就叫『筆遊擊隊』吧,我們感到責任重大,但我們絕不辜負全國人民的重託!」

1939 年 6 月 18 日,重慶的天空中飄著毛毛的細雨。訪問團一行十四人,乘坐著一輛美國產的道奇汽車從重慶出發了。身為團長的王禮錫在自己的日記裡感慨道:「打算了半年的戰區之行,到今天才算是真正達到了目的。今天真離開重慶了……」

蜀道之難,難於上青天。訪問團乘坐的美國道奇車是一輛老爺車。從照片上看,是由卡車改裝成廂型車,可以坐十幾個人。十四個團員加上簡便行李,已是滿滿騰騰的。團長王禮錫身形略胖,在日記裡抱怨說,身體塞進車裡,腿怎麼擺定了,就再也不能動了。一路上車震動得很厲害,還不能看書。一天傍晚,訪問團行進到距廣元還有

四十五里時，天黑路滑，行駛中車子突然一陣劇烈地抖動停了下來。下車一看車輪陷在一個被大雨沖得塌陷的大坑裡。好在車身沒有翻側，不然就會車毀人亡。車子躺在狹窄的山路上光喘氣不動彈，深山之中不安全，大家決定跋涉前行。葉以群和羅烽好不容易到附近村莊裡找來幾位挑夫幫助挑行李，他們看似都衣不蔽體，身上就是披著幾條破布。不僅找到了挑夫，還在農民家裡搞來一鍋撈不起多少麵條的湯來，大家喝了幾碗，就當作是晚餐了。走上漫漫長路時抬頭望，天上一彎新月，大家也很少經歷過在深山裡走夜路，還覺得很新鮮，有說有笑的，還頗有詩意。可是四十五里路起碼也得走八九個小時，況且隊伍中還有女士，為了不落下任何人，只能走走停停。越走夜越黑，到了下半夜，人人都困了，有的邊走邊瞌睡，但是沒有人掉隊，都堅持下來走到了目的地。等到了廣元，天都蒙蒙亮了。這一路走來，讓這群作家們吃奶的力氣都使了出來。

這一個下馬威讓作家們感受到了旅途的艱辛，越往前去，路越難走。離開成都平原後，他們就走上了蜀道，蜀道北起西安，南至成都，穿越秦嶺和大巴山，山高谷深，道路崎嶇。交通的不便，讓他們苦不堪言。此前還憧憬著戰地生活的作家們變得疲憊不堪。幾天之後，訪問團進入陝西。先到達寶雞。之後又前往西安。那段時間西安天氣變化無常，不是燥熱就是大雨，使人頓感狂躁。一路上住的小旅店，不僅有蚊了、臭蟲，後來還發現蠍子，常常讓有些人一夜未眠。如果不是當年作家們留下日記，也許我們今天很難想像他們一路行難的具體感受。那一年葉以群、羅烽和白朗都是三十歲左右，他們本可以坐在書齋裡，卻選擇走出去，到生活中去，到戰火紛飛的抗戰前綫去。

作家白朗寫了一本日記《我們十四個》，真實地記錄了訪問團隊部分行程。她的日記充滿個人色彩，讓我讀了有身臨其境之感。「早晨五點鐘，在夢中被烽（白朗的丈夫、作家羅烽）喚了起來，心裡十分興

奮，我們終於要出發了。這一個盼望已久的佳期使我喜悅，同時感到萬分的新鮮。可是一聽到老太太突然帶著哭音在蚊帳裡哼起催眠曲的時候，我的心竟猛烈地抖顫起來。……」走上蜀道後，長途顛簸，住的是又小又髒的旅店。「在一家骯髒的小飯館吃了一頓骯髒的晚餐」之類的表述頻繁出現在她的日記中；而道路的崎嶇和交通的不便，又使憧憬著戰地生活的白朗變得異常煩躁。這種煩躁隨著日子一天天有增無減。——「每當我縱聲大笑的時候，我會突然地悲哀起來；每當我和同伴們暢談之後，我也會突然地變成憂鬱」。虧得白朗直率的個性，留下了最為鮮活的切身感受，也讓後人從文字中體會到了行程的艱難困苦。來自東北的作家白朗和羅烽，在夭折了四個孩子後生下的兒子才剛兩周歲，為了去前綫，他們忍痛把嬰兒交給母親撫養。也難怪她對孩子一直那麼不捨。到了前綫不斷從新聞中聽到重慶遭受日軍轟炸，她時時刻刻擔心著孩子和老人的安全。

訪問團到達寶雞後，參觀了中國工業合作社西北分社。在這個被美國記者埃德加‧斯諾稱為「工合城」的地方，他們看到了抗戰時期的一個生產自救基地。抗戰全面爆發後，寶雞作為當時隴海鐵路的終點站，潼關以外的工廠紛紛內遷，大批失業工人和難民的湧入，使寶雞人口劇增，並逐步發展成為西北的工業重鎮。抗戰前的寶雞生產滯後，只有一些手工業作坊。一年前工合創始人之一盧廣綿來到寶雞，很快成立了中國工合第一個地區性派出機構 ——「中國工業合作協會西北區辦事處」。新西蘭教育家、作家路易‧艾黎也來到寶雞擔任了總顧問。第一個合作社成立後不到半個月時間，在寶雞就有了十多個合作社，在寶雞附近地區也建立了四十多個合作社。寶雞的工業合作社從組織現有的手工業者開始擴大到一些難民中。一個頭髮灰白的河南農民領著一批難民逃荒到了寶雞，生活陷入絕境，就去找「工合」。當他說他的那夥人都會織布時，就被告知馬上可以開始造織布機，蓋

住棚，並可先拿到一筆貸款，以渡過初期的困難。他絕處逢生，感動得趴在桌子上哭了起來。就這樣他的合作社辦起來了，生意一直都很好。在隴海鐵路沿綫的鄉鎮以及秦嶺山中的一些地區，合作社遍地開花。兩個月後全國的合作社已經發展到二百多個，星星之火竟成燎原之勢。於是，這片南、西、北三面環山，大部分是丘陵地帶的區域興盛起來。在工合城，作家們見到了盧廣綿，由他帶著參觀介紹。看到了建在窰洞裡的工廠，有的很小，有的高大的卻容得下四五百人，仿如一個電影院。秦中之地土厚水深，建在窰洞裡的工廠隱蔽性好，來轟炸的敵機找不到目標。即便炸彈扔在窰洞頂上，也不能炸穿幾十丈的黏土。

離開寶雞，下一站作家們來到西安。逗留期間訪問團參加了東道主東北救亡總會陝西分會舉行的便餐歡迎會，使作家們有機會接觸到許多跟隨張學良退到關內的東北軍官兵及其眷屬，還有大批跟隨而來的東北籍學生。途中，團長王禮錫等人還利用晚上休息時間開了詩歌座談會。

出西安，訪問團乘車翻越秦嶺，大片的青紗帳出現在鄉野裡，成片成片的高粱地、玉米田，還有蘆葦蕩遮蔽了黃土高原。以群讀過王統照的文字：「稍稍熟習北方情形的人，當然知道這三個字──青紗帳，帳字上加青紗二字，很容易令人想到那幽幽地，沉沉地，如煙如霧的趣味。其中人約是小簟輕衾吧。有個詩人在帳中低吟著『手倦拋書午夢涼』的句子；或者更宜於有個雪膚花貌的『玉人』，從淡淡的燈光下透露出橫陳的豐腴的肉體美來，可是煞風景得很！現在在北方一提起青紗帳這個暗喻格的字眼，汗喘，氣力，光著身子的農夫，橫飛的子彈，槍，殺，劫擄，火光，這一大串的人物與光景，便即刻聯想得出來。」

幾場驟雨剛剛停歇，一碧萬頃的玉米高粱地便遮天蔽日籠罩四野。

身個兒高，葉子長大，不到曬米的日子，早已在其中可以藏住人。望著窗外的高粱地，以群既感興奮，也有些許忐忑。畢竟北方的景色他曾經領略。半年多前他去過西安，然後從西安轉道去了武漢，巍峨的秦嶺確是第一次真正踏足。和他不同，隨隊的北方作家羅烽、白朗對這片景色就沒有那麼興奮了，看慣了高粱地的，倒對青紗帳裡的其他傳說有了警覺。青紗帳裡的世界五花八門，避難的百姓，少男少女愛來這裡，土匪強盜也使得這裡暗藏殺機。如果在青紗帳中看見幾個少男少女的身影，倒也增添了不少生活情趣，就怕突然殺出來幾個強盜，要錢還要命。聽到有人提起這樣的事，不僅是女團員驚訝地叫出聲來，團長王禮錫更攥緊了腰間的手槍。

一路上訪問團不斷地根據路況換乘各種交通工具，坐過軍用車，還坐過瓦罐貨車。瓦罐貨車裡沒有燈，還不透氣，只得開著頂上的窗，隨著風吹進來車頭的煤煙。等到了目的地爬出來的都是一張張黑臉。

出發將近一個月後，訪問團抵達洛陽，在這座古城活動了十二天。訪問團真正的重點是在洛陽拜會第一戰區司令長官衛立煌司令部，並渡過黃河，進入到中條山八路軍總部所在的抗日前綫。洛陽的空中不時響起防空警報，日軍的飛機每天都會來襲，不過當地的軍民並不把這些當回事。訪問團舉行了向衛立煌將軍獻旗儀式。王禮錫團長致辭說：「我們十四個能代表全國的文藝作家們共同的心意來向衛長官獻旗致敬，在國內，卻可以說是創舉。」鑲著金邊的錦旗上寫著「民族干城」四個大字。接過錦旗後，衛將軍挺直穿著整潔軍裝的身體，連聲說：「不敢當，謝謝！」隨之致答詞表示：「衛國抗戰本來是我們軍人的天職，……諸位每一桿筆可抵十萬兵，十四桿筆將抵一百四十萬兵。這一百四十萬兵來到我們這裡，無異給我們增添了一層最雄厚的力量，那麼，在這一塊土地上還有什麼可擔憂？」聽了將軍的話，訪問團成員確實頗受鼓舞。

其實在作家訪問團出訪前，國民黨方面已向衛立煌領導的第一戰區前綫發出過密電，要他們對作家訪問團嚴加防範，說裡面有不少異黨分子。但是訪問團所到之地還是受到熱烈的歡迎，關鍵就在於衛立煌將軍的立場。他是當時國民黨中的抗戰派，在主政河南時期，他和共產黨領導人八路軍高級指揮員之間，往來十分密切。八路軍在洛陽設有辦事處。每當周恩來副主席、朱德總司令、彭德懷副總司令以及林彪、薄一波、蕭克、左權等人來到洛陽時，衛立煌都是親自迎接，設宴款待，並招待看戲。衛立煌多次明確表示，凡是抗日的部隊，他都一視同仁。他曾排除干擾，頂住壓力，給八路軍調撥、支援了大批武器彈藥、食品、服裝等軍需物資。1938 年春，他一次就撥給八路軍子彈一百萬發，手榴彈二十五萬顆。當時有人顧慮數目太大，不敢下發。衛立煌就親自做工作，使這批物資迅速送到延安。他領導的戰區還和朱德領導的八路軍緊密合作，在中條山區域聯手阻擊日軍的進攻，取得了很多輝煌的戰績。

　　訪問團成員在當地同軍隊和地方各方面的人員座談，訪問了日軍的俘虜、被俘的敵人內奸，還一邊整理資料和集體日記，每天都搞到午夜才睡覺。但是大家的熱情很高，有時所有人都住在一間大屋裡，談話、說笑、互相之間寫寫打油詩。為了記錄團裡的活動，訪問團成員每人輪著寫集體日記，一人寫三天。特別是團長王禮錫很有活力，喜歡講話，不說話就覺得悶，不出聲時就寫詩。當我讀到他在行程中寫下的日記，真佩服他在那樣艱苦的環境中還能每天寫出文采飛揚的詩文。

　　也是在洛陽，作家訪問團與老舍率領的慰問團相遇。老舍是「文協」的總務長，大家在戰區見面倍感親切。王禮錫買了四瓶黃酒為老舍一行洗塵，大家痛飲一番。從不飲酒的王禮錫、葉以群竟然都喝了三大杯。也許就是從那時開始葉以群打開了他的酒量。日後某一天他

獲得了「新進酒家」的名稱。

隨後訪問團離開洛陽，前往中條山前綫採訪是他們艱辛跋涉的一週，終於來到被稱為「黃河屏障」的中條山裡。中條山位於山西南部、黃河北岸，呈東北西南走向。境內溝壑縱橫，山巒起伏，關隘重疊。有許多路無法行車，只能騎馬。許多團員都沒有騎過馬，就由鄉民們牽著走。有些懸崖邊上的陡峭路段，連馬也不能騎，摔下去就是深淵，大家只能徒步走。一走就是幾十里地。時值盛夏，天氣酷熱，時雨時晴，山路崎嶇泥濘。行經的路綫也時常在日軍飛機與槍炮的射程之內，還聽說附近有抗大的學生迷路被敵人俘虜。可是訪問團中年輕作家們仍然繼續往前走……讀著他們留下的日記不由得深深地感嘆，他們走的行程備嘗艱苦，還有生命危險。但是他們不改行程，繼續前行，真的是豁出去了！

作家們每到一個部隊或者村莊，來不及休息就立即開始工作，不是開會演講，就是深入採訪官兵和群眾，還要到部隊甚至戰壕裡搜集資料。這對當時看來有些文弱的書生們的確是一種挑戰。作為團長的王禮錫比別人更為繁忙、緊張，白天忙於各種應酬，晚上還要抽出時間寫「筆征」日記，在香港《星島日報》上連載。

訪問團出發之前重慶的作家們聚在一起討論「文章下鄉，文章入伍。」等到葉以群真正走到火熱的生活中，就切身感到在前綫戰鬥的士兵十分需要後方文化界的支持。士兵和鄉民們看到這些穿著軍裝卻不帶槍的人，時常會好奇地問，他們是哪個部隊的？當得知他們都是特地來訪問的作家，更顯得十分熱情。在訪問團中他和東北作家羅烽、白朗夫婦結下了深厚的友誼。我從白朗的文字中看到許多十分生動的關於以群的記錄：在我記憶中寡言少語的父親，那時十分活躍。氣氛沉悶時，他和團長一起給隊員寫打油詩活躍氣氛；他和羅烽、白朗去爬華山，動作之敏捷讓白朗驚嘆道「兩個平常好靜靜地沉思的沉默的

人，一動起來，卻顯得那麼活潑天真。」正式的座談會上，他和團長一起向部隊介紹訪問團的組成和計劃。王禮錫團長生病後到部隊訪問，軍長致辭後，由以群代表大家發表演講，「他的話很能激奮士兵的情緒。」在陡峭的山坡上，坡陡路滑，四匹馬一起滑下來，以群掙扎著從跌倒的馬群中站起來，卻被馬蹄踢了肚子，「他撫著肚皮帶著滿身污泥，但他還在微笑著。」大家自己做飯時，他就認真地打雜⋯⋯他把自己的所有精力都真正的投入了那次遠征，似乎要在茫茫山川中洗去身上的書生氣，鍛造一顆嶄新的靈魂。

前兩個月訪問團的經歷雖艱苦但還順利。一次措手不及的厄運嚴重影響了訪問團的計劃。出發兩月整，一日，訪問團跨過黃河來到一個村莊，因天氣炎熱，王禮錫及團員們紛紛到河中洗澡。王禮錫洗完澡後突然發燒。可是山區環境險惡，連藥都沒有，次日病情加重。訪問團決定護送王禮錫返回洛陽治病。承受著病痛折磨的王禮錫起初還堅持參加活動，身體日漸虛弱，最後只能坐上「滑杆」由兩轎夫前後肩抬而行，其頑強的精神給大家留下深刻的印象。可是八天後卻突然傳來噩耗：在洛陽，醫生會診認為王禮錫患黃疸病，但已延誤治療。王禮錫不幸於 8 月 26 日晨病逝於洛陽天主堂醫院，終年三十八歲。等到十三名團員趕回洛陽天主堂醫院的太平間時，看見王禮錫身上蓋著絨毯，孤單地躺在那裡，像熟睡了一樣，屋子裡還有一個嬰屍躺在附近。

王禮錫逝世時，他的夫人陸晶清女士正在福建參加全國慰勞總會南路慰問團的工作，訪問團聯繫不上她。最後得到夫婿突然病逝的消息，她悲痛欲絕。本來她也要求與大家同行，但被夫婿拒絕了。想不到回國才半年多，就天人永隔。在丈夫出發前她就覺出凶兆，收到了三封恐嚇信。可是他們都是意志力十分頑強的人，面對生命的挑戰，常能含笑以對。陸晶清想到自己上有老母親，下面又有王禮錫前妻留

下的三個孩子，自知責任很重，只能把眼淚吞下肚堅強地活下去。陸晶清，也是一個非常活躍的作家，1926 年北京「三一八」事件時，段祺瑞政府向要求拒絕八國通牒的北京群眾開槍，打死四十七人，傷二百餘人。陸晶清當時就在北京女子師範大學的隊伍中，也受了傷。魯迅專門寫過悼文的劉和珍就是她的同班同學。

王映霞女士在回憶文章《我與女作家陸晶清》中寫道：當自己與郁達夫離婚後來到陪都重慶，就去找在《掃蕩報》做編輯的陸晶清。久別重逢後「我便開口問：『王先生麼？』她聽了我的問話，眼睛裡驀然落下了眼淚：『早已死了。』我為之一愣，同情地說：『年紀輕輕，怎麼死了呢？』於是她以顫抖的聲音、悲傷的情緒談述了王禮錫去世的經過：抗戰的烽火燃燒起來以後，陸晶清夫婦不願再在倫敦呆下去了，便搭輪回國，準備參加轟轟烈烈的抗日活動。抵重慶後，她們被選為郭沫若領導的中華全國文藝界抗敵協會理事，王禮錫還兼任李濟深領導的全國戰地黨政委員會委員。」

王禮錫突然病逝後，「駐在洛陽的第一戰區司令長官衛立煌，撥款法幣二千元，作為治喪費用，葬王禮錫於洛陽名勝龍門，隔伊水而與白居易墓遙遙相望。墓碑是衛立煌寫的，題曰：詩人王禮錫之墓。王禮錫的噩耗傳至重慶，文化界人士大為悲慟。陸晶清指指寫字台上的玻璃板，說：你看，老舍的詩。我低頭唸了唸老舍的詩《哭王禮錫先生》：『洛陽風雨夕，把酒論新詩。筆動群魔寂，情來萬馬馳。斯人竟可死，天道有誰知？月落終南晦，長風飄淚絲。』」

團長王禮錫的病逝使作家訪問團的計劃被打亂，部隊急忙找醫生為大家檢查身體。接下來有七位因為治喪、治病等原因離隊，由副團長宋之的帶著葉以群、袁勃、陳曉南、楊朔、羅烽、楊騷繼續向太行山戰地挺進。訪問團成員又一次渡過黃河，來到山西長治等地進行戰地訪問。

攜手楊朔、袁勃抵達八路軍總部

　　父親，從您的決定，我看到了您的執著。訪問團出行三個月，完成了三分之二的行程，一路上大家吃了那麼多苦，團長王禮錫病逝在路上。您也可以找個理由往回走，繼續走進你舒適的書齋裡。可是您沒有任何遲疑，因為您覺得您最想去的是八路軍總部，您注定要把這次行程按照原計劃走完，繼續在山川河流中再走三個月。您就是這麼一個極其認真的人，認真到固執的程度。於是你們繼續前行，渡過了濁漳河，您還特地寫了一篇報告文學《渡漳河》。「渡過了漳河，抬頭眺望著山野的風景，晚秋的澄清的天，像一望無際的平靜的碧海；強烈的白光在空中跳動著，宛如海面泛起的微波；河道兩岸的蔥翠的高粱搖曳著穗頭，好似波動著的綠海。」那是您和楊朔、袁勃最後走向八路軍總部的行程，你們終於抵達這次壯舉的終點啊！跨越濁漳河，走進太行山，你們是種子，把抗戰文化的理念深深根植在晉東南的熱土上。

訪問團自 6 月 18 日離開重慶已經三個多月了，經歷了夏季的酷暑，進入深秋，山區氣候多變，天氣轉寒，又遭逢大雪。後來又有四個人離開，包括副團長宋之的。最後由葉以群擔任分團長，與楊朔、袁勃三人堅持下來，決心要完成全部行程。他們從中條山一路往北，進入了太行山領域。太行山綿延約四百多公里，所以也稱為「八百里太行」。億萬年的劇烈的造山運動和千百萬年的冰雪風侵，使得太行山上隨處可見落差巨大的斷崖峭壁和深不可測的深山峽谷。陡峭的太行山猶如一道屏障，橫亘在黃土高原與華北平原之間，而山脈之間的河流峽谷卻打破了屏障，形成了一個個連接東西兩地的通道。

1939 年 10 月底，葉以群、楊朔、袁勃三人終於抵達了山西省武鄉縣磚壁村八路軍總部駐地。經野戰政治部安排，他們住在當時的敵後文化中心下北漳村。此地四周群山環繞，地勢險要。11 月 1 日，八路軍總司令部、野戰政治部和華北《新華日報》社專門為他們組織了歡迎會，龔澎、李伯釗、劉白羽、陳荒煤、徐懋庸、任白戈等人與他們進行了座談。座談中，葉以群介紹了中華全國文藝界抗敵協會的情況，當即，就有人提議在晉東南成立「文協分會」，得到廣泛贊同。很快，分會就成立了。訪問團的成員們駐在下北漳村期間，積極與前方的文化人座談交流，廣泛接觸八路軍的幹部戰士，向大後方發佈來自前綫的報道。葉以群就像一顆種子，撒出去必落地發芽。這已經是他生命中的第二次。前一次是在「左聯」剛成立時他在上海見到丁玲、馮雪峰等人，於是商定回東京去成立了「左聯」東京分盟。

葉以群和劉白羽（著名作家，曾任文化部副部長、中國人民解放軍總政治部文化部部長）在浙江、武漢見過很多次了。前一年在武漢，劉白羽從山西前綫來，人海茫茫，無處安身。忽然從報紙廣告上看到以群在給上海雜誌公司編書，即刻找到了他，以群在住處附近的一家裁縫店樓上給劉白羽安排了一個住處。又主動幫助他去聯絡了八路軍

辦事處，安排好他去延安的行程。臨行前還特地為他預支了一筆稿費作為路上的花銷。幾十年後，劉白羽回憶起當年往事寫道：「現在細細回味往事，以群表面沉默，心地熱誠，他處處為別人盡力，從不聲張。想來，在那從一個舊世界走向一個新世界的決定關頭，不正是以群在不知不覺間幫助我走上了革命的光明大道的嗎？」「我知道現在活躍在文壇上的有些人，就是在他一點一點循循誘導下，由一個普通寫作者而成為作家的。我不知道他們有沒有忘記以群，我認為他們不應該忘記以群。」也是那一次重逢，他們在太行山地區崎嶇盤旋，共歷艱辛，一起度過了一段難忘的日子。

經過緊張的籌備，11 月 28 日，中華全國文藝界抗敵協會晉東南分會在下北漳村正式成立。這是全國文協在敵後抗日根據地成立的第一個分會，也是作家戰地訪問團出發後的重要成果之一。成立大會在村中五龍廟的大院子裡召開。在前方的文化藝術界領導和重要代表人物李伯釗（楊尚昆的夫人）、孫泱（孫維世的哥哥、曾任朱德總司令秘書）、劉白羽、陳荒煤和訪問團的葉以群、楊朔、袁勃等共四十餘人出席大會。

在前綫指揮作戰的朱德總司令，知道要舉行成立大會，騎著高大的深棕色馬踏雪趕來。朱總司令的到來一下子點燃了會場的氣氛，與會的年輕人頓時熱血沸騰。我看見一幅朱德總司令在太行山召開文藝座談會時的留影。背後是高牆大瓦房，前面的空地上放著兩張木桌和凳子，大家圍著桌子開會，桌上放著大碗用來喝茶。戰地的文藝戰士們一個個都是戎裝，身著一色的灰粗布衣的中山式軍裝，腰間繫著皮帶，腿上打著綁腿。

朱德與文藝可謂相伴終生，他不僅早年籌辦過詩社，有著大量詩詞傳世，而且非常關心文藝團體和文藝工作者，他和著名詩人談論詩藝的佳話大家早有耳聞。當天朱德總司令在會上作了重要指示：「我們

廣大敵後根據地面臨日本帝國主義的軍事進攻和文化侵略，必須在文武兩條戰線上奮起還擊。」朱德滿懷希望地說：「在前方，我們拿槍桿子的打得很熱鬧，你們拿筆桿子的打得雖然也還熱鬧，但還不夠。這裡，我們希望前後方的槍桿子和筆桿子親密地聯合起來。」

在朱總司令講話後，葉以群以全國「文協」代表、作家戰地訪問團分團長的身份，介紹了周恩來副主席在重慶支持全國「文協」活動，組織和團結文化界廣大愛國人士，壯大文藝界進步力量的情況。葉以群是周恩來領導「文協」的直接執行者，時常當面聆聽周恩來的具體指示，所以談起來十分生動。他希望晉東南文協分會按照朱總司令的指示，把敵後第一個文協分會辦好。朱德總司令與周恩來是關係緊密的戰友，聽到來自重慶老戰友的訊息頻頻鼓掌。葉以群講完話後急忙過去緊緊地握住將軍厚實有力的手，他為自己能夠在太行山前綫見到朱德總司令而興奮不已。「文協分會」成立後，在各地建立起抗敵文藝通訊站，發展大批文藝通訊員，快速有效地強大了邊區抗日文藝陣營。

12 月 12 日，葉以群接到南方局的指示離開武鄉回到大後方，楊朔、袁勃則留在前綫加入了八路軍隊伍。當年的葉以群正是風華正茂的年齡，我看見一幅他當年在太行山區的照片，經過一路上的風霜雨雪，曬脫了幾層皮，原來白皙的臉盤一下子變得黑不溜秋，瘦了一圈。他雙手叉著腰站在一片蘆葦中，身上的粗布襯衣像一團揉搓過的布包裹著身體。臉上神情嚴肅，看似十分疲憊，面部的肌肉卻顯得十分剛毅。那是他走出書齋，投身火熱生活的一次經歷，他終身都難忘。其實他也曾嚮往革命軍隊的生活，眼看著楊朔和袁勃留下來，他一定十分羨慕。可是他仍有重任在肩，他要回到重慶繼續宣傳作家戰鬥訪問團的所見所聞。當他孤身一人走上漫長的回程之路時，我可以想像他眼前腦際會不時回放著過去半年艱苦行旅中的一幕幕場景：

有一天午後到達了距離敵人封鎖線——武長公路二十里地的侯家灘。侯家灘位於乾涸的河床邊的高坡上一個三十幾戶的小村，一上坡就看見頹敗的殘垣和亂雜的瓦礫，除了一二處比較完整的空門樓之外，簡直看不見一間完好的房屋。……天是陰沉沉的，颳著陰冷的風，更加重了這破敗的村莊的凄涼的灰色。……沒有孩子的哭聲，沒有大人的話聲，甚至連雞鳴狗吠聲也沒有一點，像走入一個絕了憑弔的墳墓，聞不到一絲生的氣息。這是一個經過日軍屠殺掃蕩的村莊，活下來的人見到外來的人都變得異常的陰冷。（《太行山村底一夜》）

我們還見了八路軍司令員的通訊兵，才剛剛十八歲，背著望遠鏡緊跟在司令身邊。一個晚上司令員從望遠鏡裡發現了遠處叢林中埋伏的四五百名敵軍，立刻指揮一千多人的部隊從三面圍上去擊潰了敵軍。他衝進屍橫遍野的戰地，突然看見一個傷兵向司令員舉起了槍，他奮不顧身地衝過去，摔出了腰間的手榴彈炸死了敵人，也炸傷了自己。在病房裡他說著說著嚎啕大哭起來，不是為了自己的傷痛，而是他的幾個日日相處的戰友都在那場戰鬥中犧牲了……（《生長在戰鬥中》）

聽接待的八路軍幹部說村裡有一個日軍的俘虜改造所，就前往採訪。十幾個日軍俘虜兵住在窰洞裡，剛進門看到一個個穿著上黃軍裝的俘虜兵，除了摘去了帽子，手裡沒有槍，其他都和照片上看到的日軍沒什麼兩樣，大家很不習慣。敵軍工作部的幹部用日語對屋裡喊了一聲，一個二十來歲的小夥子原先坐在炕上看書，應聲走了出來到院裡的石墩上坐了下來。士兵的名字叫松井，他說了自己的故事，他說自己原來是製自來水管的工人，來到中國戰場才半年多就做了俘虜。他是農村人，十五歲時被父親送到東京親戚開的果子舖去當學徒，學會了做

各種果子的醃製品。可是戰前日本經濟頻臨崩潰，親戚的店關了，他不得不回到鄉下，卻不知鄉下根本無法謀生，成了村裡的多餘人，偷雞摸狗幹過不少人人憎惡的事。後來只得又回到城市裡過著流浪漢的生活。戰事爆發時，日本國內掀起了戰時動員，一些軍需產業又招人了，他就進廠做了水管工。可是沒想到進廠沒幾天，突然老闆通知他做了預備兵，還沒明白過來就被送上了戰場。他慶幸自己成了俘虜，有一天還能活著回去。現在幫著敵軍工作部的幹部同志寫一些日文的對敵宣傳材料。

和松井聊了一會天，對敵工作部的幹部又帶著大家參觀了日軍家屬來信展，許多日軍都是有家小的人。八路軍繳獲了部分由日軍家屬寄到軍隊的信，其中許多家屬都不知道日軍在中國的艱苦生活，許多時候二十多天才送一次給養，平日只能吃半份糧，都是忍飢捱餓地上戰場。可是遠方的妻子的來信也滲透著日本國內民眾戰時窘困異常的生活。她們祈求著丈夫趕快寄錢回去，因為國內的稅收繼續加重，物價又上漲了。城市中的孩子上學要穿的皮鞋已經無法在市場上買到，國內都不准賣橡皮、金屬、毛皮。農村中的婦女呼喚丈夫趕快寄錢來，哪怕少許也能避免年幼的孩子和老人捱餓了，避免有病無法求醫……（《記松井英勇》）

看著一封封日軍家屬的來信，葉以群十分有感觸，當即表示回去要寫一篇文章叫《聽日本人自己的告白》。這些都是最真實的日本國情的反映。回到重慶後葉以群寫了幾篇特稿，又把一路上的見聞寫成報告文學，並集結成書《旅程記》、《生長在戰鬥中》。他把《聽日本人自己的告白》翻譯成日文發給日本的進步作家團體，作品在日本發表後，引起熱烈反響。日本國內的讀者更多地了解到日軍士兵在中國

戰場上的狼狽生活境遇，反戰的情緒日益高漲。

作家訪問團此次戰地筆征碩果纍纍，許多作品產生了較大的影響：其中有王禮錫的《筆征》、白朗的《我們十四個》和集體日記《筆遊擊·中條山中》、葉以群的《生長在戰鬥中》等。特別是訪問團集體寫作的日記，當時陸續發表在《抗戰文藝》刊物上，在國內外引起很大反響。後來專門出版了一套《作家戰地訪問團叢書》。

我手裡有一張作家訪問團一行十四人抵達洛陽時的合影，或站或坐，或者蹲著，一個個身上都沾染著旅途的塵埃，可是臉上仍然盪漾著笑容。他們都是一群熱血青年，在民族存亡的關頭，走出書齋，奔赴前綫，要用他們的筆去書寫被戰火烈焰燒灼的國土，備受蹂躪的百姓，和英勇抗擊敵人的無畏戰士。儘管他們手中的筆不能直接射殺入侵的倭寇，可是他們不願意依然在書齋裡做一個旁觀者，翹著二郎腿談天說地，或者只是閒聊著眼前的家長里短。他們走入前綫經歷血與火的歷練，在當時的作用和影響遠非今日的我們能夠估量！1940 年 1 月 3 日，《新華日報》專門在重慶化龍橋館址開會，歡迎作家戰地訪問團和南北慰問團從前綫歸來。訪問團成績斐然，在抗戰文藝中佔據重要位置，歷時半年，行程逾萬里，參訪的作家寫的許多作品發表在《抗戰文藝》上。

作家荒煤（著名作家，曾任文化部電影局局長、文化部副部長）回憶起與以群在太行山的見面時寫道：「我與以群一見如故，以前讀過他以『華蒂』為筆名寫的文章。雖然我們是初次見面，卻像多年不見的老朋友似的，談得很投機，確實可以叫做一見如故。不久，他回到重慶，我回到了延安，短短的會晤，親切的交談，匆匆的離別，卻建立了深厚的友誼。」葉以群和荒煤在太行山戰區建立的深厚友誼，一直延續到他們生命的終點。雖然他們時常天各一方，山南海北。但是魚雁傳書，始終保持著聯繫。

可是以群自覺到半年來行色匆匆也只能寫出第一綫的報告文學，如果要寫小說，光靠這樣匆忙的行走，也是無用的。回到重慶後，以群索取了荒煤寫的一些短篇小說和報告文學在重慶出版。他覺得自己的太行山之行時間太短，寫的東西有限，對生活的了解還比較浮面。因此希望看到更多荒煤的文字。荒煤說：「可是另一方面，他常常埋怨有些搞創作的同志到延安後寫得少了，甚至認為這是因為生活太安定了。當然，我們的生活比之他在重慶那個苦鬥的環境來，確實是安定得多了。我們無需再僅僅為了生活撈取稿費而寫作。但是以群和我們自己這時都還不了解，我們到了一個新的時代，新的環境，卻還不能立即熟悉新的人與新的群眾。以群也曾批評過我寫的小說不如報告文學有時代氣氛，其實就是這個道理。可是，他需要支援。我記得，他有一次來信，最後顯然是心情激動地連寫了三個『我需要支援』！……我不能忘記他的一個形象的比喻，他說他也是在重慶文化戰綫的前綫作戰，他需要彈藥，八路軍可以向敵人索取新的武器和彈藥，但他只能希望我們對他進行支援。」

葉以群的前綫之行對他之後的人生留下了深刻的印痕，從那以後他不論是編輯刊物，辦出版社，還是主持「文藝通訊社」，都十分注重推介前方作家們的作品。他也因此與荒煤、劉白羽、周而復等解放區的作家建立了終身的深厚友誼。

葉以群在「晉東南文協分會」成立兩週後動身回重慶。不過日後他心裡仍然時刻關心著那裡文友的後續情況。離開三年後他寫了一篇《作家戰地訪問團別記》：「最痛心的是在去年秋間敵人底大掃蕩戰中，分會會員何雲、高泳先後在戰場上殉難，蔣弼更被敵人俘虜到太原，因為他底堅強不屈，被敵人當作『肉靶子』活活地戳死！」不過讓他感到欣慰的是，與他同行，隨後留下的楊朔、袁勃的工作很有進展，「出了油印的小叢書和期刊，建立了部隊裡的文藝小組。」

抗戰文協在重慶

父親您在 1938 年 7 月 9 日發表的文章《保衛武漢與今後的文藝工作》中寫道:「許多人已經再三指出:抗戰以來,作家們底生活已經發生了許多變化 —— 由都市分散到鄉村,由後方轉移到前線,由『象牙之塔』進入『十字街頭』……這一切的變化大都是有助於作家底成長,有利於文藝底創造的。然而,到現在為止,作家底生活變化大體都是被動的,迫不得已的,而很少帶有自動性和計劃性,恰如部隊底調動和陣地底轉移應該處在主動的地位,作家底生活也必須適應自己底工作一樣,作有計劃,有目的的變動 —— 不論是去前線或經後方。自動的,有計劃,有目的的行動,將會促成文藝工作基礎底穩固和影響底擴大。」

父親在他的文章中為今天的讀者描繪了面對突然而來的民族危亡,作家們的真實處境和艱難選擇。為了避禍,城市的作家走向鄉村,城市的大學也分批向內地疏散。而到了後方的作家們,有的選擇了走向前綫。這一種被稱之為由『象牙之塔』進入『十字街頭』的變化,用

更可感的語言描繪，那就是作家們背井離鄉，離開了自己原有的生活舒適區，走上了前途未卜的遷徙之路。他是在呼籲一種主動的選擇，使作家們的前路更有目的性。他自己似乎已經認清了這樣一條路，那條路帶著他離開上海，可是他沒有選擇回到老家徽州。而是更深入地走進民族救亡的中心重慶。

1938 年 5 月 14 日《抗戰文藝》刊出《給周作人的一封公開信》署名的有茅盾、郁達夫、老舍、丁玲、馮乃超、胡風、夏衍、以群、樓適夷等十八人。信中寫道：「凡我文藝界同人無一人不為先生惜，亦無一人不以此為恥⋯⋯希望幡然悔悟，急速離平，問道南來，參加抗敵建國工作，則國人因先生在文藝上過去之功績，及今後之奮發自贖，不難重以予愛護。否則惟有一致聲討，公認先生為民族之大罪人，文化界之叛逆者，一念之差，忠邪千載，幸明辨之。」這封信是由老舍倡導、樓適夷起草、郁達夫修改，然後大家簽名完成的。

作家們之所以給周作人寫這封公開信，是因為 1937 年 7 月 7 日，盧溝橋事變爆發，日本全面侵華，華北局勢日益緊張，「走」與「不走」成了愛國知識分子共同面臨的人生選擇。7 月 29 日北平淪陷。8 月 9 日北平大學、清華大學宣佈南遷。同日，胡適、葉公超、梁實秋等一大批文化名流紛紛南下。但周作人始終未動。此時的周作人對當時中國的兩大政治勢力都持不信任態度，他既不願南下隨國民黨，也不肯北上跟共產黨走。這讓關心周作人的朋友不免為他感到憂心忡忡，也讓進步作家們看不過去周作人的任憑風浪起，穩坐釣魚船，安居北平繼續當他的「苦雨菴中吃茶的老僧」。顯然，作家們的憂慮不是多餘的，周作人仍然不挪窩。到了 1939 年元旦，他在家中遇刺，因子彈打在毛衣的紐扣上而幸免於難。不過他因此而被嚇破了膽，誤以為是日本人給他顏色看，之後不但出任了偽北京大學圖書館館長一職，之後還頻繁出現在日偽組織的許多活動中，徹底失足做了漢奸。特別是周

作人出席日本人召開的「更生中國文化座談會」的「事件」。消息一出，全國輿論嘩然。

「走」與「不走」，當時不僅是一個作家個人的選擇，而成為一種面對民族災難時的政治態度。如果說我原先對於父親在重慶的經歷完全沒有概念，自從訪問了張穎以後，這一道神秘的大幕就一點點拉開了。張穎可以如數家珍地說出葉以群在周恩來副主席的安排下，在南方文委的領導下，是怎樣協助老舍、茅盾工作的狀態。她對於當時文藝界的路綫圖有特別清晰的視角，為我描述了一幅清晰完整的圖像。

父親葉以群在武漢「文協」處於籌備階段時，就在馮乃超的領導下工作。他回憶道：「在武漢期間和馮乃超、樓適夷等文藝界同志往來較多。乃超同志對我思想上的幫助較多。」馮乃超是創造社的創始人之一，在父親的印象中，這位年長於他十歲的兄長，一派敦厚長者風度，和藹可親，老成練達，辦事井井有條，嘉言懿行，有口皆碑。1938 年，馮乃超參與籌組中華全國文藝界抗敵協會，並起草了協會章程。

從父親的生命軌跡可以看出，他應該是在武漢時通過馮乃超介紹給周恩來的，並曾到武漢的八路軍辦事處拜訪過鄧穎超。「文協」成立時他被選為理事，並擔任了文協會刊《抗戰文藝》的編委。郭沫若先生在《洪波曲》中曾寫道：「中華全國文藝界抗敵協會，在三月二十七日成立。不分黨派，不分新舊，把所有拿筆桿的人都團結了起來。作為會的機關雜誌有《抗戰文藝》（月刊），由羅蓀、蓬子、適夷、以群、乃超諸人主編。此外有茅盾主編的《文藝陣地》（半月刊），舒群主編的《戰地》（半月刊），文壇在表面上還不算寂寞。」

《抗戰文藝》是一份週刊，約八個版面，後期又轉為半月刊和月刊。老舍、蔣錫金、樓適夷、姚蓬子、葉以群、馮乃超、羅蓀、戈寶權等先後負責編輯。《抗戰文藝・發刊詞》中寫道：「我們要把整個的

文藝運動，作為文藝的大眾化的運動，使文藝的影響突破過去的狹窄的知識分子的圈子，深入於廣大的抗戰大眾中去！」《抗戰文藝》是抗戰態度最鮮明、堅持得最久的刊物之一，是惟一貫通整個抗日戰爭時期的刊物。它一直出版到 1946 年，對推進抗戰文藝運動促進抗戰文藝創作的繁榮，發揮了突出的作用。《抗戰文藝》在武漢出到 8 月 13 日的第 2 卷第 4 期。武漢淪陷前夕，另出版《保衛大武漢特刊》4 期，由馮乃超、葉以群等編輯。

武漢淪陷前，葉以群在桂林，徵得李克農的同意，乘坐八路軍辦事處的軍用車來到重慶。到了重慶以後，是周恩來安排他在「文協」協助老舍主持日常工作。沙汀從延安來重慶後，也是周恩來向他介紹了以群，兩人一起工作了一段日子。後來周恩來邀請茅盾從延安來到重慶，復刊《文藝陣地》，於是又派葉以群去做茅盾的助手，負責日常的編務工作。自從做了茅盾的助手，他管的事就越來越多。在同行的眼中，他成了茅盾的大管家、參謀長。茅盾去哪裡都有他的身影。特別重要的是「皖南事變」後，茅盾撤離去香港，以及國共和談破裂後撤離去上海，都是在周恩來的指示下由葉以群具體負責的。這條路綫和組織圖清晰地畫了出來，這是我對於父親過往歲月的第一次清醒認識。難怪許多前輩後來對我描繪父親在戰爭年代的工作狀態，都會情不自禁地說：他非常活躍，人脈極廣，十分樂於助人，能夠解決許多別人解決不了的困難。

對於年輕的葉以群來說，在重慶時周恩來的知遇之恩，這是他在自己的筆記中濃重的一筆。1938 年 3 月「中華全國文藝界抗敵協會」在武漢成立，成立大會通過了《中華全國文藝界抗敵協會宣言》。大會選出郭沫若、茅盾、馮乃超、夏衍、胡風、田漢、丁玲、吳組緗、許地山、老舍、巴金、鄭振鐸、朱自清、葉以群、郁達夫、朱光潛、張道藩、姚蓬子、陳西瀅、王平陵等四十五人為理事，周恩來、孫科、

陳立夫為名譽理事。從理事人員的組合可以看到這是中華民國的一個文藝組織，各種政治理念的作家都有。老舍被選為理事兼總務股主任，主管協會的日常事務，即成為這個團體實際上的主要負責人。老舍被委以重任，是因為他的文學成就和影響，是符合眾望的。更重要的是老舍與各方面的文學藝術家們有廣泛的關係，有人脈和人緣，比較容易為各方人士接受。當時共產黨積極參與這個組織就是強調抗戰的文藝家的大團結，抵制了國民黨分裂或利用的陰謀企圖。抗敵文協在整個抗戰期間一直維持著存在，成了國民黨統治下唯一繼續合法活動的全國性群眾文化團體。我試圖找到更多老舍和葉以群在一起工作的文字資料，卻鮮少看見。也許這與他們過早逝世，尚還沒有在文字中更多側重回顧往事有關。不過下面這首老舍當時作的人名詩還是特別有意思的。

《野望》

　　望道郭源新，蘆焚蘇雪林。〔陳望道，鄭振鐸（筆名郭源新）；蘆焚，蘇雪林。〕

　　烽白朗霽野，山草明霞村。（羅烽，白朗，李霽野；歐陽山，草明，徐霞村。）

　　梅雨周而復，蒲風葉以群。〔梅益（筆名梅雨），周而復；蒲風，葉以群。〕

　　素園陳瘦竹，老舍謝冰心。（韋素園，陳瘦竹；老舍，冰心。）

短短一首詩把十八位作家的名字都包括進去了。

　　文協從武漢轉移到重慶後，老舍一直住在離重慶頗遠的北碚，同時自己一直在創作。當時周恩來安排葉以群前去輔助老舍，所以文協的日常事務就由以群操辦。在張穎的描述中，「以群既是『抗戰文協』

的組織者，也是溝通周恩來領導的南方文委與老舍、茅盾等文化界人士的橋樑。當時，在重慶的作家、藝術家隊伍的思想狀況比較複雜，大多數人都有強烈的民族意識，贊成並擁護抗日主張，其中有許多人在三十年代就是上海左翼文藝運動中有影響的人物，但是有時難免各自的觀點會產生分歧。為了抗戰，抗戰文協的主要工作就是在民族大義的前提下，把各路文藝家們團結在抗戰救亡的旗幟下一起前進。」

張穎還寫道：「葉以群是黨派到中華全國文藝界抗敵協會去協助老舍工作的，就像馮乃超是黨派到文化工作委員會（隸屬國民政府政治部）去協助郭沫若工作一樣。文化組的全部工作都必須在秘密狀態下進行，為了活動方便，每人都有一個公開的身份作掩護……文化組每隔兩三週就要開一次工作會議，這些會議都是周恩來親自主持。會議往往從晚上十點鐘左右開始，一直開到凌晨三四點結束。會議討論的都是相當重大的問題，比如國統區以及部分淪陷區文化宣傳工作和統戰工作的方針與任務；對國民黨開展文化鬥爭等策略；以及《新華日報》在各個時期的編輯方針，乃至社論的內容和題目。所有這類問題，最後都要由周恩來作出決定。」現在已經有近代文學史的研究專家開始聚焦於馮雪峰、馮乃超和葉以群歷史作用的專題研究。因為在那個年代，共產黨尚處於在野黨時，他們三人分別被共產黨派到魯迅、郭沫若和茅盾身邊做他們的助手，他們一方面負責與共產黨高層保持密切的聯絡，一方面積極輔助文化巨擘的工作、生活。而這三位文化巨人所發揮的歷史影響力，又極大地擴展了共產黨在文化界的歷史影響。

說起葉以群，張穎寫道：「他是一個知名的文藝理論家，常常發表文藝評論的文章，南方局和《新華日報》常常通過他組織有關學術討論，那時最熱烈的一次討論就是『文藝的民族形式問題』。以後在我的工作中，以群給了我許多幫助，是以群帶我進入文藝界。由於我已經開始做些對外工作，所以用《新華日報》記者和編輯的名義參加文

藝界各種活動，或者可以採訪文藝界人士。從那時候開始，我到全國文協參加有關討論會，經以群介紹，認識了老舍先生，還有住在張家花園裡的臧克家、梅林、史東山、君里等許多朋友，以後巴金、冰心到重慶，我也在歡迎他們的茶話會上認識了這兩位著名作家。」

自從那次在北京張穎家中見面以後，我十分關注她的文字，離休後她不斷地有新書出版，還和先生章文晉一起出了合集。在寫到茅盾來到重慶後，周恩來安排葉以群在茅盾身邊工作，她是這樣記述的：「原來茅盾在重慶時不僅要與共產黨聯繫，還需要與國民黨的文化官員接觸。所以周恩來表示：『和我倒是不宜頻繁接近了，想你定能諒解。今後有關文藝活動及其他方面的事情，可以通過以群多多聯繫，互通消息。』說完後他們緊緊握手相視而笑。」我從張穎的許多篇文章中逐漸釐清父親葉以群和南方文委和周恩來的聯繫。

父親的故鄉 徽州

父親，記得我還在讀大學時去過一次老家您的祖居，汽車到達歙縣縣城時，很遠就看見了高高聳立的大牌坊，用石材建造的大學士牌坊，是專為表彰科甲出身的明代朝廷重臣。四面牌樓連成一個方陣，俗稱「八腳牌樓」。我穿著藍色的棉大衣，藍色的卡其褲，站在牌坊下面，一身裝束顯然與整個背景很不協調，不過那就是我第一次去尋根。可是等汽車開到村口，我又一次被震撼了，遠遠看見一茬並不那麼魁偉的牌坊群，四周沒有建築物，六七座牌坊彷彿從農田拔地而起，顯得格外突出。鄉親們告訴我那是貞潔牌坊，全部用家鄉最好的石料建造。丈夫死後守住了一生貞潔的節婦才會被刻在牌坊上。那種青石牌坊堅實，高大挺拔，既不用釘，又不用鉚，完全依靠石與石之間巧妙結合，卻屹立了幾百年。

來到父親的故居，那是一座白牆黑瓦的徽州建築，進門後是一個寬敞的門廳，頂很高，頂上看見一方天，光綫從上面照進來，那就是屋子裡主要的光源。我看到廳裡放著一張深棕色的八仙桌，站在桌前，撫摸著被歲月拋光的桌面，我想像著父

親從年幼到年輕時圍繞著那張桌子展開的人生故事。

重慶距離父親的家鄉安徽歙縣有一千四百多公里，他離開故鄉十多年後居住在一個完全不同於老家的山城裡，遙遠的那個故鄉已經遠去。

父親葉以群，原名葉志泰。於 1911 年 5 月 29 日出生於安徽歙縣東鄉溪頭的藍田村。歙縣遠近聞名，是徽硯徽墨的出產地。距離藍田村約百里，以奇山險峰著稱的黃山就坐落在那裡。藍田村位於群山環抱的山坳裡，有一彎清溪流過村中。該村歷史悠久，最遠可追溯到戰國時代，有文字記載的也有一千多年歷史。當時全村有二百多人，大部分都經商於江浙一帶，只有很少的人在家務農。

我的祖父葉季奎，奶奶王慶蘭生有十個兒女，父親排行第七。他的兄妹大多早年夭折，只剩一兄二姐和他。祖上一直經商，到爺爺時生意逐漸興隆，成了杭州萬豐當舖的經理，並同時經營杭州的三家當舖。據說爺爺葉季奎是個上等的好人，家鄉人凡有困難找他，他總能解囊相助。

父親在藍田長大，六歲進了村中私塾，私塾先生名叫葉根安。一年後，私塾先生病了，他便轉入村辦小學學習。他小時候性格斯文，不喜歡爬樹捉松鼠，卻喜歡養鳥。因為他學習用功，喜歡思考，愛提問題，學校的老師很喜歡他。

父親六歲那年由父母包辦訂了親。女方是舅舅的女兒王娜娜，兩人同歲。父親在家鄉度過了童年。八歲那年，父親隨家人遷去杭州定居，他入杭州第一小學讀書。從杭州第一小學畢業後，他進了杭州惠蘭中學，取名葉元燦。

惠蘭中學是清光緒二十五年（1899 年）由美籍傳教士甘惠德建立，是杭州最好的中學。該校的畢業生中有郁達夫、陳鶴琴、陳從周等傑

出人物。學校裡各種教學設備齊全。父親還記得學校高大的洋房有一種不同於村莊中的靜，他總是渴望著從那種宜人的靜寂中孕育出奇跡。翻開課本的紙有一種淡淡的香氣，不同於他以前捧讀的印在宣紙上的書，氣味沒有那麼重的油墨味，而書中的內容更是大相徑庭。他從課堂的教學裡了解到了一個完全陌生的世界，而那個更廣大的世界對他卻有著更多的吸引力。

高中時，許多學長畢業後都去了日本留學，學成歸國的學長們都很有出息。同級的同學中紛紛議論著畢業後也去日本，這股熱潮同樣感染了父親。他早已從書本上了解到明治維新後的日本在介紹和接受西方新科技、新思想方面遠遠比中國走在前面。他心裡去日本留學的那顆種子應該是那時開始發芽抽枝的。高中時期，他開始對文學發生興趣，尤其喜歡陸游、辛棄疾、岳飛、文天祥等人的詩詞，以此寄託自己的情懷和志向。同時還閱讀了《創造》、《文化批判》等進步刊物及郭沫若、茅盾、蔣光慈、胡也頻、丁玲等人的作品，從此培養起對革命文化的嚮往。每逢放了學，他和幾個進步同學常聚集在自家的房裡暢談讀書體會，嘗試尋求參與革命的路徑。十八歲那年夏，父親從杭州惠蘭中學畢業。他和三個同學通過關係為杭州《國民新聞》編輯週刊，便開始躍躍欲試要實現自己的政治理想，他們用巧妙而又十分晦澀的文詞，別具匠心地宣傳馬列主義。可惜不久《國民新聞》還是被國民黨查封了。

父親的思想和行為變化，使一向安分守己的祖父母極為擔憂。為了羈絆兒子，祖父逼迫父親回家與王娜娜成婚。婚後他回到老家藍田住，每天躲在樓上看書，也不下樓來見人。不到一個月，他又回到杭州。婚姻和家庭並不能羈絆他嚮往浩瀚世界的心，他依然堅持著要去日本留學。後來在祖父的資助下他東渡日本，回國後又去上海參加「左聯」，之後常年居住在上海。他和王娜娜的婚姻也宣告結束。

父親，您留學日本時就讀的是東京法政大學。2016 年，我專程去了日本東京，就是要去看一看您留日時曾經就讀的法政大學。那次在東京，日本華文筆會前會長華純女士特地為我安排了一次聚會，與郭沫若的外孫女藤田莉那教授和田漢的姪女田偉會面，令我十分難忘。

我們聚會的地點就在法政大學附近的一家日式餐廳，沿著東京飯田橋神田川步行，寬闊的河道與陸地有著將近兩米的落差。冬季的神田川平緩流淌，如果不是堤岸邊不時駛過的火車，整個區域十分寧靜。神田川流經東京都，主流總長二十多公里。曾經作為水上交通的大動脈而支撐著物流。過去也曾經河水氾濫，水質污染；經過整治，現在河水清澈，河堤上種植了櫻花，一到花季便繁花似錦。我卻在一個無花的冬季來到這裡，不是為賞花，卻是為了尋找先父您年輕時的足跡。那時您只有十八歲，離開杭州惠蘭中學後，隻身來到日本留學，考取的就是神田川岸邊的東京法政大學經濟系。我抬頭四顧，希望能從校舍中找到歷史的蹤影，華純女士看出我的心思，急忙解釋：歷史

上的大部分校區因 1945 年美軍大轟炸被燒毀。後來在原來的區域內又重新造了新校區。難怪抬眼四望，河川兩岸立起了許多幢高大建築，高處懸掛著法政大學的名字。

法政大學（Hosei University），是一所位於日本東京都都心千代田區的私立大學。該校的成立可追溯至 1880 年成立的東京法學社，是日本最早的私立法律學校，1920 年改稱法政大學。該校法學部以及社會學部的歷史十分悠久，是日本私立大學中第一所設立這兩個學部的大學。該校與早稻田大學、慶應義塾大學、明治大學、立教大學、東京大學等齊名，同時也是東京都非常難考的私立大學，有「難關私大」之稱。中國歷史上的許多位名人，周恩來、沈鈞儒、宋教仁、陳天華、楊度，還有汪精衛、周作人等都曾在這裡學習過。

記得讀到過父親的自述：「赴日留學的主要目的是因為嚮往日本左翼文藝的蓬勃和日本對蘇聯文藝理論和作品翻譯較多。在東京進了法政大學經濟系，但更多的時間是用在翻譯日本左翼和蘇聯的文藝理論和作品上。」在杭州從商的祖父一直不放心這個不安分的小兒子，以為催促他早日成婚可以羈絆他遠行的心。可是父親把刀狠狠地插在桌上，說不讓他去留學，他寧願死。想不到晚年那麼沉穩內斂的父親，也曾有過年輕時的狂飆剛烈。

父親留學日本期間利用假期回到杭州，可是他卻沒有安安分分地在家陪父母，而是去了一家日本留學生辦的刊物《浙江潮》做代理編輯。《浙江潮》當時是一本十分新潮的雜誌，是一百多位浙江的留日學生共同創辦的，以傳播新思想、新文化為辦刊宗旨。創辦人在《浙江潮》的發刊詞中寫道：「嗚呼！亡國其痛矣！……浙江潮挾其萬馬奔騰、排山倒海之氣力，以日日激刺於吾國民之腦，以發其雄心，以養其氣魄。二十世紀之大風潮中，或亦有起陸龍蛇，挾其氣魄，以奔入

於世界者乎？……我願我青年之勢力，如浙江潮；我青年之氣魄，如浙江潮；我青年之聲譽，如浙江潮……」如此革命新潮的《浙江潮》發刊後，很快風行國內外。封面就設計得特別顯眼，風起雲湧的大潮席捲而來，三個鮮紅的大字「浙江潮」赫然凸顯。

可是沒過多久，杭州傳來了消息，說父親因為在剛出版的刊物上寫了聲討國民黨當局鎮壓工人罷工的文章，用詞頗為尖銳，被抓了起來。那幾天，在杭州的祖父都沒有心思做生意了，準備了銀兩趕去合肥找在國民政府裡做廳長的堂姪葉元龍，叫他去浙江疏通關係，救出兒子。歷朝歷代與官府打交道都是要花錢的。為了自己這個有抱負，有思想，愛舞文弄墨的兒子，開當舖的祖父真是沒有少花錢！去日本的盤纏和學費本來就不便宜，回來度個假還惹出這麼一樁官司。虧得在官府裡還有自己本家的親戚，不然花錢還並不一定能辦成事。

幾經周折，父親被放了出來，好在還沒有受什麼皮肉之苦，只是人瘦了一圈，顯得頗為疲憊。祖父把父親叫到面前，他感覺到從日本回來的兒子翅膀已經硬了。自己是個生意人，就是圖個世道安定，生意平順，可以扶持起這個家。可是沒有想到這個小兒子卻如同生了反骨，從裡到外都不馴順，他受了新思想的影響，考慮的是改變社會，改變世道人心。自己的家似乎從來沒有在他的心裡落下位置。尤其去了日本這半年後回來，又對國內新的文學潮流著迷，手裡拿著的刊物不是《拓荒者》，就是《北斗》。祖父不明白裡面的內容，就是覺得兒子讀多了那些內容，所以才有了今天無休無止的麻煩。

你要就繼續回去好好地讀書，要就回到我這兒來老老實實地做我的幫手。

我願意回去讀書。

不要再看這樣的雜誌，對你沒好處。你這次回來，心都散

了，不僅毀了自己的家，難道還要毀了我的生意不行？

祖父突然提高了聲音，淤積已久的脾氣突然爆發了，他把手裡的茶杯狠狠地摔在地上。藍花白瓷的小茶杯猛烈地擊向水泥地，瞬間碎裂成無數片，飛得到處都是。父親不想與祖父正面衝突，平生第一次忤逆了祖父的訓示。祖父還沒把話講完，父親即轉身跑了出去，一直到很晚都沒回家。祖父在燈下忙完了當舖裡的事，才讓夥計去找兒子，還是沒有任何結果。很晚了有人遞進來一封信，說外面有人送來的，說是兒子和《浙江潮》的同事一起去了上海。

1930 年夏天，恰逢「左聯」在上海成立。父親在上海認識了丁玲、茅盾、馮雪峰等進步作家，與他們商定了建立「左聯」東京支部的計劃，並由他回東京負責籌建。在東京，父親葉以群和一些留日同學成立了「左聯」東京支部（分盟），先後參加的還有任鈞、謝冰瑩、胡風、聶紺弩等十多人。通過日本進步同學的介紹，葉以群、任鈞等參加了「日本無產階級科學研究會」和「中國問題座談會」曾與秋田雨雀、小林多喜二、德永直、中野重治、山村知義、森山啟、上野壯夫、窪川稻子等作家、詩人、戲劇工作者有過接觸。在活動中向他們介紹了中國革命文藝界的現狀和活動情況。同時，還把國內出版的革命文藝刊物《拓荒者》、《文藝新聞》等贈送給他們，並寫有訪問記和速寫送上海的《文藝新聞》、《文學導報》發表。這時他以華蒂的筆名翻譯了高爾基的小說集《英雄的故事》和一些文藝書簡。1931 年「九一八」事變發生後，父親因在東京參加組織大規模留日學生愛國反日運動，在日本警察的追蹤監視中被迫中斷學業於 11 月回國。回到上海後就由樓適夷介紹，參加了「左聯」。

與我同年的藤田莉那是郭沫若和日裔妻子安娜的外孫女，生於中國天津。她幼小時經過文化大革命，曾隨母親下放。1980 年留學日

本，研究日本文學，畢業於二松學舍大學，是文學博士。現任日本國士館大學文學部教授，日本郭沫若研究會副會長。我們同樣成長於中國大地，經歷自然有所相似，我可以理解她年輕時的坎坷。

我和藤田莉那、田偉交流了相互間近二十多年的人生經歷。我特別告訴兩位一些關於父親葉以群和兩位的前輩在革命的年代緊密的聯繫。1932 年父親葉以群才二十一歲，3 月經馮雪峰、樓適夷介紹，加入了中國共產黨。秘密入黨儀式在上海南京街大三元酒家的一間雅座裡舉行。同時入黨的還有丁玲、田漢、劉風斯等人。瞿秋白代表中央組織部講了話。而以群與郭沫若則是在上海相識，在許多文藝界的活動中經常見面。1947 年 11 月上海白色恐怖日益嚴重，周恩來特別委託葉以群護送郭沫若、茅盾撤離上海去香港。在香港生活期間，葉以群更是經常去拜訪郭先生。我的母親就住在郭先生的樓下，父親就是那時認識了我的母親。這段良緣始於那時。一直到新中國建國前夕，父親配合潘漢年將郭沫若、茅盾等一批著名的民主人士送上前往解放區的船回內地參加第一屆政治協商會議。

說到這些歷史，曾經素不相識的我們彼此的心一下子靠得越來越近了。藤田莉那拿出她帶來的日本學者小谷一郎所著的《1930 年代中國人日本留學生文學·藝術活動史》，細心的她翻開夾著的小紙條書頁，告訴我，其中有二十多處寫到以群在日本留學期間，籌備組織東京左聯支部等一系列文學活動。我匆匆翻閱著那本日文書，並不能讀懂日文，卻可以依稀認真字裡行間辨認出文中提到的葉以群、田漢和郭沫若的名字。

明治維新後，在當時前輩的眼中，日本是傳遞西方文化和先進思想的地方。不僅在那裡可以學到先進的科學技術，還有西方和蘇聯先進的人文思想。父親早年翻譯的一系列蘇聯文藝理論著作，都是通過日文版轉譯。而他年輕時名聲鵲起，也就是開始於他文藝理論方面的

翻譯，那些譯作成為文學青年啟蒙的讀物。田漢更早去日本留學，而葉以群留學時，郭沫若和茅盾也都在日本避難。郭沫若因受到國民政府的通緝，1928 年 2 月被迫流亡日本。茅盾也是 1928 年到日本。而在 1931 年「九一八事變」後，許多留學生都先後回國投身於反帝愛國的社會活動中。父親曾在一篇短文《一點印象》中記錄了東京 9 月 18 日當天的情況：10 點左右忽然響起警鈴，到處都是號外號外的叫喊聲。報紙的大標題寫著日軍已佔領北大營，主力進軍奉天市等等。同時「九一八事變」的新聞傳到東京引發了大規模的留學生愛國運動。大家在東京舉行了抗議示威活動，軍警密集監視，有的學生被捕。為了避免無謂的犧牲，大家紛紛回國參加抗戰。

　　我訪問東京的一個晚上，華純女士和日裔教授深雪特地選擇了一家位於江戶時代特色小巷中的日式飯店，餐後我們踏著夜色中的石板小巷漫步。雖然天有些冷，卻讓我感受到父輩們曾經生活過的日本街道和民居的韻味。木製的門楣，數盞燈籠和門簾之後是潔淨的和室，走進去可以聞見燈心草的味道。赤腳走在以燈芯草做成的疊席上，有如徜徉在大自然一樣。我們喝著清酒，品嚐著精美的日式餐飲。而環顧街頭，一家連著一家的木製建築，石板的路面，在暗黃的燈光輝映下，散發著江戶時代的氣息。郭沫若、田漢和葉以群也許曾經走過這個區域，他們的腳步匆匆踏過那兒，最後走進了二十世紀三十年代中華民族多災多難的歷史。

丁玲介紹的一段姻緣

您在上海編輯《北斗》期間，有一次三位文學女青年寫信給丁玲（著名作家，曾任中國作家協會副主席），其中有一位鄭育之，後來成了作家周文的妻子。鄭育之回憶道：「我們猜想丁玲同志也是共產黨員，於是把希望寄託在她身上，我們聯名寫信給她，傾吐心願，要求參加共產黨。信由梁文若執筆；我們三人親自將信送到《北斗》雜誌社轉交。」信送出去兩個月全沒有消息。終於有一天，梁文若收到了一個署名華蒂的來信，約她們在虹口公園面談。華蒂是您那個時期的筆名，那封信正是您寫的。梁文若回來後興奮地告訴鄭育之。「是丁玲派他來和我們聯繫的！她沒有忘記我們！」見面之後，您聽了她們的要求，要她們組成一個學習小組，提高思想覺悟，再參加革命活動。……「從此，我們在華蒂同志的領導下開始了新的生活，學習許多進步書籍，參加了反帝反封建反法西斯的一些活動，接著又參加了『左聯』組織。」您從東京回來，她來自廣東，你們在上海相遇相知相愛，仿如是一個傳奇的故事。後來你們結

婚，介紹人是丁玲。抗戰時期你們離開上海，去西安、去武漢，再從桂林一起來到重慶，因為感情不合分開了。原本是一段佳話的婚姻，在戰亂的歲月中逐漸地走散了。您的歷史蹤跡還清晰可見，她卻被稱為消失的左翼作家，已經很難找到關於她的資料。

1931 年「九一八事變」以後，葉以群因在東京參加組織大規模留日學生愛國反日運動，在日本警察的追蹤監視中被迫中斷學業於 11 月回國。走前他將「左聯」東京支部工作交給其他同志負責。回到上海，經樓適夷介紹，參加了「左聯」。擔任「左聯」秘書處幹事，同時兼任「左聯」的文藝旬刊《十字街頭》的編輯幹事。當時丁玲正接受左聯的委託，辦一本既體現左聯色彩，又能呈現豐富多彩文學色彩的文學刊物，《北斗》就在這時產生，也廣泛團結了一批上海的作家。這也是胡也頻被殺害後，丁玲振作起來，繼續前進的一個標誌。從那時開始，她從一個小資產階級氣息較濃的作家轉變成為左翼的革命戰士。當時葉以群也曾參加《北斗》的編輯工作，擔任編委。在穆木天或葉以群家常舉行《北斗》編輯部座談會，到會者有穆木天、丁玲、艾蕪、馮雪峰、胡風等。所以在丁玲和胡風的回憶中，他們的相識還是葉以群介紹的。

胡風（著名文藝理論家、詩人、文學翻譯家）寫道：1931 年底他從日本回上海「在東京見過的華蒂（以群）引我去參加了左聯（書記丁玲）的一次日常性會議。和丁玲也是一見如故。」其實，葉以群和胡風在東京不僅僅是見過而已，他們同屬「左聯東京支部」的主要成員。「左聯東京支部」的前輩尹庚在《葉以群同志與左聯東京支部》一文中記述了葉以群離開東京前的一段往事：「『文總』（中國左翼文化界總同盟）成立不久後葉以群就回國了。回國前他本想將和『左聯』

的關係託付給盧森堡（任鈞）。在上野公園和谷非討論今後的問題的時候，他一邊觀察著有沒有便衣，一邊讓我走在他前面以掩護他們在後面能安全地交談。葉以群告訴谷非自己回國後想把組織關係交給盧森堡的時候，谷非大聲地反對了他。聽谷非的話我感到他想表明自己才是最適合的人選，我感到谷非是個自信心很強的人。」而谷非就是胡風。

葉以群的組織能力從年輕時就體現出來，在作家周文的回憶中，葉以群做事十分有條理，對於自己的信仰又十分堅定。自從在上海與丁玲、馮雪峰認識後，建立了與左聯的聯繫，他不僅回到日本建立了左聯分盟，回國後，還於 1932 年夏，受左聯組織派遣到達安徽安慶（當時省會的所在地），通過在安徽省教育廳和財政廳任職的堂兄葉元龍介紹，在教育廳掛了個文書股科員的名，實際搞左翼文化組織的發展工作。他負責組織了左翼文化總同盟安徽分會，成員中周文任組織部長（後來曾任左聯組織部長、建國後擔任中央馬列學院秘書長），劉丹（劉復彭）任宣傳部長（建國後任浙江大學校長）。汪侖（汪漢雯）等人參加。同時他主編了三期進步文藝刊物《安徽學生》。開展最多的活動是讀書會，經常讀書論證，傳播革命思想。正是由於以群發起組織了文總安徽分會，成立了左聯安徽分盟，在安徽播下火種。葉以群的組織能力顯然得到了黨組織的認可。在周揚卸任左聯組織部長後，以群接替了他的工作，擔任組織部長。

左聯時期的著名作家周文曾有一段精彩的回憶：周文與葉以群相識於安徽省教育廳。周文當時在安徽教育廳裡任事務員。「我除了辦公外，就把我全部時間拿來完成那個長篇小說，我沒有了稿紙，我就把大衣當了幾塊錢來買稿紙。我成天伏在案上寫，就被一位同事注意了。他是廳長葉元龍的堂弟，名葉元燦（葉以群），在秘書處工作，編《安徽學生》月刊。他跑來和我談，看我的稿紙，發現我有一本小說《一

週間》（這是蘇聯小說，是禁書），他就和我談得更多，從創作思想涉及到社會思想。他就設法把我調到秘書處，和他一同編《安徽學生》。他給了我幾本書看：吳黎平譯的《辯證法唯物論與唯物史觀》，和普列漢諾夫的《藝術論》，以及列寧的《國家與革命》，蘇聯版的黨員初級讀書。我很興奮，很仔細的看這些書，我開始進一步有了新的哲學思想、藝術思想，和對於革命的認識。我對這位同事發生了極大極大的熱情。我們時刻不離，他走到哪裡我就同他到哪裡，他所說的每句話我都非常佩服非常信任。我看見他存下的發表過的小說和速寫之類，署名是華蒂，我知道他也是從事文藝的。過了一兩月，他告訴我要組織安徽文藝研究會，我們開始了集體的文藝活動，更進一步討論社會科學上的各種問題。華蒂還在《皖江晚報》上編了一個副刊，名叫「雀鳴」，他天天叫我寫文章，他鼓勵我，說我在文學上一定有更大的進步。後來他就叫我去負責編輯。我們認識了四個月的光景，他請假到上海去，那時他已更深刻的了解了我，便告訴我他是『左聯』的，我不懂得『左聯』是什麼，他告訴我是革命的文藝組織，魯迅都在裡面。他到上海去後，我是多麼熱望他趕快回來呵！他回來後，就更進一步推動我們組織當地一些學生進行秘密的研究活動。他說就把我們的研究會算作是『左聯』的一部分。我在這時期，一直都非常興奮，我們研究著，工作著。到 10 月，華蒂回上海去了。11 月，我便辭去了教育廳的職務，趕到上海，參加『左聯』。」

周文經過葉以群介紹加入「左聯」以後，「我便向華蒂（葉以群的筆名）同志和丁玲同志提出要求入黨〔那時我已知道，『左聯』是黨領導的組織。華蒂（葉以群）是左聯組織部長，丁玲是宣傳部長〕。他們就為我介紹了。」日後周文也成為「左聯」組織中的重要一員，他在葉以群之後擔任了組織部長，並與葉以群一起在馮雪峰的直接領導下，組織了影響很大的遠東國際反戰大會。

梁文若和鄭育之舉行讀書會，難得的是丁玲和葉以群、周文也會參加。有一次在在上海四川北路一條彎曲小巷中的咖啡館裡，組織了一次讀書會。那天葉以群（華蒂）把丁玲（冰之）也請來了，另外還有一位男士就是青年小說家周文。葉以群向兩個女孩介紹了丁玲和周文，梁文若和鄭育之如同影迷見到了心儀的明星激動得熱血沸騰，臉都脹得紅撲撲的。丁玲絲毫沒有名作家的架子，逐一握住她們的手，問了各人的情況，說了一些鼓勵的話。她們頻頻點頭。

　　周文是名聲鵲起的小說家，當天大家一起討論的話題是創作如何走進底層人民的生活。丁玲的作品素來側重她熟悉的城市知識分子群體，不過她對周文的作品能夠走進底層市民的生活也十分讚賞，對小說如何表現生活大家展開了一番議論。

　　梁文若的個性就像一個小辣椒，肚子裡的東西藏不住，急切地要往外爆，她問周文：工人會信任你嗎？特別是看到你這樣一個文質彬彬的知識分子……這麼直率的提問題周文還是第一次遇到，一時接不過招來。看著辣椒般性格的梁文若和頗有些木訥的周文，大家都笑了。周文略微有些羞赧地說：我也沒有往臉上塗上煤渣，就是態度誠懇地去聽他們講故事，不論是我願意聽的，還是不願意聽的，全都記在心裡。梁文若見到兩位男士一點都不怵，反倒放開了特別活躍地提問題：那麼我也應該去寫工人的故事嗎？可我恐怕都不了解他們的語言，怎麼和他們說話呢……。周文就說：不會他們的語言還是其次，目前所有的工廠都掌握在外國買辦和資本家手裡，特別是這些年工人運動的興起，工廠中安排了很多特務監督，作為外人根本進不去。葉以群笑著瞅了她一眼道：都快成了你的提問會了。他想讓丁玲大姐說說話，丁玲卻說：還是聽華蒂說說，他在日本留學時就翻譯了高爾基的致青年作者的信。葉以群說話不溫不火：當然新時代的青年作家，應該力求多為我們生活之地的貧苦大眾說話，可是文學有自身的規律，一個

作家寫自己感觸最深的生活才能寫出獨特感受的作品，比如冰之姐的作品，並不因為她擅長寫的是知識分子的生活而有稍許的遜色。

周文就說起魯迅先生有一次在一個會議上回答青年作家的苦惱時說過：農村、工廠的題材固然重要，但當中國每個角落都陷於破產的現在，別的題材也還是很需要的。一方面我們的作者，大半是從舊社會出來，情形熟悉，反戈一擊，易制敵人以死命；另一方面，現在能看小說的大多數，畢竟還是稍微能出得起錢買書的人，我們應該怎樣地使那些覺得這世界一切都很完滿的人們，來看看他們所處的究竟是一個什麼樣的世界。在這一點上，暴露的作品還是重要的⋯⋯。魯迅先生的話給大家很大的啟發，紛紛表示要挖掘自己熟悉的生活。

葉以群略一沉思，頗具思辨地說：作品能否寫得生動？取決於作者對生活的熟悉程度。如果不熟悉，即便寫了，也會是半熟不生的夾生飯。夾生飯知識分子不喜歡吃，工人農民也不喜歡吃。

丁玲轉臉問梁文若：你還聽不明白華蒂的意思？還不明白以後就多討教吧。他是一個不可多得的青年理論才俊呢。也許正是丁玲的這句話，就有了梁文若後來和葉以群的交往。

風聲鶴唳中組織遠東國際反戰會議

　　前幾年我從美國回上海，特地去看了虹口區的霍山路八十五號。那是一幢三層樓的紅磚房。現在仍然住著居民。不過聽說已經開始搬遷，政府將對這一個地區進行重新規劃。街道兩邊紅磚的民居，家家戶戶都敞開著窗戶，窗前有的裝點著花卉，有的晾曬著衣物。我終於找到了那一棟三層樓的房子，紅磚的顏色已經斑駁，水泥的廊柱上出現了磨蝕的殘缺。在門前的青磚牆上一塊黑色的牌子上寫著：「遠東反戰會議舊址。1933年9月30日，宋慶齡在此主持遠東反戰會議。」我走進門廊，沿著一道深棕色的木樓梯走上二樓，油漆剝落的地板上黑白斑駁，踏上去發出了吱呀的呻吟……畢竟已經是近百年的老樓，以前發生的事，參與的那些人都在上一個世紀告別人世，唯有門柱邊上掛著一塊黑色的牌子，還記載著歷史上這裡曾經舉行了一次反對日本對中國軍事侵略的國際會議。我撫摸著斑駁的扶手走上樓梯，似乎要從已經被粉刷過無數遍的白牆上找尋前輩的身影，我相信某種說法，儘管先人已經離開了這個世界，可是

總還有信息留存在這個大千宇宙中……被魯迅先生稱為:「使世界上更明了了中國的實情」的反戰會議,是一群二十多歲的年輕人走在具體籌備的第一線。

1933 年的上海,是各種政治力量角逐的戰場。國民黨政權的嚴密統治,異常活躍的共產黨地下組織,還有佔據了上海部分地區的外國列強,三者之間不斷較量。那一年的 6 月中共江蘇省委宣傳部長馮雪峰指示「左聯」黨團的葉以群在上海組織落實世界反帝大同盟遠東會議的具體工作。反帝大同盟的全稱叫「反對帝國主義大同盟」,於 1927 年 2 月在比利時首都布魯塞爾發起成立。該同盟是一個國際性的統一戰綫組織,由國際知名人士組成。其中有英國的蕭伯納、蘇聯的高爾基、法國的羅曼‧羅蘭、中國的魯迅和宋慶齡等。但是由於當時的國民黨政府和租界當局都阻撓會議,中共組織只能採用地下方式舉行。

葉以群接到任務之前,曾被馮雪峰調去組織這次會議的是作家樓適夷(現代作家、翻譯家、出版家,曾任人民文學出版社副社長、副總編輯),當時在江蘇省委當幹事。他後來回憶道:上海的白色恐怖非常嚴重,前不久剛聽說自由大同盟的楊杏佛先生被特務暗殺。上海反帝同盟黨團的書記等多位人士也被逮捕。「省委宣傳部長馮雪峰同志特別通知我,組織決定調我到『上反』,接替劉芝明(原書記,已被捕)的職務。……因為原來的整個黨團,幾乎已全部破壞,省委重新組織了新的領導班子,但原在黨團直接領導下的各種機構,到底還有多少保留下來,一時情況還不明了,我的首要任務,就得一一摸清這個情況。新的黨團有左聯的華蒂(葉以群)……」他們重新恢復了原先中斷的工作。可是不幸的是在樓適夷接手組織「遠東國際會議」沒多久,他也被捕了。於是葉以群接過了這個任務,並召集他身邊的作家周文、

鄭育之、梁文若一起冒著生命危險做了最具體的準備工作。

周文是左聯時期頗有成就的青年小說家，他的作品曾經得到魯迅先生的充分肯定。他的成名作短篇小說《雪地》，曾由魯迅和茅盾推薦給美國作家伊羅生，編輯在介紹中國作家的小說集中。

有一天，一對新婚夫婦買了兩隻樟木箱搬進上海滬東霍山路上的一幢紅磚房裡。這一看上去普通人家的男婚女嫁場面，後面卻隱藏著一次共產黨組織的秘密國際活動。這對夫婦就是左翼作家周文和夫人鄭育之，他們接到葉以群的指示，租下了位於虹口霍山路的那幢紅磚房，並分批運進去許多為參加會議者購買的食品。

據周文的夫人鄭育之回憶：當時與我們聯繫工作的是華蒂（即葉以群同志），他首先指示我買兩個大的樟木箱放到我的娘家再等候行動。這個任務是不難完成的。但要這兩隻箱子幹什麼用，卻不了解。過了幾天又接到指示，將這兩隻箱子搬出來，鄭育之與周文要穿上新衣服扮作新婚夫妻，搬到福州路一家條件較好的旅館去住。到了旅館，他們又按照組織的命令，買了鍋碗瓢盆茶杯，刀叉汽爐，還買了許多罐頭、汽水、蘇打水等食物，特別是買足了許多麵包，裝滿了樟木箱。然後又聯絡人員把他們帶到目的地。為了買回五百個麵包，他們費了不少心思。因為一家商店也不會有那麼多麵包，他們必須分頭去各處買。可是買那麼多麵包又怕引起特務懷疑，於是就用小皮箱分頭分批地裝。還說是學校舉行運動會需要。

誰知道等周文租下了那幢紅磚房後，馮雪峰才得到消息，紅磚房的隔壁就住著公共租界捕房的偵查頭子。可是由於時間太緊，要改換地方已經不可能。於是只能在敵人的眼皮底下開會。為了隱蔽和安全，幾十個進出會場的代表，從服裝到禮儀，都必須符合所扮演的角色。隨後周文和鄭育之等人又扮演成一家人將行李搬進會議地點。有的扮演主人、主婦、弟弟、弟媳等等。

當時參加會議的外國代表都住的市中心的華懋飯店（現在為和平飯店）。馮雪峰擔心他們住的地方目標太大，一定有不少人在監視。為此他找到人脈十分廣泛的夏衍，請他幫忙。夏衍就找來在影劇界活躍的洪深，當時洪深是明星電影公司的導演。洪深很講義氣，聽了夏衍交代的事，負責接送國際代表進入到霍山路八十五號會場。第二天夏衍與洪深相約在茶室見面時，夏衍看見門口停的是印有明星電影公司字樣的汽車，據洪深說車是平時用來接送電影明星的。很顯然用接明星的車來接送國際代表，那些監視的特務們誰也想不到。那天洪深穿著筆挺的西裝，叼著雪茄，說著英語。天色稍晚就去了華懋飯店接國際代表，為了迷惑盯梢者，先去市區繞了一大圈，然後才平安地把他們送到會場。

開會之前，魯迅先生專程前往華懋飯店看望了英國勳爵馬萊和法國《人道報》主筆古久里。在飯店裡，還發生了一個小插曲。開電梯的工人以衣取人，看到魯迅穿著布製長袍，竟拒絕用電梯送他上樓。魯迅只得以病弱之身，步行爬樓梯到七樓。等到下樓時，電梯工見到是馬萊勳爵謙恭地親自送魯迅出來，這才大吃一驚，老老實實地送魯迅下樓。這一遭遇使得魯迅很有感慨，日後還對日本友人內山談起。

會議如預期順利地進行了。宋慶齡首先發言，做了《中國的自由與反戰鬥爭》的報告；馬萊勳爵和古久里先後發言介紹了國際反帝反戰的概況。在他們發言過程中，宋慶齡用英語和法語給國際代表做翻譯。最後大會通過了《反對帝國主義戰爭，反法西斯的決議及宣言》。

後來會議結束了，租界的特務進入房子中，看見因為馬桶阻塞，參加會議者不得不用浴缸當便器。這時他們才意識到這裡曾經舉行了一次人數眾多、不同尋常的活動。可是已經人去樓空，為時已晚。

雖然那次會議身在上海的魯迅不便出席，宋慶齡卻設法擺脫了國民黨的監視，親自到會場主持了會議。與會的還有來自國外的代表。

會議選舉了宋慶齡、魯迅和高爾基等擔任同盟的領導。

夏衍（著名作家，曾任文化部副部長、中國文聯副主席、中日友協會長）在回憶錄《懶尋舊夢錄》中回憶道：「6月下旬周揚約我討論籌備巴比塞等人來上海召開反帝大會的事，才和葉以群、周文等見面。這個會的全名是『世界反對帝國主義戰爭委員會』，是『一‧二八』戰爭之後不久，由巴比塞、羅曼‧羅蘭等人發起的。這個委員會1932年5月在荷蘭召開大會的時候，宋慶齡曾去電祝賀，所以他們就決定下一年派巴比塞等到中國召開第二次反帝大會，同時還邀請日本、朝鮮的知名人士參加這次會議。」

原來計劃會議除了孫夫人外，還要邀請魯迅和茅盾參加，夏衍就請葉以群去和茅盾聯繫。後來卻由於安全的原因，魯迅和茅盾都沒有參加會議。但是孫夫人不僅親自安排了國際會議代表的住處，還親自到會。夏衍還記得1949年以後見到宋慶齡，宋慶齡還和他談起那次大會的情況。

「她說大會從深夜開始，到第二天的傍晚結束，有中央蘇區和東北義勇軍的代表參加。她還說，這樣的會，對她是平生第一次，會場沒有桌椅，連外國人也席地而坐，為了照顧她，一位女同志給她找來了一張小板凳等等。」

參加大會的代表有蘇區紅軍、東北義勇軍、十九路軍、工人、農民等各行業及世界反戰委員會派來的代表共六十人。國際代表實際到會有馬萊爵士（英）、古久里（法）、波比（比利時）和伊羅生（美）。

《遠東反戰會議紀念集》一書中特別記錄了馮雪峰（著名文藝理論家，曾任人民文學出版社社長兼總編、《文藝報》主編）在『文革』被關押審查期間，在造反派逼迫下寫的交代材料。而在當時調查人員眼中，這些幾十年前的歷史事件，都被作為反革命活動加以追查：「經過12月20日你們對我的幫助，和我兩晚一天繼續竭力追憶之後，關

於周揚在 1933 年 8 月間參與上海左翼文化界歡迎世界反戰委員會代表的籌備工作的事情，具體的情況我仍然追憶不起來，但我可以負責地說，周揚當時參與了籌備工作是完全可以肯定的，左聯方面的動員是由他周揚負責，而葉以群則多負責奔走和具體工作，這也是可以肯定的。周揚可能還是宣言的負責起草人之一。」

宋慶齡在 1952 年回憶反戰大會一文中說：「你們可以想像，在那時候，誰要主張國內團結，一致抵抗外敵，謀求中國人民內部的和平與世界的和平，實際上就得冒生命的危險。但是儘管面對著這種危險，我們依然按照著我們的計劃進行工作，歡迎代表團，並且動員輿論制止侵略。……我本人不得不違抗禁令，到船上去歡迎這些歐洲來的反帝的和平戰士。」

「連我自己都不曉得舉行會議的地點在哪裡，直到一天早晨的黎明時候，我被帶到上海工廠區的一幢陰暗淒涼的房子裡，代表們只能一個一個地單獨前往，甚至一部分人是在深夜裡偷偷地到那裡去。當我到達時，每一個人，連外賓在內，都坐在地板上。因為房間裡唯一的家具是供秘書處用的一張小桌子。我們實際上是在低聲耳語之中進行報告和討論的。」

「遠東國際會議」成功舉行後，魯迅在回答作家蕭軍、蕭紅對會議的詢問時是這樣記敘那次會議的：「會是開成的，費了許多力；各種消息，報上都不肯登，所以中國很少人知道。結果並不算壞，各代表回國後都有報告，使世界上更明了了中國的實情。我加入的。」

而這次「使世界上更明了了中國的實情」的會議的具體籌備者就是才二十多歲的葉以群和周文等一批青年人。這是一段他們引以為榮的革命經歷。在艱苦危險的環境中，組織工作十分艱巨，只要一暴露身份，隨時都有被捕的危險。參加活動的青年，一腔熱血，具備不畏艱險的獻身精神。也正是這一次攜手並肩的歷險，使葉以群和梁文若、

周文和鄭育之的感情升溫，並分別在不久後結為夫婦。不過一旦他們選擇了革命的道路，那就是一條不歸路，更何況在二十世紀三十年代的上海，他們所追求的希望，如同黑暗盡頭的一點火星，耀眼卻依然渺茫。後來他們都嘗到了被捕入獄的苦頭。

周恩來關心過
父親的婚姻

　　巍峨的山城中有一種根深蒂固的綠色從城市的縫隙中勃然生發，為所有灰色的、黑色的、白色的城市原色增添了蓬勃的生命力。那就是生長在山城每一寸土地上的黃葛樹。佛經裡黃葛樹被稱為神聖的菩提樹。它的樹葉光澤閃亮，呈橢圓形，其莖幹粗壯，樹形奇特，蜿蜒交錯，古態盎然。它壽命很長，百年以上大樹比比皆是。我每一次在重慶的建築周圍看見苦壯的黃葛樹都會想到它的閱歷，已經在這片土地上生長了百年之上了，距今近八十年的陪都時代所發生的事，所走過的人，它們一定是見證者。它們聽見過日軍的狂轟亂炸，親眼見過重慶的幾度興廢，它們從崎嶇的山崖裡吸取帶著苦澀的水分，從充滿硝煙的空氣中吸取稀薄的光照。它們也一定看見過我的父輩們，那時還是年輕的文化人從身邊經過。我每次走過那些樹根苦壯，盤旋向上的老樹時，我都情不自禁佇立觀望，似乎是想從它粗壯盤旋的樹身上尋找到父輩留下的信息。

　　我特地去了曾家岩五十號。那是一幢三層樓房，前後有兩

世紀波瀾中的文化記憶——葉以群與他的文學戰友們

個天井，樓梯狹窄，在樓內又曲折迴轉。據說當時鄧穎超租下這棟樓裡底層和三層和二樓東邊的三間房。而樓內其他的幾間房租給了國民黨的某人。所以這棟樓房幾乎是重慶國共佈局的一個縮影，真是我中有你，你中有我。特別不可思議的是與之一牆之隔的曾家岩書院，當年竟然是國民黨警察局的分駐所。在周公館中我特別留意地走進周恩來的辦公室，簡單的桌椅擺設，還有一張木床。床邊擺著一張藤躺椅。這樣的躺椅在紅岩村周恩來的辦公室也有一張。從舊照片上看，當年樓房的門前是一條狹窄的青石板路，對面是一堵高牆。我可以想見父親葉以群當年怎樣避開埋藏在周圍的國民黨特務的眼線，借著夜色和迷霧的掩護悄悄地進入周公館。

父親留下的文字很簡潔，如同簡短的日記，只記下發生了什麼，沒有細節，沒有過程。好在文學家的自傳和傳記彌補了這方面的空隙，從那些作家的文字中，抽絲剝繭才可能尋覓到一些對於那個時代的回顧。不過，當一個作家把完整豐富的人生濃縮成幾十萬字，幾百頁厚的書本時，即便文字再豐潤，細節再真實，留下的也只能是精粹。如同一個生命結束後，在烈焰中化為灰燼，撫去燒成灰的表層，留下的是幾塊無法在高溫中化解掉的精華骨骼。十分慶幸的是在這些前輩的文字中，葉以群曾經是他們生命中的某個階段記憶深刻的合作者、同行者，他們在記錄自己畢生難忘的經歷時，也記錄了這個朋友的一些情況，不論是對自己的引導，或是救助，或是一次逃難時的同行，同居一室時的趣事，發表一篇作品的經過……。我在文字的海洋中抽絲剝繭，尋找到了他們的故事。

1939年上半年到了重慶以後，梁文若去了賴家橋文委會找了一個工作，那裡離開市區有十幾里地。很顯然在當時的交通環境下，她和夫婿葉以群也就很少見面。後來在那裡，梁文若和周恩來的政治秘書吳奚如發生了戀愛。這事還驚動了周恩來。吳奚如，黃埔軍校二期出身的左聯成員，特科成員，曾經是中國共產黨與魯迅之間的聯絡人。

　　在《胡風回憶錄》一書中有一節「吳奚如的戀愛」。胡風記得：1939年5月24日，這一天是應該「值得一書的」，因為剛從延安回來的董必武帶來了周揚的一個口信，「說是請我去延安魯迅藝術學院做中文系主任」，「我聽了這話有點吃驚：周揚怎麼會想到請我？我應該答應嗎？」當然了，這也有了讓人猜想的極大空間，比如說果真去了，會如何？等等。這一天，周恩來的警衛員送來信，約他見面談話。晚上胡風就去曾家岩見了周恩來。

　　胡風向周恩來表示：「自己留在外面至少可以給國民黨一點不痛快，用筆鑿穿一下他們的鬼臉總是好的吧！」周恩來同意胡風不去延安。周恩來又交給胡風一個任務：「要我勸說梁文若不要和吳奚如搞戀愛，這對黨的影響不好。」當時吳奚如與自己的妻子朱惠離婚不成，與女作家梁文若談戀愛，但梁文若的愛人葉以群又不同意與梁文若離婚，吳奚如就成了「第三者」。

　　對戀愛和婚姻一向認真負責的周恩來對吳奚如很是不滿，除了嚴厲批評，還讓吳的朋友胡風「多做做工作」。此後，胡風與來訪的梁文若「做工作」，「告訴她組織上不同意她和吳奚如的關係再深化，應該冷靜下來」，「但她執意不聽。」胡風向周恩來彙報後，周恩來要聽葉以群的意見。於是胡風又把葉以群找來，在周恩來面前，「以群表現得很冷靜，很爽快地答應了和文若分手，並且向周副主席提出想到戰區前綫訪問」，「這給了周副主席很好的印象。相反的，吳奚如從此失去了周副主席的信任，留在桂林，後來到新四軍。皖南事變後，他

和文若分散了，兩個人的關係也就結束了。這次戀愛成了奚如一生中的轉折點，不知該算是喜劇呢，還是悲劇！」當時吳奚如擔任周恩來的秘書，卻因一場沒有結果的「婚外戀」，「從此失去了周副主席的信任」。

吳奚如晚年回憶說：「我這時在私生活上狂熱地愛著青年女作家文若，她原是有夫之婦，是很不應該鬧這場三角戀愛的。周副主席用電報警告我之外，要胡風寫信從旁規勸我，而我則以為他是別有用心，拒絕他的勸告，在回信中粗暴地予以詆毀。胡風也尖刻地反唇相譏。致使彼此間的友情破裂。」

說到葉以群和梁文若的婚姻，就不可迴避地要提到他們在上海街頭的被捕。1934 年 8 月在北四川路上，葉以群、梁文若在與「上海反帝大同盟」幹事劉丹碰頭時，突然衝上來一群匪特，三人同時被捕。前幾年我在上海的中國左翼作家聯盟大會會址紀念館中看見一塊牌子上面羅列了四十幾位被捕盟員的名字。上世紀三十年代，當時共產黨有領導者持左傾路線，有一段時間要求盟員們上街去貼告示、撒傳單、舉行飛行集會。而這些活動把原處於地下的進步文學青年曝露在敵人的眼皮底下。而生命歷程中的這次坐牢，會成為他們人生中的一次洗刷不去的深刻烙印，在日後的歲月中時不時地受到革命隊伍的嚴格審視。他們中的很多人，儘管在幾十年的人生歲月中為民族解放事業繼續做出了很多艱苦卓絕的貢獻，可是每一次政治審查來臨時，都會對他們曾經被捕的事重新放大檢視。有許多人直至生命的最後，都在期待著那一份證明自己清白的組織決定。

葉以群和梁文若的愛情始於上海亭子間，止於重慶文協，前後大約五六年。他們通過遠東國際反戰會議的歷險走到一起，又因為一次被捕而留下感情的裂痕。被捕後關押了一段日子後，他們都沒有暴露共產黨員的身份，本以為這樣就可以暫度難關。可是不幾日後，這些

被捕的人有些被判了十年以上至無期徒刑，輕判的就送到蘇州反省院去了。最令葉以群震撼的，不是在獄中遭受的拷打和審問。而是有一天獄中來了一個身材魁梧的大漢，相熟後告訴葉以群，他入獄前已在處決的名單上看見葉以群的名字，因為有人在外面放風說他已經叛變。而那個大漢就是除奸隊的殺手。來自自己隊伍中的謠言沒有殺死葉以群，卻震碎了他的心。囚禁之中他反倒要慶幸自己的入獄，才免於被處決，真是極盡諷刺。葉以群被關押一年後由在杭州做生意的父親通過同族堂兄葉元龍出面保釋，這是葉元龍第二次救葉以群出獄。

葉元龍是經濟學學者，先後自費留學美、英、法三國，獲美國威斯康星大學經濟學碩士學位。回國後先後在南京大學、金陵大學、暨南大學、國立中央大學、重慶大學等多所大學擔任教授，民國二十七年 5 月出任重慶大學校長。他聘請著名經濟學家馬寅初（經濟學家、曾任北京大學、浙江大學校長）任該校商學院院長、著名地質學家李四光為教授；邀請陶行知、郭沫若、鄧穎超等人到校講演，堅決反對訓導處開除思想進步學生。馬寅初曾因大罵孔祥熙大發國難財而觸怒蔣家王朝，被監禁上饒鉛山鵝湖。葉元龍為此提出辭職，並專程去鵝湖看望馬氏。葉元龍提出的辭職，一直沒有下文。實在沒有辦法，他就寫信給蔣介石，以年邁老母身體不好需要服侍陪伴為由，重申去意，這才獲得批准。新中國成立前夕，葉元龍沒有去台灣，是周恩來委託陳雲留住了他。共產黨對葉元龍有好感，固然有馬寅初的原因，還由於他在白色恐怖期間營救過兩位共產黨人：一位是葉以群；另一位是沙文漢（1954 年出任浙江省省長）。新中國後，葉元龍任上海財經學院教授、上海社會科學院歷史研究所研究員。

還有一位對葉以群幫助很大的是曾經的獄友李少石。李少石（1906—1945 年），字默農，是廖仲愷先生的女兒廖夢醒的丈夫。1932 年到上海從事地下工作時曾任中共江蘇省委宣傳部長。1934 年

因叛徒出賣被捕，三年後獲釋出獄。李少石出獄後回到重慶，在八路軍辦事處擔任周恩來的英文秘書。後來周恩來就請李少石寫了一份關於葉以群獄中生活的證明材料，交給周恩來帶到延安中央組織部存檔。這才給了葉以群一生的清白。

1945 年 10 月 8 日，正值毛澤東赴重慶談判期間，柳亞子到曾家岩五十號周公館訪周恩來。適值周赴宴會，由李少石代陪並送柳回沙坪壩。回途時，車行駛到紅岩咀下土灣，不慎撞傷陸軍重迫擊炮第一團第三營第七連士兵吳應堂。班長田開福向汽車鳴槍，子彈射穿李少石肺部，送重慶市人民醫院搶救無效，在當晚 7 時 45 分犧牲，時年三十九歲。

葉以群出獄後與在他之前已經出獄的梁文若再度團聚。至於是什麼導致他們漸行漸遠兩人都沒有留下任何文字。出獄後葉以群繼續回到文學的陣地上參加活動。其中較重要的是他參加了《中國文藝工作者宣言》的簽名運動。1936 年春由於「左聯」社團內部的許多爭議，最後導致了「左聯」的解散。1936 年 6 月 15 日，魯迅、茅盾、巴金、以群、蕭紅等六十七位作家聯合簽名發表的《中國文藝工作者宣言》強調：「當民族危機達到了最後關頭，一隻殘酷的魔手扼住了我們的喉嚨，一個窒悶的暗夜壓在我們的頭上，一種偉大悲壯的抗戰擺在我們的面前的現在，我們絕不屈服，絕不畏懼，更絕不彷徨、猶豫。我們將保持各自固有的立場，木著原來我們堅定的信仰，沿著過去的路綫，加緊我們從事文藝以來就早已開始了的爭取民族自由的工作。」那份宣言是由巴金和黎烈文分頭起草，由黎烈文在魯迅家中合併成一份。原件現存於上海「中國左翼作家聯盟大會會址紀念館」。

數月之後，魯迅先生因病逝世。1936 年 10 月 19 日葉以群得知魯迅先生在凌晨病逝後，「當天深夜，約著幾位朋友跑到『萬國殯儀館』，在一間窄小的房間裡看到先生躺在棺蓋上的遺體 —— 像往常一樣，還

是穿著一件陳舊灰暗的薄棉袍，瘦削的臉頰上聳起高高的顴骨，濃黑的短鬚掩著緊閉的嘴唇。剛強、堅毅、決斷……這一切都精神，還顯然地表現在先生的遺容上。」而前幾天，葉以群還告訴夏衍，他原打算去探望魯迅，許廣平說先生病得較重謝絕了。

我在上海魯迅紀念館中，看到櫥窗裡陳列著一份由許廣平捐贈的葬禮簽到簿，在上面我找到了以群和梁文若的簽名。這可以證明葉以群和梁文若都參加了魯迅先生的隆重葬禮。

「左聯」解散，加上魯迅逝世，對進步作家的打擊是很大的，但他們的活動還在繼續。據吳組緗回憶，1937年春，葛琴邀請邵荃麟、王惕之、蔣牧良、張天翼、葉以群夫婦、吳組緗、劉白羽等黨內外作家雲集她的老家浙江宜興丁山，暢談寫作。時間約一個多星期。丁山位於美麗的太湖之濱，是有名的魚米之鄉。那裡的物價比起上海、杭州等地便宜許多，作家們又可以稍稍躲避一下敵人的盯梢，徹底地放鬆一下。葛琴是丁山人，她在那兒地熟人也熟，有關事情都由她一手包辦，伙食辦得很好，頓頓有魚蝦，餐餐有雞鴨。這對於窮困慣了的左翼作家們，是一次美食與精神的雙重享受呀！

作家們難得聚在一起，周圍又是好山好水，大家相處十分輕鬆愉快，主要內容是討論各人的創作計劃，交流彼此的創作；並通過自由討論的方式，對作品進行分析和評價，互相促進創作。有作家形容：當時也開展批評和自我批評，但和後來的批評不一樣，那時的批評，使人感到熱乎乎的，越批評越覺得自己對革命有用。葛琴當時也寫了幾篇作品，其中有一篇叫《窯場》，對別人的意見，她虛心聽，態度嚴肅、認真，但她不大批評別人。

討論和寫作之餘，作家們還常常乘小船在廣闊的太湖上盪漾，高唱《國際歌》，暢談個人的理想、探討中國的未來和前途。這些在上海長期被白色恐怖包圍著的作家們，在同志的相互鼓勵中獲得了精神上

很大的鼓舞。面對美麗的湖泊，再一次感受到了生活中的詩情畫意。

丁山集會很快引起了國民黨當局的注意，當地的特務嚴密監視著他們的行動，曾多次爬到屋頂竊聽。1937 年 5 月 20 日，宜興縣國民黨黨部的《宜興日報》在頭版頭條登出了這樣一條消息：「左翼作家雲集丁山」。吳組緗回憶道：「為了避免不必要的意外，大家開會商量後，便各自散了。」（《二十世紀中國著名女作家傳》，閻純德主編）

葉以群和梁文若與同志作家們共同經歷了艱難挫折，他們最終又一起離開上海，去了武漢、重慶。在重慶離婚後，吳奚如被調離重慶，去了皖南擔任新四軍第三支隊及江北縱隊政治部主任。梁文若跟著他去了。不幸的是去了沒多久，發生了「皖南事變」，在戰亂中兩人被衝散，吳奚如突圍成功輾轉去了延安，梁文若被捕後逃脫。她經過一番波折來到葉以群的老家歙縣藍田村休養生息，葉以群的家人仍然熱情接待了她。她在那裡住了四個月，苦尋吳奚如卻如石沉大海毫無消息。兩個人的關係也就結束了。而離婚後葉以群參加了作家戰地訪問團去了中條山和太行山前綫。從戰區前綫回到重慶後，周副主席提出讓葉以群在「文協」工作，並讓胡風去和負責的老舍商量。就這樣，以群住進了「文協」的宿舍張家花園。

沙汀小說問世的積極推手

　　父親，您寫評論，也寫小說、報告文學，但主要精力還是放在編輯刊物和主持出版社上。作家們有些稿子審查老爺通不過，都靠您去打交道。您似乎成了一個文學活動的組織者。縱橫捭闔，四面應付。活躍的您儼然成了另一個人。

　　我讀了一些前輩的回憶，看到沙汀有幾個著名的短篇都是在您的小屋裡完成的。於是找來了家中收藏的《沙汀選集》。那是 1959 年人民文學出版社的版本。紙張質量很差，是一種手感毛躁發黃的粗糙的紙。當年的印數近三萬冊。其中就有《在其香居茶館裡》和《堪察加小景》。讀著這些幾十年前的小說，想到沙汀先生寫作時的情景，我似乎瞬間找到了一種與那個時代的某種鏈接和親切感。

　　1939 年年底葉以群從作家戰地訪問團回到重慶後，搬進張家花園文協的住地。他的小屋完全變成了一間辦公室，他的大量日常工作也在裡面完成。葉以群的屋子裡第一位來的過路客是作家沙汀（著名作家，曾任中國社會科學院文學研究所所長、中國作家協會副主席）。

1940 年，沙汀離開延安來到重慶，時常來以群的小屋搭舖。沙汀和以群早在 1932 年上海「左聯」時期就見過面，那一次作為「左聯」組織部長的以群去找剛剛靠近「左聯」的艾蕪，在那兒見到了沙汀。沙汀這次到了重慶，周恩來和他談起了以群，說以群在上海曾經被捕，失去了黨的關係，出獄後繼續積極從事進步文化活動，可以作為黨外幹部使用，現在在重慶「文協」協助老舍工作。周恩來還介紹沙汀和以群一起工作。就是因為周恩來的介紹，造成以後沙汀與以群的長期關係。當時沙汀常去參加文化組組長徐冰主持的文化工作討論，回來後把精神傳達給葉以群，由他去貫徹。葉以群在重慶文化界有深廣的人脈，表面看似並不活躍，但是行為方式，與人打交道總能得到別人的信任，許多別人解決不了的難題他都能解決。所以沙汀對他頗多依賴，兩人關係很好。沙汀常年住在鄉下，每次到重慶市區都來葉以群的屋裡搭夥。他家裡人口不少，在以後的數年中，他的著作完成後，許多也是葉以群為他安排出版，還想著法出書前先在刊物發表一下，可以多一些收入。沙汀生活無著時就找葉以群，葉以群都會想方設法為他預支稿費。

當年葉以群三十歲出頭，沙汀約三十七歲。葉以群沒有家小，獨自生活自由自在。沙汀上有老下有小，生活負擔很重。沙汀和其他的作家不同，他始終堅持扎根在自己熟悉的生活土壤裡。到了重慶以後他時常回到自己的家鄉農村生活。有一次他剛從大山裡鑽出來，朋友們幾乎認不得他了。他的裝束也確實奇特，長袍，一頂剪去帽檐就像甑窩子一樣的黑呢禮帽，還戴了金戒指，活活一個土保長或土紳士模樣，像是從他的小說中走出來的一個人物。他融進自己的描寫對象中去，扮演得相當成功。有一天作家曹靖華跑來找葉以群，正巧屋裡只有沙汀一人在，曹靖華匆匆瞥了一眼轉身便走，居然沒有認出他來。在走廊見到從外面回來的以群，偷偷問道：你屋裡坐著的這位好像是

個保長！葉以群聽了笑得直不起腰來了。也許正是因為沙汀始終扎根在生活中，他筆下的人物才栩栩如生。沙汀和葉以群兩人雖是好朋友，從樣貌上卻差別很大。葉以群個子不高，胖墩墩的，沙汀偏瘦，蒼老一些。沙汀的穿戴總是比較土的，身著灰布長衫。葉以群則擅長聯絡工作，言語不多，但交際很廣。葉以群生活十分有規律，屋子不大，但都安排得很整潔，外出都穿著一套淺色的西裝。當時沙汀頗為專注於自己的創作。葉以群寫評論，也寫小說、報告文學，但主要精力還是放在編輯刊物和主持出版社上。作家們有些稿子遇到審查老爺通不過，都靠他去打交道。

1940 年代，沙汀的文學創作達到了高潮，陸續發表《在其香居茶館裡》、《磁力》、《堪察加小景》等短篇小說。短篇代表作《在其香居茶館裡》，以一個茶館中發生的一場爭執打鬥為內容，對國統區鄉鎮統治者之間圍繞兵役的勾心鬥角，做了辛辣的諷刺。在這一時期，沙汀的作品增加了諷刺的力度，對他自己熟悉的生活中發生的一些奇奇怪怪的現象和各色卑鄙猥瑣的人物，譬如聯保主任方治國，恃強欺弱的邢麼吵吵、陳新老爺等一票人物進行了深刻的諷刺。四川小城鎮裡的生活他已爛熟於心，他對那些頭頭臉臉的人物的生活方式和社會氣氛的把握準確無誤，他在其香居茶館裡為他們搭了一台戲，讓他們逐個登場，逐個獻醜，為的就是通過各種手段讓自己的後代逃避兵役。這篇小說取得了很大的成功，人物一個個躍然紙上。

關於這篇小說，就先說說那年冬季在重慶中山一路上的中蘇文化協會會議室舉辦的一次「文協」小說晚會。晚會的主題是討論「小說中的人物描寫」，茅盾也參加了。那天到會的人十分踴躍，連一向與文學關係不大的社會名人陳銘樞，國民黨中央黨部秘書長張九如也跑來出席，還有文學青年，一共七十多人，氣氛相當熱烈。晚會由沙汀主持。到會的作家有茅盾、老舍、沙汀、葉以群、潘梓年、胡繩、胡風

等共約六十餘人。會上，茅盾做了《關於小說中的人物》的發言，著重談了如何觀察人物。茅盾說：「我們觀察人物，必須主觀上有一個尺度，否則不能看得深刻，看進裡面去……不可把人孤立起來看，要在他的社會關係上去看，要在他行動的總體上去看；還要從發展中看人，總之，就是從社會矛盾中去觀察人物。」茅盾的發言，後來發表在《抗戰文藝》上。

講演引起了在座聽眾的興趣，老舍、胡風即席發言，下面紛紛寫紙條傳到主席台上，提出各種發問。在回答提問環節，沙汀收到一張條子措辭尖銳，引起了他的注意，大意是：鄉下拉壯丁，鬧得烏煙瘴氣，作家們為什麼不揭露？

他覺得全身被這個問題擊中！壯丁的問題他早就留意了，這是國統區內隨處可見的弊政。表面上有人人平等的兵役制度，但大街上軍隊卻在強拉壯丁。據說有的假稱「送電報」把門叫開，或者假借招考學生騙取壯丁。他曾在煎茶溪客店裡遇到一個「老坎」青年，也是為了逃避不公正的抽丁跑出來的。記得那個青年說，仁壽一帶鄉村按戶抽籤不過裝裝樣子，有錢有勢的子弟照舊不服兵役，而「壯丁費」反要攤派在無錢無勢的人家頭上。

就是那個晚上在聽眾條子的激發下，這個事件跑出來，那些故鄉各種頭面人物漲紅了眼睛作各種利益爭奪的場面浮現眼前。聽葉以群在近旁發出輕微的鼻息，他卻再也無法入眠，即刻從床上坐起來，開始了創作。他在想如何表現這個兵役的主題。他想起在鄉下親身經歷的一件事，有一個農場中姓陳的技術人員，高高胖胖，三十幾歲，不像知識分子，臉黑得完全是個農民。一次，姓陳的忽然幾天不知去向。有一次為躲避空襲，跑進了防空洞，在那裡遇到了陳某，蹲在一起，問他哪裡去了，他說：家鄉的姪兒被拉了壯丁，我回去一趟把他弄出來。沙汀好奇地問：怎麼能弄得出來？陳某就說：那還不容易。晚上

集合起來排隊，報數時叫那娃故意把數目報錯，收壯丁的那傢伙就說：這麼瓜（粗笨的意思），還配打國仗？把衣服垮（扒）下來，捶二十軍棍，滾！』這不就放出來啦！沙汀終於明白了用這種上下溝通好的弄虛作假的方式，放丁的辦法竟然這麼容易，這著實讓他吃驚。

聽來的故事就那麼一點，被擺在小說的最後，用來點題。於是他虛構了幾個人物在茶館中為了一個「土劣」的兒子被抓丁而爭吵不休，最後又被放掉的故事。他給茶館定名為「其香居」，四川各鄉鎮茶館常見這種情形，每人有與身份相稱的茶座，尊貴的客人一進來，人人搶著喊「看茶」……沙汀閉起眼睛也想得起來那種氛圍。從他熟悉的生活原型中，他創造了數個鮮活的人物。他的短篇小說代表作《在其香居茶館裡》就這樣產生了。寫「爭吵」後來成了沙汀的「絕活」，這個短篇就好像是大爭鬥中的一場小戲。從那時起他就開始孕育著長篇《淘金記》。

1941 年初，「皖南事變」爆發，南方文委安排重慶的進步作家撤離，茅盾和葉以群被安排去香港。周恩來原想安排沙汀回延安，沙汀表示還是回到故鄉進行創作。因為他當初離開延安時，就是覺得自己無法把握邊區的生活。周恩來聽了十分理解，表示同意。從此沙汀開始了他的「睢水十年」。沙汀的老家睢水離開重慶四百多公里，真可以說是窮鄉僻壤。沙汀剛到安縣不久，就有軍統特務散佈流言，說沙汀是八路軍派回來的。正是「皖南事變」之後，國共兩黨的關係已降至冰點。被這流言壓迫著，他不得不一到家鄉就轉入「地下」。省縣的公文交馳往還，逮捕沙汀的命令一再傳下，沙汀只能隱姓埋名，沉入生活底層，靠著巴山蜀水的護佑，躲避敵人的追捕。

也正因為這十年深扎在生活的土壤中，豐富的生活積累孕育了他創造成果最為豐碩的十年。即便這時期的生活窮困不堪，顛沛流離，他仍未停止過寫作，長長短短的小說接二連三地創作出來。《藝術幹

事》、《小城風波》、《淘金記》、《堪察加小景》等等,都是那個時期的創作。原先他在延安一直覺得自己對老區人民的生活不了解,創作出現了瓶頸,寫不出鮮活的人物和故事,為此他下決心離開延安回到四川。儘管四川鄉下生活要艱苦許多,政治環境也惡劣,不僅一家人的生活,連他自己的性命都時常受到威脅。可是他為了創作堅持下來了。彷彿一口優質的油井,壓力越大,產量越高。「睢水十年」是他文學創作井噴時期,那個時期的小說奠定了他在中國現代文學史的地位。

這十年,又是沙汀的物質生活最困窘不堪的十年。通貨膨脹,物價飛漲,家庭負擔日重。誠如吳福輝著《沙汀傳》所說,「沉重的家庭負擔加重了他的精神困境。他不斷地給巴金、以群、艾蕪去信,傾訴『缺錢用』,傾訴全家『今年生計的解決』希望都擱在一本或幾本書上。於是『催促儘快出書,查詢版稅,成了這些信件的主旋律』,寫作成了『抒憤懣』和『謀稻粱』的兩面夾攻。『有什麼辦法呢?』沙汀在信中喟嘆,『要活命啦!』」

這十年,更是見證戰友之間真誠友誼的十年。沙汀的困窘讓朋友們十分不安,援助之手從四面八方伸過來,贈錢贈物,拿不出錢物相贈的就寫信送上一份關懷。最有實質性的幫助更多來自巴金、以群等幾位編輯家,他們想法設法把沙汀的手稿儘快變成鉛字變成版稅,然後再儘快匯到沙汀手上變成他一家老小的一日三餐。

後來葉以群又從香港回到重慶,沙汀不時就會到重慶城裡小住,一來就擠進葉以群的小屋,見到老朋友,他打開的話匣子就再也停不下來,滔滔不絕地談自己這幾年在鄉間的見聞。葉以群話不多,通常會饒有興趣地聽他講見到的人和事。有時已是深夜,葉以群睡下了,沙汀還會從床上跳起來,跑到葉以群面前去進行疲勞的轟炸。這就有了葉以群的約稿 —— 短篇小說《堪察加小景》(後改名為《一個秋天晚上》收入選集)。在以群處居住,兩人時常探討創作上的一些問題。

葉以群對於創作有自己的看法，和沙汀這樣一個老朋友自然會提出自己的要求，況且是他的約稿。他十分讚賞沙汀已經摒棄了「單用一些情節，一個故事來表現一種觀念，一種題旨的方法」。非常贊成他去寫自己最熟悉的生活。早幾年開始沙汀就計劃寫一組暴露和諷刺作品，描寫自己熟悉的世界，可是只寫了一篇《在其香居茶館裡》後便陷入動搖。為了開闢新的寫作領域，他也曾跑到前方，回來後也寫了一些報告文學和散文，但他自己並不滿意，因為那些生活畢竟只是走馬看花。況且那些材料寫小說還不夠。沙汀最終還是鼓起勇氣建立起描寫自己熟悉生活的鄉土系列，採用諷刺的現實主義來進行創作的。

《堪察加小景》描寫了才十八歲的流娼筱桂芬，哥哥被抓了丁，家裡生活無著，就跑出來賣身。運氣不好遇到鄉長的婆娘，被打了一陣耳光，還被鄉民們戴上了腳柞羈押在鄉公所的遭遇。看守她的團丁倒是個忠厚人，不過那個班長卻對她有邪念。晚上圍著篝火聊起彼此的生活，竟然都是貧苦人，班長自己也是為了逃避當兵而來做了團丁。彼此有了惻隱之心。在睢水，沙汀很了解這些被稱為「貨兒子」、「爛貨」、「玩物」的流娼。附近一個鄉的大爺婆娘為了趕流娼，他們用兩根大木頭挖洞，把人的手腳伸進，兩邊扣起，動都不得動，比普通的腳鐐還要殘酷，叫做腳柞。鄉公所裡，就有這種刑罰。在小說中沙汀不僅寫出了妓女筱桂芬的可憐，還寫出了班長的心理變化，和人物的複雜性。最後的結果是：這個陰暗的故事使人感覺到的並非是絕望，而是對於生活的信賴。

他寫得很有興致，有時顧不得吃飯，就找出葉以群房間裡的餅乾、牛骨髓之類的東西大嚼。葉以群這時獨身，吃食需自己照顧自己，他還是滿講究營養的。沙汀連續六七天關在房間裡，寫完了《堪察加小景》，葉以群的食品儲備也被他一掃而光。這是沙汀自己最喜愛的一篇小說。

沙汀個子瘦瘦小小，卻有一顆堅定不移的心，為了創作選擇了一條遠離城市和安定生活的路，他鑽回故鄉的山溝，沉在生活的最底層。在這十年中曾經過許多艱難挫折，有時生活十分艱辛，有時甚至人生安危都受到威脅，要遠走躲避。可是就是在這樣荒僻貧瘠的土地上，他挖掘到了文學的富礦，在中國最黑暗、最貧困的地方，他幾乎被「活埋」，卻寫出了一生中最重要的小說！那個時期他寫的一系列短篇小說是一幅幅生動的時代風俗畫。被踐踏與被殘害的底層人民，誇誇其談、作威作福的鄉村士紳，依次栩栩如生地出現在他的小說裡。「皖南事變」後，沙汀沒有重新回到延安，而是選擇避居故鄉山區，將自己活埋在重慶黑暗的生活底層，寫出《淘金記》、《困獸記》、《還鄉記》三部長篇以及其他作品。沙汀這一明智的選擇，奠定了他在中國現實主義小說創作中的重要地位。以群收到《困獸記》後，照搬處理《淘金記》的辦法，先拆零「賣」給幾個刊物，預支了稿費來救他的急。

　　1942 年沙汀創作了中篇小說《過關》，寫一支抗日隊伍迂迴通過敵人封鎖綫的故事。稿子寄給以群後，開始送審順利，郭沫若主編的《中原》創刊號準備全文發表。沙汀已經希望用這筆稿費作為來年春節的花銷。不料以群來信說，國民黨中央黨部在刊物發排後又調《過關》復審，結果被扣，理由是「為異黨張目」！作家陳翔鶴在成都聽說此事，透露給一個美國記者。據說這個記者大為不平，準備將《過關》譯成英文到國外出版。沙汀夫人玉頎於是又辛辛苦苦按原稿抄了另一份寄陳翔鶴。但此後稿子就下落不明。最後還是以群想方設法把扣留的原稿索回了，先改名《疑慮》等發表了幾個片段，後來再改名為《奇異的旅程》出單行本。最後才定名《闖關》。這部小說是沙汀的作品中書名改得最多的一部。以群常用這些化整為零的方法幫助作家們發表一些遇到難題的稿子，然後等到時機成熟了再完整出版。

　　沙汀與葉以群在重慶的那段政治風雲起伏波動的歲月裡朝夕相處，

配合得很默契。葉以群經常向他約稿,沙汀積極地創作,尤其是他常年居住在鄉下,生活遇到困境時,都是寫信向以群和巴金求救。那幾年以群主持的新群出版社、巴金主持的文化生活出版社幫了沙汀不少忙。運用他們手中的刊物和出版社為他預支稿費救急。在這段艱苦歲月中培育起來的友誼伴隨了終生。

　　在您的記憶中，有一次和周恩來一起外出的經歷十分難忘。那一次周恩來要去北碚和溫泉看望復旦大學和育才中學的師生，讓沙汀和你倆人先去安排。那一次外出三天兩夜的行程，你們在周恩來身邊和他同吃同行，親眼看到了共產黨的高層領導人周恩來與知識分子和師生的親切互動，既關心他們的生活，又鼓舞他們的鬥志。這些精彩的瞬間深深地留在你們的記憶裡，影響了你們後半輩子。我也由此理解了您後半生信念的支柱，以及您在生死攸關時做出人生決斷時的依據。

1940年國際局勢發生了許多險惡的變化，英法聯軍在敦刻爾克大撤退，英國答應日本切斷滇緬路三個月的無理要求，德、意、日正式結成了三國同盟，法西斯勢力猖獗一時，世界反法西斯戰爭進入極為艱苦的時期。蘇日又有簽定和約的趨向，以汪精衛為代表的國民黨親日派公開投降……面對世界局勢變幻莫測，一些知識分子思想陷於混亂，對於國際反法西斯戰爭的形勢，特別是中國國內的抗日戰爭局勢走向有不同的議論，人心浮動。9月下旬，周恩來決定去北碚和復旦

大學教授和育才學校教師舉行座談，幫助大家撥開迷霧，認清國際局勢。北碚離重慶市四十多公里，越過嘉陵江一路往北。

在北碚，原先林語堂的一所院落也成了「文協」的一處分會會址。林語堂去了美國，把房屋連同家具都借給「文協」使用。這是一圈平房圍著一幢西式洋房。沙汀和以群提前來後就落腳此處，還見到住在這兒的育才學校文學系主任詩人艾青。艾青和沙汀、以群都是老朋友了。以群和艾青相熟，他們曾經是獄友。艾青詩人氣質，說話幽默，能挖苦人，有股傲勁。沙汀與艾青談了此行的目的，並探問他願不願意去延安。艾青表示可以考慮，要求同周恩來談一談。周恩來到了以後，沙汀約艾青一塊去見周恩來。艾青一直覺得重慶生活很不安全，周圍有特務監視跟蹤，一直想找機會去延安。這次有機會見到周恩來，自然可以當面表達自己的願望。正好延安也需要教師人才，見面後周恩來當場就答應了艾青的請求。隨即他們還去了黃角樹胡風的家裡，由他邀約作家靳以和兩位復旦的教授見面。

復旦大學坐落在北碚區東陽鎮夏壩峽谷邊，一棟嶄新的黃色兩層樓房，大門上方掛著一塊「國立復旦大學」的牌子，這就是復旦大學重慶舊址。從 1938 年 2 月到 1946 年 5 月，兩千多名復旦師生在這裡度過了抗戰歲月。復旦大學在北碚期間，聚集了全國眾多著名專家來此教書，如陳望道、顧頡剛、孫寒冰、童第周等。老舍、梁實秋、洪深、曹禺、靳以、蕭紅、端木蕻良等都是復旦大學的客座教授。

周恩來和徐冰一行，9 月 24 日夜到達北碚。原定下午到的，在城裡耽擱了，連晚飯都沒顧得上吃。這時候街上好一點的飯館都已關門，沙汀、以群就領他們隨便找了家小館子用餐。飯後，周恩來又乘車去拜望陶行知。

第二天在溫泉，由陶行知出面邀請一些客人聚餐，參加者都是在北碚的文化人和復旦的教授們。來的人真不少，吃飯時坐滿了五張大

圓桌。陶行知主持，並請周副主席講話。周恩來清晰地分析了國際形勢對國內抗日戰爭可能產生的影響，他用對抗戰前途必勝的信心鼓舞著在座的知識分子。座談會上，梁漱溟也參加了。他個子矮小，又黑又瘦，有點印度甘地的味道。沙汀和以群青年時代都讀過他談東方文化、哲學的書。和復旦的師生見面後，當晚，沙汀、以群、胡風陪著周恩來在溫泉住下。次日上午，周恩來一行乘車，沙汀和以群坐划子，到三十里外的草街子育才學校參觀。育才中學當時坐落於嘉陵江畔的明朝寺廟古聖寺中，穿過一條青石板路，來到廟前高大的八字形石質山門，廟門石坊兩側簇擁著高大的黃桷樹，寺院依鳳凰山勢逐層修建，呈四合院佈局。

陶行知留著平頭，戴著圓形的黑框眼鏡。他和以群是同鄉，都出生於安徽歙縣。他在美國哥倫比亞大學杜威門下獲得教育學博士，1917 年回國後，在多校任教，後逐步把注意力轉向平民教育。他先開辦了一所難童學校，發掘培養難童。後來又註冊了育才學校。育才學校是一所特殊學校，入學考核還很嚴格，內部也分了專業。音樂家賀綠汀、舞蹈家戴愛蓮、戲劇家章泯、詩人艾青等都在其中任教。

陶行知親自率領學生夾道列隊，充滿朝氣的少年高唱著校歌，用別致的方式來歡迎貴賓。走進寺廟內院落寬闊，牛王、大雄、觀音三大殿保存完好。廂房、大殿裡擺放著高低不一的木凳、粗糙的木桌、古舊的鋼琴。大家圍著周恩來請他題詞，他給每個同學題的都是同一句話：「一代勝似一代」。他十分高興地觀看了同學們表演的節目，並和全校師生一起合影留念。

次日，周恩來一行回重慶後，沙汀、以群又在這個「小解放區」滯留了四五天，與文學系的同學座談，同時為延安「魯藝」物色擔任教師的合適對象。復旦大學在抗戰期間設有文、理、法、商四個學院和兩個專修科。當時全校師生共約兩千人。抗戰時期，雖然重慶連年

處在日軍飛機的轟炸之下，但在這個山水之畔的校園裡，仍然是名流大家匯集。在那次行程中他們見到了胡風、靳以、賀綠汀、章泯等人。

離開草街子後，沙汀、以群、艾青和夫人韋嫈四人沿嘉陵江而下，兩岸的青山匆匆過去。在嘉陵江上的汽輪上，幾個年輕人想著各自的心事，半年多來，在這個山城裡，從曾家岩到張家花園，到郭沫若的天官府，進步文化界已經形成格局，文藝界的團結得到加強。沙汀開始反省自己的創作成績，在抗戰大環境下，他的政治認識沒有把他對鄉土的了解弄得簡單化，他積累了創作的衝動，只待尋找一個山口噴發。迎面而來的山城，顯露出它峻峭、挺拔的姿容。艾青的心情也特別舒暢，他已經得到周恩來的同意，很快就可以去延安了，他嚮往那裡生活的安定，自己可以專心於藝術創作，再也不用像在重慶一樣整天提心吊膽，擔心特務的跟蹤迫害。以群則是近距離看到了周恩來對於知識分子的重視和關懷，他做工作那麼細緻，許多事都是親力親為，一個人可以三頭六臂一般，同時肩負著重重重任，可是卻又安排得井井有條。他對知識分子的事那麼放在心上，也正是因為他的工作風格，使他在知識分子中從戰爭年代就扎下了信任之樹，且根扎得很深很深。以群更堅定了自己要在周恩來的領導下為革命文藝事業貢獻力量的決心。

在重慶我曾兩次訪問了曾家岩周公館，當我走進周恩來的辦公室，特別留意裡面簡單的桌椅擺設，還有一張木床，床邊擺著一張藤躺椅。這就是當年您經常在深更半夜來開會的地方。從舊照片上看，當年樓房的門前是一條狹窄的青石板路，對面是一堵高牆。我可以想見您當年借著夜色和迷霧的掩護悄悄地進入周公館，周圍到處是國民黨特務的眼綫。在周公館的圖片展覽中我看見一幅香港大營救中被救出的文化人士名單，起首第一行就是：茅盾夫婦和您的名字。我很高興終於在曾家岩找到了您留下的印跡。周恩來安排您去協助茅盾做好《文藝陣地》的復刊工作，您作為茅盾的助手陪同他撤退遷徙，你們的密切合作從重慶開始，一直到新中國成立時才結束。

從「左聯」時期葉以群就側重文學理論和評論的寫作，曾出版《文藝創作概論》，四十年代又出版《文學的基礎知識》，一直到 1949 年後主編了大學文科教材《文學的基本原理》，一生始終貫穿著對文學知識的普及和自身規律的探討和闡述。以群的這些著作在文學前輩們的

回憶中留下了很好的口碑，影響了幾代文學的愛好者，並伴隨他們走上了畢生的文學道路。細緻回顧他的人生經歷，我卻發現，他更多的精力主要是在編雜誌、辦出版社、進行各種文學活動的組織工作。他不僅是一個創作者、實踐者，而且是一個組織者。正是從重慶張家花園開始，我找到了父親命運的一個轉折點，他從純粹的文學寫作發展到為共產黨做進步文化的組織協調工作，這項使命一直延續到新中國成立後。

1940 年下半年，父親葉以群又接到周恩來安排的新任務。派他去為剛到重慶的茅盾（著名作家、文學評論家、文化活動家以及社會活動家，他是新文化運動的先驅者、中國革命文藝的奠基人，曾任文化部長，中國作協主席）當助手。當年 10 月茅盾離開延安，經過一個月的長途跋涉到達重慶，在曾家岩休息了兩天，搬到學田灣生活書店的樓上暫住。沙汀便和以群一起去看望茅盾夫婦。就像以群和沙汀的合作是周恩來搭的綫。這時周恩來又安排以群做茅盾的助手。

在曾家岩辦公室，周恩來告訴以群：沈雁冰先生（茅盾）是他專程從延安請回來的，恢復編輯出版《文藝陣地》。那本雜誌原先在上海出版，但是國民黨藉口它未經圖書雜誌審查會審查，在內地不讓發行了。現在把這本雜誌拿到重慶來再次復刊，已經拿到了出版發行證。平日沈先生自己的寫作任務很忙，還有很多社會上的應酬需要他去參加。所以主要的編輯任務就要你來負責。這樣你也就是我為沈先生安排的一個助手，沈先生是社會上有影響的作家和社會活動家，我們團結各方面的力量一致抗日，十分需要這樣的代表人物。

葉以群聽到周恩來的話，不禁心頭湧起一股暖意和激動。他感受到了作為黨的領導的熱情的信賴。他當即表示：請恩來同志放心，我一定努力做好工作。

葉以群到了重慶獲得了周恩來的信任，逐漸被委以重任。其實這

也是共產黨有意的安排，共產黨對於黨外知名人士向來十分倚重，他們安排了共產黨人前去輔助文壇巨擘。與魯迅聯繫的是馮雪峰；在郭沫若身邊工作的是馮乃超；與茅盾聯繫的是葉以群。葉以群從抗戰之初就與茅盾終日相伴，從辦刊物到日常生活的安排，無微不至。抗戰時期幾度掩護茅盾一家遷居，轉移。這些在茅盾先生的著作中都曾有過大段的記載。葉以群作為助手從茅盾剛到重慶開始，一直到新中國成立時才結束。之後茅盾進北京擔任了中華人民共和國第一任文化部長。

茅盾夫婦到達重慶後，不久搬到棗子嵐埡良莊，與民主人士沈鈞儒，和王炳南夫婦做鄰居。剛到重慶時，茅盾有向負責出版《文藝陣地》的鄒韜奮提出請樓適夷從上海來重慶，繼續擔任《文藝陣地》的編輯。但樓適夷因為家裡人口比較多，沒有辦法前來。

茅盾和葉以群在上海「左聯」時期就已認識，特別是 1933 年底為《子夜》出版舉行了一次慶祝會，地點是在北四川路的一個日本小學，鄭伯奇辦的日語會所借用的一間教室裡。當天的活動是葉以群主持的，茅盾、夏衍、沙汀、艾蕪等都出席了。參加的人很多，把教室擠得滿滿的。

來到重慶後，葉以群才第一次真正和茅盾在一起工作。《文藝陣地》是茅盾在香港主編的一份雜誌，這次在重慶復刊時，茅盾提議組成七人編委會。葉以群是實際負責人，茅盾是他的「後台」，第二天，葉以群又去茅盾的住處拜訪。葉以群進屋時看見茅盾正在桌前寫字，他手執一支小楷筆，在潔白的信箋上從左到右豎著留下一行行字跡娟秀的字體。葉以群以為茅盾在寫信，不便上前。茅盾聽到身後的腳步聲知道他來了，就停下筆說：一起過來看看。

原來茅盾正在筆錄一首古樂府，便邀以群一起觀賞。茅盾頗有興致地一句句讀出來：「坐咸醉兮沾歡，引樽促席臨軒。進爵獻壽翩翩，

千秋要君一言，願愛不移若山。攜弱手分金環，上遊飛閣雲間。穆若駕鳳雙鸞，還幸蘭房自安，娛心極樂難原。」

茅盾停下筆朗朗讀起來，讀到生動處，不住地讚嘆：寫得生動，寫得生動。

「沈先生雅興！」葉以群也跟著哈哈地笑，他被先生優雅的精神狀態感染了。

在客廳裡坐下後，茅盾就聊起自己的近況。剛安頓好住處，正打算把這兩年來的見聞寫出來，可是應酬太多，根本靜不下心來。「重慶的生活節奏遠比延安急速，單單各種社交活動——官方的、半官方的、非官方的，以及私人的集會和會晤，便應接不暇，我常常忙個不停，一天下來，精疲力竭。不過，這些活動多數還是重要的，或者有政治意義，我不得不去的。」說著他指了指桌上墨跡未乾的信箋說，筆錄古樂府就是為了讓自己的心靜下來。

尚還是年輕人的葉以群看到壯年時的茅盾，在家穿的是寬鬆的中式服裝，這還是他認識茅盾以來第一次看到。原先在上海時，相比起許多文人穿著長衫，茅盾在外面的各種場合，可都是穿著筆挺的西裝。

葉以群聽先生聊了一會天，就言歸正傳把話題轉到刊物的復刊和編輯工作上。茅盾表示已經拜見過周恩來，了解了復刊的事情，自己一定會做好這方面的工作。於是他和葉以群聊起了編委會的人員。編委會的組成都是他和周恩來商量決定的。

茅盾一再囑託：「我只是掛個名，具體工作主要有勞你和其他編委來做，你們辛苦了。」

葉以群忙說：「能跟著先生一起編刊物也是我學習的一個好機會，何苦之有，其樂無窮啊！只要先生不嫌棄就好了。」

「什麼話？我就是一塊牌子，不過在國民黨那方面還有幾個老朋友可以賣賣面子，有阻礙時可以說得上話。」

「這就很重要啊！現在重慶是國共共處，我們宣傳抗戰文學，他們還是心存疑懼，生怕我們籠絡去了人心。其實人心光靠籠絡能行嗎？日久了都會看明白的。」葉以群說。

「是這樣！所以我們辦的刊物要有真材實料，雖說是在宣傳抗日，但是我們是抗日的文學雜誌，文學還是不可或缺的主要因素。不然我們就不必辦一份文學刊物了。尤其我覺得抗戰文學不僅要有作品，還要有理論，所以復刊後的內容可以設計一些理論欄目。」

「先生所言極為有理，現在從上海和各地來的左翼作家很多，還有去了延安的很多作家朋友我都會想方設法聯繫上。在這兒的方方面面的作家也盡可能地團結起來。這樣的話刊物的內容應該會很豐富多彩。」

「對的，這就是我們的編輯方針。我在文學界這麼些年，觀點時常和有些人有衝突，不過見了面還是可以寒暄幾句。當然也有些人惡形惡狀（上海話：言行卑賤醜惡），那就只能敬而遠之了。」先生特別說了一句滬浙方言，而以群是聽得懂卻不會說滬語的。可見先生所指的那些惡形惡狀的人多半是昔日上海文壇上遭遇的。

葉以群聽話聽音，即刻說：「沈先生所言極是，我們還是有底綫的，不能湊了抗戰的熱鬧，把原則和文學給丟棄了。」

第二天，茅盾即刻召集了在渝編委開了會，擬定了近期復刊的內容。復刊內容還是延續了當初發刊詞中所表述的：「我們現階段的文藝運動，一方面需要在各地多多建立戰鬥的單位，另一方面也需要一個比較集中的研究理論，討論問題，切磋，觀摩而同時也是戰鬥的刊物。《文藝陣地》便是企圖來適應這需要的。這陣地上，立一面大旗，大書『擁護抗戰到底，鞏固抗戰的統一戰綫』！這陣地上，將有各種各類的『文藝兵』在獻出他們的心血；這陣地上將有各式各樣的兵器，——只要是為了抗戰，兵器的新式或舊式是不應該成為問題的。

我們且以為祖傳的舊兵器亟應加以拂拭或修改，使能發揮新的威力。」
該刊融創作、評論、翻譯於一爐，設有論文、短評隨感、書報述評、
小說、詩歌、散文雜感、速寫報告等欄目。

從此以後，葉以群便成了茅盾家的常客。日子久了，茅盾就明白
葉以群是周恩來派來的聯絡員，專門照顧他這個「黨外人士」。凡是
共產黨內有什麼重要活動或會議，需要茅盾參加的，常由以群來通知。
而黨的指示和周恩來的講話，也由他向茅盾傳達。

張穎的回憶也印證了葉以群和茅盾的工作關係。「周恩來抗戰時期
邀請茅盾從延安來到重慶，希望他來主持恢復《文藝陣地》。他向茅
盾介紹了葉以群。他說：可以讓以群在全國文協幫助老舍先生做許多
工作，今後有關文藝活動及其他方面的事情，可以通過以群多多聯繫、
互通消息。」在張穎的回憶中，當時南方局文委和以後文化組對外聯
絡工作，許多由葉以群擔當，葉以群成了曾家岩五十號的常客，周恩
來經常會見他，以群還常常把周恩來的意見轉達給茅盾和老舍。「實際
上以群在南方局和全國文協之間起到了溝通的作用，通過他的工作，
聯繫文藝界持有各種不同見解的朋友，使之在大的方面達到一致。」

經過多方努力，《文藝陣地》順利獲得國民黨報刊審查委員會的
通過復刊，其中茅盾做了許多疏通和周旋。復刊後具體工作由葉以群
負責。很快成立了由茅盾、葉以群、沙汀、宋之的、章泯、曹靖華、
歐陽山七人組成的編委會。《文藝陣地》於 1941 年 1 月 10 日復刊，這
是全國性的文藝雜誌，刊登國統區和延安等地作家反映抗戰的文藝作
品，具有廣泛的影響力。

《文藝陣地》在香港創刊時始為半月刊。1938 年 4 月 16 日創刊，
茅盾、樓適夷編輯，由生活書店發行。出版地先後為廣州、上海。第
5 卷起改為月刊，出至第 2 期即遭查禁停刊。1941 年 1 月 10 日，在
重慶復刊，仍為月刊，茅盾、以群編輯。1942 年 11 月 20 日終刊，約

持續了不到兩年時間。後又續出《文陣新輯》叢刊三輯，由以群編輯。從創刊到結束前後七年《文藝陣地》共出了六十三期。這也是抗戰時期，生存壽命最長、影響最廣、創作與理論兼備、最受讀者歡迎的全國性重要的文藝刊物之一。

復刊後的第一期《文藝陣地》內容豐富，有沙汀的小說《老煙的故事》、艾青的長詩《瑪蒂夫人家》、張天翼的論文《論〈阿 Q 正傳〉》，有為紀念列寧逝世十五周年而翻譯的兩篇文章。茅盾為復刊號寫了一篇散文《風景談》，這是他到重慶後寫的第二篇「見聞錄」。

編發《白楊禮讚》

記得是在大學時讀到茅盾先生的名作《白楊禮讚》，深深地被文章中的畫面感染，更被昂揚向上的北方精神振奮。當時並不清楚作者寫這篇文章的背景，更不了解是哪一年發表在什麼刊物上。原來父親，您是這篇文章的第一個讀者，是您親自編輯了這篇稿子，發表在您和茅盾編輯的刊物上。等到我了解了這些幕後，對於您所編輯的刊物更有了親切感。

茅盾夫婦在棗子嵐埡良莊的住地，家居十分簡單，一張舊書桌，一把舊椅子。已經習慣了遷徙生活的茅盾先生，似乎對這樣的條件視若平常，只要有個尚還安靜的書桌可以看書寫作。此次來重慶，雖坐的是董必武的專車，可是經西安、寶雞，路上走走停停將近一個半月。到了重慶終於安定下來，他和夫人已經心滿意足了。

葉以群正是看著茅盾先生在這張書桌上，寫下了他的散文名篇《白楊禮讚》。《白楊禮讚》是六篇「見聞錄」中最短的一篇。葉以群在自己的小屋裡編輯著茅盾的文章，短短的一千字卻讓他熱血沸騰，他想起了自己一年多以前隨作家戰地訪問團的戰區之行。廣袤的黃土

地，搖曳的青紗帳，黃土地上高高立著的白楊。他曾經擁抱著一棵十幾米高的白楊樹，順著筆直的樹杆往上攀爬，爬到高處停下來眺望四野，看到的是完全不一樣的視野。當地的農民告訴他，白楊具備耐寒、抗風的特點，樹根扎得很深。只要一截枝條插入泥土就會生根、抽芽。它不需要施肥，也不需要澆灌，只要吸收自由的空氣，就會挺拔生長。就是扎根在貧瘠的土壤中，它也能隨遇而安，它屬草根族。

茅盾在文中激情洋溢地寫道：「它沒有婆娑的姿態，沒有屈曲盤旋的虯枝，也許你要說它不美麗，——如果美是專指婆娑或橫斜逸出之類而言，那麼白楊算不得樹中的好女子；但是它卻是偉岸，正直，樸質，嚴肅，也不缺乏溫和，更不用提它的堅強不屈與挺拔，它是樹中的偉丈夫！當你在積雪初融的高原上走過，看見平坦的大地上傲然挺立這麼一株或一排白楊樹，難道就覺得它只是樹，難道你就不想到它的樸質，嚴肅，堅強不屈，至少也象徵了北方的農民；難道你竟一點也不聯想到，在敵後的廣大土地上，到處有堅強不屈，就像這白楊樹一樣傲然挺立的守衛他們家鄉的哨兵！難道你又不更遠一點想到這樣枝枝葉葉靠緊團結，力求上進的白楊樹，宛然象徵了今天在華北平原縱橫決蕩用血寫出新中國歷史的那種精神和意志。

白楊不是平凡的樹。它在西北極普遍，不被人重視，就跟北方農民相似；它有極強的生命力，磨折不了，壓迫不倒，也跟北方的農民相似。我讚美白楊樹，就因為它不但象徵了北方的農民，尤其象徵了今天我們民族解放鬥爭中所不可缺的樸質、堅強，以及力求上進的精神。」

《白楊禮讚》在復刊後的《文藝陣地》第 6 卷第 3 期發表，旋即引起強烈反響。編者所讚賞的是作者的鮮明政治觀點，他頌揚西北黃土高原上聳立的白楊樹，這種植物不怕風霜雨雪，昂揚向天。它所體現的堅強和力求上進的精神，正是在民族解放鬥爭中的中華民族所需要的。而讀者是被作者所描繪的一幅壯闊的北方田野景色所感染，讓他

們了解了這樣一種北方大地上的偉丈夫。土壤裡還透著冰碴,春風中還夾著寒意,它的枝頭已經冒出翠綠的嫩芽,在沉重的壓力下,它的每一片嫩芽,每一片葉子都是努力向上的,而絕不彎腰乞求,更沒有媚俗的面孔。《白楊禮讚》也為茅盾贏得了「散文大家」的美譽。

「皖南事變」後撤離重慶

從 1941 年起，在重慶您受命輔佐茅盾復刊《文藝陣地》。正是中華民族面臨外敵入侵，災難深重的年月，隨後你們一起不僅是編輯刊物，還遭遇了「皖南事變」和「香港淪陷」這兩個中國歷史上充滿風險的時刻，為了避險你們長途跋涉，經歷了漫長遙遠的撤退。作為文化人，你們的生活用顛沛流離來概括一點也不誇張。您在重慶才住了兩年左右。茅盾先生時間太短了，10 月剛從延安來，才幾個月又要離開。可是你們毫無怨言，四海為家，為了自己的理想，為了民族的救亡圖存堅持向前。

就在他們積極籌備《文藝陣地》復刊時，「皖南事變」發生了。後來又證實了傳出的消息：軍長葉挺被俘，副軍長項英犧牲。當時國民黨封鎖消息，也不允許《新華日報》等共產黨的報紙發佈消息。所以準確地說，《文藝陣地》於當年 1 月 10 日復刊後的第一期正式出版時，皖南事變已經在三天前發生，只是大家還不知道。

這個消息還是同住一棟樓的沈鈞儒告訴茅盾的。1 月 17 日沈鈞儒

跑到茅盾房間裡，關上門神秘地說：「剛剛得到消息，國共兩黨在皖南地區發生衝突，顧祝同把新四軍一萬人包圍並消滅了，葉挺受傷以後被俘。今天老蔣發佈命令，宣佈新四軍『叛變』，取消其番號。」茅盾聽了十分震驚。沈鈞儒又說，「看來共產黨這次吃了大虧。」茅盾緩過神來問，「老蔣不打算抗日了，自己一點退路都不留嗎？」沈鈞儒說，「是呀，看樣子內戰又不可避免了。共產黨是不會善罷甘休的。」

18日，周恩來在重慶向國民黨當局提出嚴重抗議，並在《新華日報》上奮筆疾書，寫下了哀悼新四軍將士的悼詞和輓聯：「為江南死國難者誌哀」、「千古奇冤，江南一葉；同室操戈，相煎何急？！」山城重慶震驚了。其他各大報都發了為整飭軍紀，解散新四軍的頭條新聞。

當天下午，葉以群來到茅盾住處向他講述當日《新華日報》出版的經過，以及周恩來和辦事處的同志親自上街賣報並發表講演的情形。國民黨特務還出面阻撓，搶奪沒收報童手裡的報紙。葉以群說：「現在中央的應變方針尚未收到，估計一兩天內恩來同志或徐冰同志會向你傳達的。不過，我們也要做好大變動的準備。」茅盾在重慶只待了三個月，瞬間又要面臨險惡的政治環境。緊接著重慶文藝界的進步活動全部停止了。

在這個危難的時刻，周恩來領導的南方文委文化組即刻開會，定下了「蔭蔽精幹，積蓄力量」的方針。目的是保護進步的文化隊伍。一場組織重慶大批進步文化人疏散的計劃拉開帷幕。周恩來決定將重慶一批衝殺在民主鬥爭中第一綫的，早已暴露身份的文化工作者撤離重慶，分道疏散去香港和延安。

在決定兩路人員的名單時，葉以群找到了周恩來，懇切陳詞，敘述了自己嚮往光明的心情：恩來同志，能否批准我到延安去，我時時都在等待著這樣的機會。以群懇求道。

周恩來經過近期的接觸，對面前這位小個子卻勁頭十足的青年已

經十分了解。幾個月前，就是他和沙汀隨同自己去北碚一帶與流亡在那裡的復旦大學教授和育才中學教師進行座談。茅盾來渝後，周恩來還時常與葉以群見面，從這些接觸中，周恩來對這位青年的工作是滿意的，能力是信任的。因此，對於他的去向已經有所打算。

儘管周恩來心裡已有定見，但還是耐心聽取葉以群的陳述，然後含笑說道：你的心情我理解，但是為了建立新的文化陣地，使其成為聯繫南方各大城市的文藝據點，繼續同國民黨反動派進行鬥爭，我希望你能陪同茅盾先生去香港，那裡需要你，你在那裡大有可為。

葉以群凝視著周恩來炯炯的目光，他為中國共產黨領袖人物對自己的信任而深感自豪，他欣然放棄了自己的要求，表示聽從組織上的安排。這是同代人對葉以群的評價，只要是組織上的決定和安排，他總是毫無怨言的答應。他自己似乎無慾無求。

你能服從黨的決定很好！周恩來緊緊握著葉以群的手，囑咐他到了香港和廖承志同志取得聯繫，他會作出進一步的指示。

葉以群接受了周恩來的安排，又幫著做其他作家的工作。作家葛一虹1987年的一次講話中回憶道：「我當時覺得沙汀和以群與黨的關係密切，別的身份不清楚。沙汀身著灰布長衫，他的穿戴總是比較土的。以群擅長聯絡工作，有些我們的稿子審查老爺通不過，都靠他去打交道。」

作家楊騷記得也是以群和沙汀去找他，轉達了組織上考慮到他在東南亞的關係，希望他到海外工作。後來楊騷去了新加坡，在那裡主編閩僑總會的刊物《民潮》，開展抗日宣傳。

在周恩來的安排下茅盾、葉以群撤退去香港。同時還有胡風等一批人也去香港。是年4月葉以群先期到達香港。二十多天後，按照計劃茅盾才秘密啟程離開，乘長途汽車奔赴桂林，然後再轉往香港。護送茅盾南行的有生活書店的程浩飛及一位新知書店的青年。三人乘長

途班車晝行夜宿，一週後抵達桂林。為了避開國民黨的監視，茅盾夫人則晚一些動身。最後葉以群和茅盾在香港會合了。

「皖南事變」的突發，使剛剛復刊的《文藝陣地》再次面臨轉捩點，是停刊還是繼續辦下去，茅盾、葉以群不得不商討。當時，《文藝陣地》已出了兩期，第三期的稿件也基本收齊。茅盾建議存稿交由生活書店保存，不出第三期，但也不說停刊。停刊了今後再要復刊就又要重新申請許可證，很不容易了。茅盾認為就這樣拖下去，以示《文藝陣地》還在戰鬥，用這種方式抗議言論出版的不自由。葉以群十分贊同茅盾的意見，他們費盡心血才使《文藝陣地》復刊。兩人對《文藝陣地》不得不停刊感到十分不捨。茅盾和以群走後，餘下的工作由孔羅蓀負責接手。

在武漢時，您和蕭紅、蕭軍是近鄰，住在一棟房子裡的隔壁。您看著蕭紅離開了蕭軍，也看見了蕭紅和端木走到一起。重慶一別後，好不容易又在香港見面了，可是蕭紅和端木的感情狀態已大不如前。最想不到的是在戰火迫近時，蕭紅卻一病不起。原來長長的撤退名單中也有他倆，您卻只能與他們告別。與蕭紅的告別，竟是訣別！

抗戰爆發後，隨著平津滬寧等重要城市的失陷和被封鎖，香港倒凸顯出自由港的寬鬆，港英當局對民眾運動的態度從高壓政策轉變為「睜一眼閉一眼」，所有報紙新聞不准用與抗日相關的字眼。另一方面香港群眾，尤其是工人和學生的愛國熱情高漲，香港的自由港性質使各種政治力量在這裡以商業活動為幌子開展角逐。周恩來和南方局文委對這個戰場十分關注，主張在抗日民族統一戰綫的旗幟下，充分利用香港成為中國對外聯絡的主要渠道。同時把香港文化界人士最大範圍地團結起來，組成浩浩盪盪的文化大軍。至 1941 年上半年，旅港知名文化人有數百人，此外還有一大批流亡青年知識分子。

當葉以群長途跋涉從重慶經桂林去到香港，又接受了新的任務。在香港，按照八路軍香港辦事處負責人廖承志的意見，葉以群很快地創辦「中國文藝通訊社」，茅盾為編委會主任委員，以群具體負責，開展對海外華僑文藝社團和報刊的文藝通訊及聯絡活動。茅盾和葉以群憑藉著這個平台廣泛地聯絡集聚香港的文學藝術家，以及解放區的作家們，向東南亞各國大力地推介他們的作品。

葉以群在《我來介紹「文聯社」》一文中說：「1941年，太平洋戰爭爆發前八個月，文藝工作者聚集香港。不久，內地的文藝（文化）出版活動就逐漸復生。於是，就有很多內地的地方刊物向留居香港的文藝工作者要求大量的稿件。同時，南洋各地的華僑報紙，也受到香港文化運動的影響而逐漸多起來，紛紛向香港要求稿件的接濟。『通訊社』事實上成了各地的作者、編者和讀者的一個互助聯誼的機關。」文通社的通信聯絡網從中國內地的重慶、桂林，到南洋的新加坡、菲律賓，以至美國的紐約，十分廣泛。

那時的香港忽然變成了一個十分熱鬧和活躍的區域，大批的進步文化人集聚於此，你走在街上隨時都能遇見多年未見的老朋友。葉以群又見到了老朋友端木蕻良和蕭紅（現代著名作家，被譽為二十世紀三十年代的「文學洛神」）。在武漢時，葉以群和梁文若與他們是鄰居，抬頭不見低頭見，往來十分密切，等到香港見面時，葉以群已是單身了。蕭紅卻是足不出戶，宅在屋裡寫文章。葉以群去他們的住地看望過兩位老友，也傳達了茅盾的話，希望他們多參加一些文壇的活動。可是蕭紅並不以為意。於是葉以群和端木蕻良兩位老友只能對面唏噓，各自分擔自己的苦惱。

作家梅林在《憶蕭紅》一文中寫道：「在武漢，端木與蕭軍、蕭紅等人共同生活在武昌水陸前街小金龍巷二十一號蔣錫金的家中。根據端木晚年的回憶，小金龍巷二十一號的房子是新建的，呈凹字形。蔣

租住北側兩個單間，分別用作書房和臥室。蕭軍他們住在那間臥室裡。南側住著一對夫婦，男的頻繁進出妓院，院子裡的人們都不與他們來往。南面的另外一間和東側的正房裡住著一戶姓梁的人家，其中一間住著葉以群、梁文若夫婦，與蕭紅他們交往密切。10月下旬端木到達武漢，端木三哥的未婚妻劉國英的父親（劉秀瑚，時任交通部郵政總務司司長）已經幫他安排好了住處，但是端木沒有先去劉家，而是先去拜訪蕭軍和蕭紅。在兩人的建議下，端木搬進了蔣錫金的家，與蕭軍、蕭紅成了鄰居。他們的房間裡面有內門可以通達，門牌上寫著他們三個人的名字。」

端木蕻良（著名作家，曾任北京市作家協會副主席）身材瘦高，穿著洋氣，說話和聲細氣，性格內向，斯文儒雅，與蕭軍的粗獷、好強、豪放、霸氣形成鮮明對比。葉以群與他們幾位住在一座樓裡，朝夕相處，對於他們三人都是特別了解的。看著蕭紅和蕭軍從爭執到分手，又看著蕭紅和端木走到一起。葉以群和端木蕻良性格比較接近，成了好朋友。

蕭紅與端木結婚，胡風是司儀。可是他們兩人的結合，蕭紅身邊的一些朋友，譬如胡風、丁玲等都有非議，也因此使一些老朋友的走動疏遠了。朋友們疏遠了，蕭紅感到煩惱和苦悶。蕭紅與端木最初結合是有感情基礎的。但兩人性格的差異日漸在生活中顯露出來，互相都會感到失落與幻滅，感情悲劇也就不可避免，蕭紅儘管倔強勇敢，但畢竟需要丈夫的呵護與溫存，況且是在多難病重時期更是如此。而端木從小只受到別人照顧溺愛，依賴性很強，又是生活能力很差的人，不會也不懂得要關愛呵護妻子，反而仍要蕭紅來為他操心受累。

在香港，蕭紅也參加了一些文藝界的活動，譬如1940年8月3日她參加了文藝團體組織的紀念魯迅先生六十歲誕辰。8月4日，戴望舒在《星島日報》發佈消息《紀念巨人的誕生　加山孔聖堂昨天一個

盛會》，消息稱：「昨天的天氣雖是這樣惡劣，大雨如注的傾下，然而赴會參加紀念的人，並沒有因此減少。三時開會的時候，三百多赴會者一同的肅靜下來，許地山先生的開會詞；蕭紅女士的報告魯迅先生傳略；張一麒先生的講演；徐遲先生的詩朗誦以及長虹歌詠團的唱紀念歌，每字每句都抓著了聽眾的注意力。」晚上七時半還公演了集體創作《民族魂魯迅》一劇。這次盛會的辦理登記、接洽會場等巨細事情都是戴望舒承辦，籌備期間，費盡心力。

1940 年 8 月下旬，蕭紅將她的小說《呼蘭河傳》交給了戴望舒。戴望舒安排《星島日報》副刊《星座》自 9 月 1 日到 12 月 27 日連載。這部小說已成為蕭紅最著名的作品流傳至今。

端木和蕭紅在香港曾住在九龍尖沙咀樂道八號，那裡走路去海邊維多利亞港灣也就十來分鐘。葉以群的辦公室也在九龍，離得都很近。有一天端木蕻良去以群的辦公室，以群就問起蕭紅。端木說她在家寫作不願出門。葉以群就說一定要讓他見一見蕭紅，並且說茅盾先生也很關心她。端木答應回去轉告以群的話。當年蕭紅和端木在武漢舉行婚禮之前，端木給茅盾寫了一封信。由於流亡生活，兩人錢已花完，而且也沒有新的工作賺錢，想找茅盾借錢辦婚禮。那時茅盾往來於廣州和香港之間，在編輯《文藝陣地》。他通過生活書店，輾轉弄來一百元錢。所以，他們夫婦倆對於茅盾先生始終是感激的。

有一天晚上葉以群和端木蕻良夫婦終於約好了見面，沿著維多利亞港散步。香港的夏季，白天潮濕又悶熱，到了晚上才難得有了一些微風。蕭紅穿了一件紅色的連衣裙，腰間一條束帶顯出了纖細的腰身，腳穿一雙半高跟鞋。以群見到蕭紅就說：天天憋在家裡不怕靜得發慌嗎？以群的話顯然讓蕭紅想起了以前兩人關於日本生活的對話。以群去日本留學，蕭紅是和蕭軍感情出現問題時也去那兒調整心情，可是在重慶時有一次和以群閒聊，她在以群面前曾經抱怨日本的生活靜得

可怕。聽了以群的問題，蕭紅忙解釋道，自己每天都出門，到街市上逛逛，看看賣菜的農民和買菜的鄰里。她還說，香港和東京可不同，坐在屋裡都可以聽見街上的嘈雜，如果有一扇窗子，望出去一定有人在前面晃動。況且香港人說話大聲，所以安靜倒成了稀缺的東西。以群說，你可以聽懂廣東話了嗎？蕭紅就用並不標準的廣東話說道：小小啦……蕭紅還想試著說幾句，被端木蕻良在邊上一笑，就都又卡在喉嚨裡。

他們在堤岸邊走走停停，岸邊停著大大小小的幾艘船，平靜的維多利亞港灣裡來往著行船，隨風飄來遊船上男男女女的嬉笑聲，仿如還是一個歌舞昇平的太平世界。聊著天話題自然轉到大家都熟悉的梁文若。以群坦陳自己在重慶遭遇了感情滑鐵盧，梁文若跟著別人去了新四軍。聽到原先都是從武漢去重慶的四個人，現在缺了一個，剩下大家原來公認的還挺會過日子的以群孤身一人，兩位都有些不捨。蕭紅就說要幫著介紹，於是把圈內熟悉的單身女性數了一遍，端木蕻良在一邊直呼，別亂點鴛鴦譜，我看都不合適。以群又說起，接到老家的消息，梁文若去了徽州，住在他家裡養身體呢。特別是聽到從皖南去徽州起碼還有一百多公里，梁是怎麼去的呀？對這樣的事，蕭紅表示了同情，感嘆中國女人命為什麼這麼苦。端木卻感嘆以群宰相氣度，遇到感情問題也能處理得這麼冷靜。以群雲淡風輕地表示，即便不是夫妻，也還是革命同志，能見死不救嗎？我已經寫信讓她安心養身體。端木眼中複雜的感情，以群感覺到他看見自己已經離開水泊上岸難免有些羨慕。分別時夜已深，以群囑咐兩位好友，一定要多給他主持的文藝通訊社提供稿子，他期待著他們更多的作品。兩位好友愉快地答應了。葉以群萬萬沒有想到的是不久蕭紅就生病了。4月開始蕭紅常失眠、咳嗽，後來又發現患有肺結核，住進醫院。

胡風在得知蕭紅臥病在床，便趕緊到尖沙咀樂道去探視。「我去看

了一次蕭紅，無論她的生活情況還是精神狀態，都給了我一種了無生氣的蒼白印象。只在談到將來到桂林或別的什麼地方租個大房子，把蕭軍也接出來住在一起，共同辦一個大刊物時，她的臉上才露出了一絲生氣。我不得不在心裡嘆息，某種陳腐勢力的代表者把寫出過『北方人民的對於生的堅強對於死的掙扎』，『會給你們以堅強和掙扎的力氣』的這個作者毀壞到了這個地步，使她精神氣質的健全 ——『明麗和新鮮』都暗淡了和發黴了。」胡風的話意有所指，顯然端木蕻良在會面時就感受到他的睥睨，自然非常反感。不同的是蕭紅見到胡風無比欣喜，其實，自從她和端木結婚後，她和胡風兩者的關係就已經疏遠，特別是在重慶的討論會上，她還和胡風打過嘴仗，後來她與端木突然離開重慶來香港，熟悉的朋友們也不理解。當時重慶是抗戰的重鎮，他們為什麼突然離開大家，這不能不引起一些積極投身於抗日救亡運動的朋友的不滿和猜疑。不過那天似乎盡釋前嫌，蕭紅還對胡風說：「我們一起來辦一個大雜誌吧，把我們的老朋友都找來寫稿子，把蕭軍也找來……如果蕭軍知道我病著，我去信要他來，只要他能來，他一定會來看我幫助我的。」這些話真的如同一顆顆炮彈打得端木的心支離破碎。

1942 年 1 月 12 日，在日軍佔領下的香港，蕭紅病情加重，被送進香港跑馬地養和醫院，因庸醫誤診為喉瘤而錯動喉管，手術致使蕭紅不能飲食，身體衰弱。1 月 18 日，端木蕻良和駱賓基將蕭紅轉入瑪麗醫院。次日，蕭紅精神漸復，在紙上寫下「我將與藍天碧水永處，留下那半部《紅樓》給別人寫了」，「半生盡遭白眼冷遇，身先死，不甘，不甘。」

1942 年 1 月 21 日，瑪麗醫院由日軍接管，蕭紅被送進紅十字會在聖提士反女校設立的臨時醫院。1 月 22 日上午十點，蕭紅病逝，享年三十一歲。

而此時葉以群正陪同茅盾走在艱難險阻的撤離香港的路上。他和茅盾是 1942 年 1 月下旬離開香港的。蕭紅和端木蕻良原先也在撤離的名單上，可是因為蕭紅病重住院無法啟程。葉以群應該是在數月後才聽到蕭紅病逝的消息。

　　茅盾在給蕭紅的《呼蘭河傳》寫的序中寫道：「她那時在香港幾乎可以說是『蟄居』的生活，在 1940 年前後這樣的大時代中，像蕭紅這樣對於人生有理想，對於黑暗勢力作過鬥爭的人，而會悄然『蟄居』多少有點不可解，她的一位女友曾經分析她的『消極』和苦悶的根由，以為『感情』上的一再受傷，使得這位感情富於理智的女詩人，被自己的狹小的私生活的圈子所束縛（而這圈子儘管是她咒詛的，卻又拘於惰性，不能毅然決然自拔），和廣闊的進行著生死搏鬥的大天地完全隔絕了，這結果是，一方面陳義太高，不滿於她這階層的知識分子們的各種活動，覺得那全是扯淡，是無聊，另一方面卻又不能投身到農工勞苦大眾的群中，把生活徹底改變一下。這又如何能不感到苦悶而寂寞？」

　　可是不管朋友們憐惜也好，責備也罷，蕭紅都永遠也聽不到了。不過，在朋友的心中，蕭紅自有她獨特的地位。我看見一幅照片，數年後文藝界人士在蕭紅墓前的一幅合影，照片上有夏衍、陽翰笙、周而復、曹禺、吳祖光、白楊、張瑞芳、張駿祥和葉以群。照片是丁聰拍的。那時已是新中國建國前夕，正是風華正茂的這批文藝界人士，男士們穿著西裝，打著領帶，女士們也著裝很正式，他們或坐或站，在一個陽光明媚的午後來拜謁蕭紅墓地。

香港文化精英大營救

前幾年我去香港，特地去尖沙咀的天星碼頭走了一趟。碼頭附近有一座高聳的鐘樓，原屬九龍火車站，建於 1915 年，鐘樓主體由紅磚砌成，四角鑲嵌大理石。鐘樓面臨維多利亞港灣，原來每到夜間，大銅鐘報時聲可傳達數里之外。後來火車站被遷移了，鐘樓卻作為地標留下來。我站在鐘樓前，望著如今已陷入沉默的鐘樓，想像著您和茅盾一行人，從香港中環坐船過來經過時一定也望見這座鐘樓，聽見過鐘樓的報時鐘聲。撤退的路上茅盾自稱是文具店的老闆，茅盾的妻子成了大廚師，您是總採買，你們在日軍空襲的炮火下幾度輾轉，跨越路卡，長途跋涉，共歷艱辛，撤離香港。

在茅盾撤離重慶去香港之前，周恩來曾會見他並囑咐：「我們建議你到香港。1938 年你在香港編過《文藝陣地》對那裡比較熟悉。現在香港有了很大的變化，所處的地位十分重要，是我們向資本主義國家和海外僑胞宣傳中國共產黨政策爭取國際輿論同情和愛國僑胞支持的窗口，又是內地與上海孤島聯繫的橋樑，香港將成為我們重要的戰鬥

堡壘，因此，我們要加強香港的力量，在那裡開闢一個新陣綫。」（茅盾：《在抗戰的逆流中》）

根據香港的戰略地位和政治環境，中共中央長江局和周恩來決定加強對中共香港工作的領導。1937 年 12 月，周恩來在漢口會見英國駐華大使卡爾，商定了在港設立八路軍辦事處，並派遣海外統戰經驗十分豐富的廖承志擔任辦事處主要負責人。「皖南事變」後以及新中國成立前夕，周恩來兩度安排進步文化人去香港，把那裡作為保存進步力量的迴旋地。也可以看出香港從抗戰開始就已經成為中共精心經營的一個敵後戰場。周恩來還指示廖承志克服輕視知識分子現象，爭取「大量地吸收文化界的左傾分子入黨和有計劃地培養和領導非中共的文化工作幹部，以適應內地文化人來港和即將到來的香港由商業城市逐步轉變成文化城市」的新形勢。

1941 年 12 月 7 日，太平洋戰爭爆發，隨後日軍進攻香港。12 月 25 日，香港總督楊慕琦向日軍投降。日軍一侵佔香港，便立即封鎖香港至九龍的交通並實行宵禁。敵寇大肆搜捕愛國人士和抗日志士，並貼出佈告限令在港知名文化人必須到「大日本軍指揮部」報到，否則「格殺勿論」。當時包括何香凝、柳亞子、鄒韜奮、梁漱溟、茅盾等在內的數百名知名文化人士和民主人士尚在香港，處境危險。日軍進攻香港的當天，中共中央急電周恩來、廖承志、潘漢年等，要求多方設法保護並幫助旅港文化人和民主人士撤離港九，將他們轉移到東江抗日遊擊區等地。具體行動方案是：首先設法與他們取得聯繫，幫助他們轉移住地，秘密護送到港九遊擊隊的活動基地；然後通過寶安、惠陽遊擊區的交通綫，從九龍撤退到東江抗日根據地；第三步，從抗日根據地再護送到老隆（屬河源市），從老隆到韶關直至安全的大後方。

身在香港的葉以群直接參與了那次文化人的大營救。日軍攻打港九後，文化人和民主人士幾易住所，各自分散隱蔽，彼此失去聯絡。

營救人員幾經周折，終於設法找到了所有的營救對象，把他們安置在安全的秘密住所，以擺脫日軍的搜捕和特務的監視、跟蹤。然後將他們分批從港島偷渡過海，護送到九龍佐敦道、花園街、上海街等秘密接待站，再分別安排他們轉移到東江遊擊區或其他地區。在中共地下組織的安排下，為文化人佈置了三條撤離香港的路綫，其中一條最安全卻花時間較多的，是從九龍取道東江轉內地。茅盾夫婦在以群和戈寶權等人的陪同下，換上唐裝的黑布短衫褲，打扮成小商人模樣，選擇了從東江去內地的路。

在葉以群的記錄中有這樣一段記載：「1941 年 12 月 7 日，太平洋戰爭爆發，我接受黨組織的指示，在香港協助茅盾等隱蔽，在炮火中三次遷居，最後一次和戈（寶權）、茅（盾）同志住在一處。到 42 年 1 月下旬才由東江遊擊隊曾生部派人帶路，和茅盾、戈寶權等一起化裝逃出香港，到達東江遊擊區司令部，受到部隊的招待。」一路上，他們同甘共苦，在日軍空襲的炮火下幾度輾轉，共同經歷了戰爭年代的艱辛。

戈寶權（翻譯家，蘇聯文學專家）在回憶當年的撤退經歷時曾寫道：「茅公自稱是一家紙張文具店的老闆，以群是他的夥計，我是以群的朋友。此外在那裡避難的，還有小高、宋之的夫婦和他們的小女兒。以群是我們的總採買，他每天都要冒著不時飛來的炮彈到中環一帶去搜買各種食品罐頭之類的東西，甚至還買到了『官價』的黃油。我們樓前的『騎樓』成為臨時的廚房，茅公的夫人是我們的大廚師。」

葉以群能說一口流利的日語，沒有想到當時用上了。日軍佔領香港後，出門辦事，喬裝撤離時到處都會遭遇日軍的阻撓，葉以群總是走在最前面打交道，以他的沉著冷靜和流利的日語抵擋了許多日軍的刁難。

當時，從香港去九龍的海面已經被封鎖，他們只能乘小艇偷渡。

茅盾先生在他的《脫險雜記》中寫到：「我們這艇子裡有 Y（葉以群）、小高、寶公（戈寶權），以及其他朋友。……我們說說笑笑，確信『偷渡』一定順利完成。因為這不濃不淡的霧罩太好了。但是曉風很冷，從船頭灌進來，我們雖然擠緊了的，還是不免瑟縮。」

安全到達九龍天星碼頭後，就改為徒步，他們背著簡單的行李翻山越嶺，經過荃灣、元朗，往離深圳不遠的東江方向去，時常一天要走六七十里路。撤退的隊伍中還有些女演員，儘管她們已經通過化妝把自己變老了許多，可是有時還是會穿幫，男士們也要幫著參謀一下，不能上身看上去像鄉間老婦，下身還穿著繡花緊身褲。經過日軍哨卡時，懂日語的以群還不時聽到日本兵對女士的品頭論足，常常為此提心吊膽，生怕出現意外。日軍入城後犯下了不少強姦婦女的事，所以撤退過程中過日軍哨卡不僅對女演員，對同行的男士們也都是一種折磨和考驗，所幸沒有發生什麼事。

這一路可謂處處驚心，除了過日軍的哨卡有危險，還要防範搶匪的騷擾。茅盾在《戰時生活剪影‧歸途雜拾》中回憶道：「擠滿了人之洪流的青山道上，也還有搶匪：日本兵和臨時產生的土強盜。英軍撤退九龍的時候，丟失的槍枝為數不少，隔海炮戰的十多天內，九龍和新界陷於十足的無政府狀態，『爛仔』們將英軍遺棄的槍枝武裝了自己，佔領了大路以外的偏僻角落，公然分段而『治』。……島上的居民頭上壓著兩個主子：白天是日寇，夜間是『爛仔』。可是在九龍和新界，『爛仔』們竟和日寇分『治』了白晝，青山道上，日本哨兵在前一段『檢查』潮湧似的難民，『爛仔』們就在後一段施行同樣的『檢查』。這真是一個拳頭大臂膊粗的世界。」

那時茅盾夫婦都已近知天命之年，每天步行六七十里確實不易。尤其是他的妻子孔德沚一路緊隨，更是辛苦。在行進的路上也曾有過驚險，有一次雨天走夜路，一個跟著一個，根本看不見路。經過一座

小石橋，猛然聽到後面「撲通」一聲，回頭一看，茅盾的妻子孔德沚不見了。大家急忙用電筒往橋下照，卻深不見底，只聽得嘩嘩的水聲。慌忙中有人甚至哭了起來。這時，橋下卻傳來茅盾妻子孔德沚的聲音：我還沒有死呢！可是怎樣上去呀？ 在手電筒光的照耀下才看清孔德沚站在橋下兩丈深的靠近河岸的水草和爛泥裡，所幸沒有受傷。被救上來之後，孔德沚回憶著她遇險的經過：我腳下踏一個空，身體就掉下去了。心裡想，不好了，這是河呢，可是老不到水裡，像騰雲似的。後來，撲通一聲，到了水裡了，真運氣，可巧全是水草和爛泥，沒有石塊。

經過數天的長途跋涉，他們終於來到東江遊擊縱隊司令部的駐地白石龍鎮（今屬深圳龍華）。在那裡見了鄒韜奮、胡繩、于伶等人。司令員曾生和政委林平把大家請到司令部裡。端出了一大碗一大碗熱氣騰騰的紅燒狗肉招待大家。和東江縱隊的戰士們近距離接觸後，以群印象最深的是這支隊伍中知識分子特別多，為了抗戰救國棄筆從戎，捨身忘我，有「書生扛槍」之稱。除了知識分子多，東江縱隊還有華僑和港澳同胞多、女戰士多、小鬼多、富家子弟多的特點。他們參加革命不是因為生活過不下去，完全出於一種革命信仰。這種革命信仰從參加部隊開始到後來一直都沒有變過，湧現出不少可歌可泣的英雄故事。

其實不僅是東江縱隊的官兵，以群看看身邊的文化人，從茅盾夫婦，到自己，誰又不是可以坐在書齋裡過安逸的生活，而兩耳不聞天下事的嗎？可是他們出於救世的信仰，百折不回地走上了這條路。

在東江遊擊隊休整了幾天，他們又動身向目的地韶關繼續前進。這時與茅盾夫婦同行的有以群、胡仲持、廖沫沙。加上兩名帶槍護送的遊擊隊員、兩個挑夫，一行共九人。茅盾感覺到「以群他們三位都是少壯派，他們隱隱負著照料我們夫婦的責任。」在茅盾的文字中記

錄的以群不僅是「外交部長」，負責對外打交道；遇到艱難險阻的路況，又是「勇敢的以群」前去探路。

在一個多月的時間裡，他們不停地行走遷徙，像打遊擊一樣既要躲避敵人的騷擾，還要向目的地進發。茅盾日後回憶道：「東江遊擊隊好像是卡在敵人咽喉裡的一根骨頭。敵人在華北的『三光政策』，在東江早就實行了。淡水一帶，整個的村莊變成廢墟，單看那些村裡的平整的石板路，殘存聳立的磚牆，幾乎鋪滿了路面的斷磚碎瓦，便可以推想到這一些從前都是怎樣富庶的村莊。可是現在連一條野狗都沒有了。白天經過這些廢墟的時候，已經覺得夠悽涼，但尤其叫人心悸的，是月夜；踏著滿街的瓦礫，通過長長的街道，月光照著那些頹垣斷壁，除了腳下格格的瓦礫碎響，更沒有別的聲音，這時心裡的慘痛悽涼非言語所能名狀。舊時成語有『如行墟墓間』，但和這一比，這一句成語便覺得太不夠了。」

日軍獲悉香港居民，特別是滯留香港的著名愛國民主人士和文化界人士紛紛向惠州一綫轉移後，便圖謀追捕愛國民主人士和文化界人士、殲擊獨立抵抗的國民軍第九旅，因而策動第三次進犯惠州。1942年2月3日，日軍由水陸分三路向惠州進犯。侵佔惠州城後，進行瘋狂報復，姦淫擄掠、殺人放火，無惡不作，連續三天血洗惠州城。在府城的牛頸嶺村，來不及躲藏和逃命的村民，一次就被槍殺斬頭、刺殺達三百人之多。在縣城的曬布場、水門仔、沐範湖、鐵爐湖和東門街等處被捕殺者達一千六百多人。其中數百名無辜百姓被日軍用鐵綫穿過掌心連起來，押到光布頭、流水廟兩處草地，進行集體大屠殺。

日軍在廣東地區的佔領對過境的文化人形成嚴重威脅，許多路都無法通行，他們只能在地下交通站的安排下利用夜間走山間小路。在經過茶園時，聽說日軍血洗了惠陽，不得不停止前進，住了下來。一直等到日軍離開後才再次動身。這一路以步行為主的撤退，對茅盾夫

婦和以群真乃是「苦其心志，勞其筋骨，餓其體膚。」他們早有思想準備，隨時會遭遇危險。山嶺連綿起伏，森林茂密，山間漂浮著濃霧，用竹子搭起的大竹寮就是他們棲身之所，可是他們還是苦中作樂，和詩作文。他們的計劃不斷地受到敵軍掃蕩和進攻的影響，不斷改變。不僅改變計劃，還要改變路綫。以群自然想起自己幾年前去太行山的那次作家戰地訪問團之旅。可是這一次更兇險，更驚心動魄。他負責陪同茅盾夫婦，肩上的擔子也就更重了。

不過一路上也看到一些以前沒有見過的景色。他們經過一片碉樓林立的村莊。這些被稱為碉樓的民居，始建於二十世紀二十年代，是早年漂洋過海的華僑功成名就後，回到家鄉投資建築的，孤傲獨處，裊看四野。散佈田野中的碉樓群，實在是碉堡的異軍突起。好像在地基上裝上了升降機，把一座座戒備森嚴的碉堡頂了起來。碉樓以防衛功能為目的，最初是為防強盜上門，保衛主人在海外積累的財富，抗戰時便也成為反擊日軍掃蕩的堡壘。碉樓的牆壁很厚，牆上開著狹長的槍洞，不同位置的槍洞朝向不同的位置，有些直接面對大門前的來襲。茅盾和以群見過的碉樓，牆壁上滿佈的彈痕，有些碉樓還受過炮擊，崩壞了一角。很顯然是日軍掃蕩時進行過劇烈的戰鬥。

這場秘密大營救，所經之地要闖過日、偽、頑和土匪犬牙交錯的地區以及關卡林立、警特遍地的敵人統治區。華南黨組織和東江縱隊的指戰員不懼艱險，採取快速靈活機動的戰術，前後經過幾個月時間的緊張戰鬥，勝利地完成了艱巨的搶救任務。在這次著名的香港文化人遷徙中，幾天時間裡，經過這條路，約有近千名進步文化人離開香港，前往內地。這是中國共產黨策劃的保護進步文化人的一次壯舉，何等壯觀，而大遷徙的直接指揮者就是周恩來。以群回憶道：「後來經部隊向重慶周恩來電報聯繫，得到回電，才由部隊發了路費，和茅盾、戈寶權等同路經惠陽、韶關回到桂林。」

中共南方工作委員會副書記張文彬致中央南方局周恩來的一份電報記錄了經他安排前往東江的文化人士名單，一共分成五批。

文彬報恩來：

文化界經過此間的人，及留此工作的人，全部名單如下：

第一批（二月半出發）茅盾夫婦、沫沙、以群、胡仲持、胡風夫婦、宋之的夫婦、張友漁夫婦、沙蒙、葛一虹。（後略）

長長的名單有五六十人。不幸的是領導和組織大批人員安全撤離的廖承志和張文彬，5月在粵北被來自江西的國民黨特務抓捕，並被投入集中營。兩年後張文彬在獄中英勇犧牲。廖承志被轉移，先後關押在重慶渣滓洞、白公館，直至 1946 年 1 月才由周恩來設法營救出獄。

在重慶曾家岩底層的展覽廳裡，展出著香港大營救的圖片展覽。在一幅被救出的部分人士名單中，我看見第一行羅列著：鄒韜奮、茅盾夫婦、戈寶權、葉以群、胡繩夫婦，隨後還有約五十人。這一展覽在曾家岩 —— 重慶陪都時期南方局的駐地常年展出，可見香港大營救在南方局工作中的重要性。

《文藝陣地》

重返陪都復刊

　　我掐指算了一下，在重慶的歲月裡，當時茅盾先生將近五十，您才過三十。你們是兩代人啊。從周恩來與茅盾的聯繫，到編輯刊物，您事無巨細都要參與。詩人臧克家說：「你是茅盾的參謀長、大管家。」

　　徐遲形容您的小屋是天下最忙的編輯部：「有時，茅盾先生從唐家沱來了，有時，老舍先生從北碚趕來聚會，他們熱烈地談論文藝的路綫、刊物的方向。」徐遲形容您的生活：「以群比所有最忙的人更忙得多。所有從解放區來的文稿全都集中在他這裡，經他的手，分到各報、刊、書店發表或出版。」我可以想見您的生活節奏。忙成了您生活的寫照，忙充滿了您的每一天，也讓您忙並快樂著。所幸您有規律的生活作息，也懂得補充營養。

　　「皖南事變」後，中共中央數電催促撤銷各辦事處、幹部迅速撤退，並做出周恩來等領導人於最短期間內離渝的指示。這樣的決定是基於判斷認為蔣介石已經下決心與共產黨一刀兩斷。但是處於漩渦中

心的周恩來、董必武、葉劍英等南方局領導人對時局認真研究後數度向中央陳述自己的意見，並做出決定：堅守重慶，儘可能爭取時局的好轉。他們的決定最終得到了中央的同意。周恩來施展了他高超的外交手腕，一面對國民黨進行交涉、揭露和譴責；一面又會晤了美國總統羅斯福的代表居里，向其提供國民黨製造摩擦的材料，並尖銳指出蔣介石如不改變反共政策，勢必導致中國內戰，使抗戰熄火，日本南進。由於中共的正義立場得到國內外的廣泛支持，國民黨當局因此陷入空前的孤立。在中共的政治攻勢下，蔣介石不得不在 2 月舉行的第二屆國民參政會上表示「以後再亦決無剿共的軍事」，並兩次約見周恩來表示緩和。南方局以政治進攻的手段縫合了國共合作中的裂痕。

就是在這樣的政治背景下，到達桂林後，葉以群不久就接到南方局的指示回到了重慶。到達重慶的當天晚上，他就見到了周恩來、徐冰，得到了重慶的政治形勢和行動的指導意見。隨後他又住進了張家花園的「文協」駐地。茅盾暫居桂林，他在那裡開始創作長篇小說《霜葉紅於二月花》，描寫了「五四」前夕江南村鎮中新興資本家和豪紳地主與農民的尖銳矛盾。在桂林的日子裡，茅盾和夫人時時惦念著在延安的女兒與兒子。但是茅盾知道國民黨不可能讓他去延安。而一直住在桂林的中國文化服務總社社長劉百閔，受蔣介石的委託前來拜訪茅盾，希望他回重慶，並抱怨桂林這地方住房太擠窄。

茅盾口後回顧：「我是經過反覆權衡才下的決心。我考慮：從政治環境講，桂林比重慶較為開放，國民黨特務組織顧慮到廣西派的實力，還不敢在桂林橫行。但桂林畢竟不是香港，它與重慶是五十步與百步，並無本質上的區別。而從蔣介石遣特使劉百閔來桂林再三請我們去重慶這件事分析，老蔣是想把我們控制起來，置於特務組織的監視之下，日前尚無意向我們揮動屠刀。重慶又是陪都，駐有各國外交使節和新聞機構，蔣介石礙於國際輿論，也不會輕率地對我這位被『請』去的『無黨

派人士』下毒手。到了重慶我可以以國民黨軍事委員會政治部文化工作委員會常務委員的身份進行活動,中共辦事處和恩來同志又近在咫尺,還有郭沫若、老舍、陽翰笙等一大批朋友在那裡堅持工作,我可以配合他們。只要注意鬥爭策略,特務的監視並不能妨礙我的工作。」

不久葉以群從重慶來信,傳遞了周恩來的邀請,請茅盾回重慶繼續編《文藝陣地》。這個邀請,使茅盾下了決心去重慶。而日後劉百閔則沾沾自喜地以為是自己遊說的成功。

1942 年 12 月初,茅盾夫婦離開桂林回到兩年前秘密離開的重慶。這一次回重慶他受到了周恩來和蔣介石的雙重邀請。曾經沉寂一時的重慶,隨著離開的進步文化人回流又熱鬧起來,各種出版物紛紛問世。可是對於進步文化人,特別是茅盾這樣的著名作家,不僅共產黨方面十分重視,國民黨也不放鬆。國民黨中央宣傳部長張道藩也利用文化三廳是國民黨的文化機構,想盡一切辦法地向進步文化人施加自己的影響力。

當時茅盾的女兒和兒子都在延安,夫婦倆人情感上難免有很多牽掛。並且對於新的生活環境也不適應。特別是夫人孔德沚十分敏感,經常懷疑周圍有特務對他們進行監視跟蹤。有一次沙汀和何其芳去看茅盾,夫人不在家,茅盾抑制不住向他們講起自己的苦惱。並想讓何其芳設法為夫人找個職業,由他自己出薪水都可以,只怕她在家裡精神再也承受不住。茅盾難得吐露心事,在兩位訪客面前流露了他感覺的細密,反倒使沙汀和何其芳感受到這個文學前輩的創作氣質。

茅盾住在長江邊唐家沱的一棟二層小樓裡,距重慶市中心約三十華里,每天有兩班輪船進城,當天可以返回。樓上住著國訊書店的小夥計,樓下是茅盾夫婦居住。茅盾非常中意這個外有草坪、交通方便但又幽靜的地方。但茅盾在唐家沱住下後,國民黨特務組織為了監視茅盾,特地在茅盾住處不遠的地方搭了個草棚,並擺起了煙攤。因此

茅盾自嘲說：「特務機關對我的重視，使我因禍得福；白天，流氓、乞丐從不上門；夜間，樑上君子也不敢光顧。」老是在家裡讀書寫作也有寂寞的時候，有時他就往張家花園跑。茅盾進城如果當天回不去，就到張家花園葉以群的房間裡臨時搭舖擠一擠，遇到沙汀也在時，三人往往談到深夜。沙汀記得，茅盾是極健談的。他們有共同的話題──延安。茅盾和沙汀都來自延安，對於那裡的供給制的生活環境頗有留戀。茅盾夫婦來了，可是孩子們還在那裡，兩地分離，自然更多眷戀。沙汀離開延安，因為他覺得自己對陝北的生活不夠熟悉，要創作，他更熟悉四川這片家鄉的故土。以群一直在白色恐怖的環境中生活，離開上海，去武漢，來重慶，自然對延安既好奇又嚮往。另外還有荒煤、劉白羽等一些朋友們在那裡。有一次大家終於談倦躺下了，沙汀照例不能很快入睡，他覺出晚秋季節夜半的涼意，抬頭見茅盾的被子沒有蓋好，便起床躡手躡腳走過去打算替他披被角，不料茅盾一下驚坐起來，把沙汀嚇了一跳。原來，兩人都是慣於失眠的。只有以群睡眠很好，他能工作，懂得休息，補養身體，吃點奶粉，每晚十一點一到，一定睡覺。

著名作家徐遲先生在他的回憶錄《江南小鎮》中寫道：「茅盾主編的大型刊物《文藝陣地》，只有一位葉以群當執行編輯兼事務員，千斤重擔他一個人就挑起來了。……在張家花園中，最重要的是葉以群這個房客了。他在這裡編輯了茅盾的《文藝陣地》。再後來，他編了《文哨》。兩刊物，他都是執行編輯。有兩張書桌，放滿了稿件。還有兩個書架，塞滿了稿件。一塊擱板之上，也擺滿和疊滿了稿件。你怎樣計算，這許多稿件中，凝聚著多少作家的心血？有何等的智慧呵！這小小的一間房，成了內地最重要的文藝雜誌的總編室。印刷所和書店的人，不斷進進出出：送稿、送校、送書。」

「有時，茅盾先生從唐家沱來了，有時，老舍先生從北碚趕來聚

會，他們熱烈地談論文藝的路綫，刊物的方向，等等。一忽兒來了一位作家，一忽兒來了另一位，都是來找葉以群的。他比所有最忙的人更忙得多。所有從解放區來的文稿全都集中在他這裡，經他的手，分到各報、刊、書店發表或出版。」

作家、電影劇作家艾明之（上海作家協會副主席、電影《護士日記》編劇）的回憶栩栩如生地描繪了當時重慶出版業的狀況，也讓我看到父親與初出茅廬的年輕作者的互動。「我是在 1944 年夏作為一個年輕投稿者在四川重慶開始認識以群的。那是一個動盪不安的年頭。國民黨當局在『皖南事變』後，對人民進行了愈加瘋狂的摧殘和鎮壓，而在對日抗戰上卻步步龜縮，湘桂大撤退，獨山告急，陪都重慶又在醞釀著再一次遷都，風雨滿山城，憤怒、失望、幻滅，啃嚙著每一顆飽經憂患的心。這也是我一生最痛苦、最彷徨的時期。我隻身離開上海流落重慶已經四年多，舉目無親，看不到前途有一點光明。我的心在哭泣。每晚踏著挑水濺濕了的石階走到嘉陵江邊，徜徉復徜徉，一種被遺忘、被鄙棄的痛苦壓得我喘不過氣來。就在這種心情下；我寫下了我的第一部中篇小說《上海二十四小時》。

當時重慶的出版業極其困難而凋零。文藝刊物除國民黨御用文人辦的幾份，比較嚴肅一點的似乎只有《時與潮文藝》。不久另一份令人耳目一新由以群主編的大型文藝期刊《文哨》應運而生。它給暮氣沉沉的重慶文學界帶來耀眼的光和暖心的熱。不過當時我並不知道主持編務的就是以群。

我只是一個十幾歲的文藝愛好者。雖說幾年來也已發表過若干短篇習作，寫中篇還是第一次。我自知作品寫得幼稚，對於發表並不敢心存奢望。寫它，更多的是聊以寄託自己對上海，對這座生身城市的一點遠念，也藉以排遣當時那份濃得化不開的落寞和苦悶。讀了《文哨》，想得到它指點的欲念油然而生。於是，我將中篇小說寄給了它。

《文哨》是很少發長、中篇作品的。我的中篇習作斷斷不會受到關注也是理所當然了。那年月，一個默默無聞的年輕習作者將稿子寄給刊物，從此石沉大海連稿子也要不回來的事幾乎是被視為正常的。但是，我不久收到編輯部的信，約我去面談。回信來得這樣快，使我簡直懷疑生活是不是又一次在跟我開玩笑。我忐忑不安地找到編輯部。這是離朝天門江邊不遠一座相當破舊的小樓。在堆滿書的廂房裡，一位中年編輯接見了我。他詳盡中肯地指出了我作品中的缺點（這些意見他後來用書信形式在第二期《文哨》上發表了），同時又熱情鼓勵我儘快將它改出來。他告訴我，《文哨》囿於篇幅不允許刊載過份長的作品，但稿子改得好，可以放在他編輯的「新綠叢書」裡出版。他的熱誠的率直使我又感動，又不無驚訝。我最後才知道他就是以群。所謂編輯部，從收覆信、看稿、發排、校對也就是他一個人在撐持。離開以群走回住所，我覺得我不是走而是飛回去的。

這就是我認識以群的開始。我的中篇修改出來後，立刻便被收入茅盾主編的「新綠叢書」。編輯這套叢書的目的是為了鼓勵和扶植青年作者。叢書前有茅公的題記。我的中篇《上海二十四小時》被編列為第三本。以群為了我的這部幼稚的習作早日出版，多方奔走，在紙張有時比黃金還緊缺的重慶，以群為此而花費的心力也就可想而知。」

艾明之記憶深刻的《文哨》是在 1945 年 4 月創刊的，創刊特大號上發表了郭沫若、茅盾、夏衍的文章。同期刊出的還有羅曼羅蘭紀念文章和詩作。

艾明之先生是我的忘年交，後來我很榮幸有機會在上海電影製片廠文學部與他共事。1980 年代末的上影文學部，碩果僅存的元老除了艾明之，還有李天濟。艾明之在電影界有一個美稱「老上影的一支筆」。文學部十來號人一共就是一支半筆，他佔去了三分之二。艾先生獲此殊榮是出於大家心悅誠服地對他的尊敬，因為自 1952 年，他調

任上海電影劇本創作所擔任編劇後，在上影的四十年生涯中，他創作了反映工人生活的《偉大的起點》、《護士日記》等電影劇本近二十部，是一個既高產又高質的著名編劇。在我初學寫作時，他也是讀過我最多習作的老作家。在每一次回憶葉以群的場合他都會深情地敘說年輕時那段極其艱苦的歲月中的知遇之恩。

那段日子國共合作繼續維持，國民黨中宣部時常找一些明目舉行文化界茶話會，邀請文化屆人士參加，他們給茅盾送來請柬。張道藩見到茅盾如約而至，握手寒暄，表示仰慕。大約又過了半個月，又請他的下屬劉百閔來看茅盾，送來了張道藩邀請茅盾赴便宴的請柬。當時茅盾覺得，既然是請吃飯，想必還有其他內容，有必要去一次。於是茅盾便去張道藩公館赴家宴。

對於這些應酬，茅盾和葉以群都明白其中的分寸，因為他們親耳聽過周恩來的指示。但是，令茅盾煩惱的是，因為在表面與張道藩取「合作」態度，引起了一些不明其中奧妙的朋友的非議，有些閒言碎語。葉以群曾經在閒談時提起一些朋友們的閒話，擔心茅盾與張道藩走得太近。其實葉以群是個十分謹慎的人，不會擅自多言，尤其是他做茅盾的助手是周恩來的安排和囑託，不僅要在文學上，而且在生活各方面都會給予幫助，有困難就解困。

一向心中自有主張的茅盾聽了十分惱火，氣呼呼地對以群說：「為什麼我們的工作方式只能是劍拔弩張呢？我們不是還在和國民黨搞統一戰綫嗎？只憑熱情去革命是容易的，但革命不是去犧牲，而是為了改造世界。要我與張道藩翻臉，這很容易，然而我的工作就不好做了。想當初讓我到重慶來，不是要我來拚命，而是要我以公開合法的身份，儘可能多做些工作。」

葉以群連忙說：「沈先生不必介意，我只是把聽到的一些話傳給先生聽聽，沒有別的意思。」

「這是我的氣話，其實我與張道藩來往『合作』，有一定規矩，心裡把握著。」茅盾又說。

「其實，我們都清楚的。恩來同志也是這樣指示我們的。」葉以群急忙笑著安撫。

葉以群也明白表面的功夫還是要做的，刊物出版後他也需要前去拜訪中國文化服務公司的老闆劉百閔。這家公司掛著文化服務公司的牌子，行使的卻是國民黨審查官的職能。這是刊物的父母官，決定著刊物的發行許可，可得「伺候」好了。葉以群特地帶上了同鄉從徽州帶來的新茶做見面禮。葉以群與劉先生打過多次交道已經是熟人，知道他以前創立過復興書院，是個諳熟中國文化的文人，文人為官可還是不改文人的本色。葉以群了解到劉先生勤於書法和茶道。奉上好茶後，就談起了歙硯[1]。

劉先生確實是功底深厚的文化人，隨口就吟誦出了經典金句：「南唐後主李煜說『歙硯甲天下』；蘇東坡評其『澀不留筆，滑不拒墨，瓜膚而穀理，金聲而玉德。』」

葉以群連聲讚嘆：「佩服！佩服！劉先生果真是行家！」

劉先生的好奇心也被葉以群引燃，就問：「現在歙硯還在繼續開採嗎？」

「開採還在開採，但是戰火阻斷了徽商的通路，流通渠道不暢，即便有貨也賺不到錢了。所有開採商的積極性不高啊。」

說到戰事，不論是國民黨或是共產黨都無法樂觀。民族存亡，唇亡齒寒，彼此還是有些惺惺相惜。葉以群覺得話說到此，是遞上雜誌

1　歙硯馳名於唐代，至今已有一千多年歷史。據宋人洪景伯《歙硯譜》記載，唐開元年間，歙州獵戶葉氏逐獸至一個叫做長城里的地方，見到山溪裡，疊石如城，瑩潔可愛，攜歸成硯，由此歙硯始聞天下。歙硯石的花紋結構十分突出，分為魚子紋、羅紋、金暈紋、眉紋、刷絲紋等類型。由於其礦物粒度細，微粒石英分佈均勻，故有發墨益毫、滑不拒筆、澀不滯筆的效果，受到歷代書法家的稱讚。

的最恰當時機，便從包裡拿出還散發著墨香的新刊，雙手遞上去。「新刊終於出版，沈先生囑我首先要恭請劉先生過目。」

興頭之上劉先生的關注點還難以轉回到自己的官職上，依然以文人的風格說道：「你們的刊物我看了，內容還是很豐富。謝謝沈先生的信賴，一定要代我轉達問候！」

「既然劉老闆這樣肯定，那麼在發行上還是希望網開一面，現在據了解刊物出了重慶就被扣了，給我們經濟上和影響上都造成很大的困難，沈先生特別囑託我還請劉先生能在這方面高抬貴手。」

劉先生突然說道：「我的老闆也在尋思著朝野之間可以互通有無，有些你們的作者也可以給我們的刊物寫些文章，當然沈先生也可以寫寫陪都的風景嘍。」

葉以群心裡暗自嘆息，劉先生說話真是綿裡藏針，關鍵處只那麼點一下。至於文稿上互通有無一說，不知對方壺裡賣的什麼藥？可是不便正面回絕。他就說道：「劉老闆的想法很好，我回去一定向沈先生轉達，我想沈先生聽了一定會高興的。」其實他心裡明白這樣的合作，恐怕還要向曾家岩請示。

不久，周恩來在郭沫若家裡召開了一次香港回來的文化工作者會議，到會的有二十餘人，茅盾和以群都參加了。會上周恩來報告了：「儘量發展統一戰綫工作，蔭蔽精幹，長期埋伏，積蓄力量，以待時機的黨的策略。」並指示，國民黨如果強迫你們加入，不必拒絕，可以加入，只有工作上和我們保持聯繫。後來，張道藩主持的國民黨中央文化運動委員會為拉攏一些進步文化人替他們裝點門面，提出要約請一批特約撰述，決定茅盾、老舍、翦伯贊、沈志遠、葉以群等接受，他們並且定期支付一些撰述費。以群記得自己給過他們一篇關於《略論文學遺產問題》的文章。

國共合作繼續維持著，世界反法西斯戰爭形勢同樣也向好的方向

發展。在歐洲戰場，德意法西斯逐漸潰敗，日本在太平洋戰場也接連失敗，海上交通綫被切斷，南洋日軍面臨被切割的困境。可是在中國戰場上，日本企圖尋求突破，展開了更加猛烈的攻勢。日軍以三千餘人的兵力沿黔桂公路進攻，國民黨軍潰退入貴州。1944 年 12 月 2 日日軍攻至貴州獨山，逼近四川，震動重慶。正在形勢十分嚴峻的時刻，周恩來從延安返回重慶，飛機在秦嶺上空突遇暴風雪，過程中也是十分驚險。聽說周恩來平安降落後，何其芳、葉以群和沙汀準備舉行一個歡迎會，同時也請周恩來給文藝界同仁分析一下嚴峻的戰爭形勢。郭沫若住得遠，為了找到一個重量級的主持，沙汀特地跑到唐家沱請來了茅盾。座談會在文工會大樓的會議室舉行，來了不少人。大家都期待著周恩來講一講大局，是否又要放棄重慶，撤退去其他地方？周恩來講到了黔桂戰爭發展的最壞可能，他指著坐在前排的巴金、沙汀說：你們都是四川人，敵人如果真的敢來入川，這個地方正好可以打遊擊嘛……周恩來的樂觀情緒稍稍寬慰了大家的心。不過疏散外地文化人的工作還是提出來討論了。後來南方局慎重考慮後，確定了向四川鄉鎮的疏散計劃，籌備建立可靠的交通綫。這就是那個年代重慶進步文化人面臨的生存狀態。國共鬧掰了要撤退，日軍逼近了也面臨撤退，不管他們住在哪裡，都是暫居之地，時刻要做好應變之道以面對最惡劣的突變。可是即便如此，作家們仍然繼續自己的寫作，「文協」還是經常舉辦各種座談會、集會、討論會，每一次活動都是為了擴大進步文化的影響。

從 1940 年至 1948 年底，遵照周恩來的指示，您始終陪伴在茅盾身邊，從重慶去香港，轉道桂林，回重慶，再去上海，去香港，八年中最艱險的時刻你都在茅盾的身邊。徐遲說：「以群一直是茅盾主編的刊物的編輯，他是茅盾的代表，多少年都是的。」您從抗戰之初就與茅盾終日相伴，從辦刊物到日常生活的安排，都無微不至。

抗戰勝利前夕，恰逢茅盾五十歲生日，遵照周恩來的指示，葉以群開始籌辦慶賀五十大壽的活動。在此前，中共先後為郭沫若、老舍做過壽，慶祝他們創作的光輝歷程。其實做壽的目的，正是重慶時期周恩來領導文化界採取的更符合文人風格的做法。以給著名作家慶祝生日的名義，把大家聚在一起，發揮對社會的影響。這已被證明是十分有效的方法。

葉以群第一個把做生日的想法告訴茅盾。茅盾起先誠懇地謝絕說：「自己過去從不過生日，也不想為此驚動大家。」葉以群就透露這是周恩來的意思。後來，南方文委主任徐冰和廖沫沙去看望茅盾。徐

冰告訴茅盾：「是周恩來同志的意見，祝壽是為了通過這一活動擴大民主力量的影響，宣揚正氣，打擊反民主的勢力。」茅盾這才同意了。於是 1945 年 6 月與祝壽同時舉行的是慶祝茅盾創作生活二十五年紀念。據說這是茅盾有生以來第一次「做生日」。

獲得了茅盾同意後，《新華日報》為此登出一則消息：「本年 6 月是名作家茅盾先生的五十初度，文藝界由郭沫若、葉聖陶、老舍、巴金等發起，正積極籌備慶祝他的五十誕辰和創作生活二十五年紀念。」6 月 24 日下午 2 時在白象街西南實業大廈舉行慶祝茶會，五六百位新老朋友把大廳擠得滿滿的，樓上樓下，廳內廳外都是人。剛從新疆監獄中死裡逃生的趙丹、徐韜、王為一、朱今明也趕來參加了。老朋友邵力子，知名人士沈鈞儒、柳亞子、馬寅初、章伯鈞、鄧初民、劉清揚、胡子嬰等參加了。張道藩也來了。美國新聞處寶愛士、蘇聯大使館費德林也來了，會場裡還掛了不少賀詞賀幛。沈鈞儒主持會議，柳亞子、馬寅初、馮雪峰等作了熱情洋溢的講話，郭沫若的夫人于立群代表中華全國文協作祝詞，盛讚茅盾的文德：「嚴肅的態度，細密的文字，無盡的篇帙，不屈的操守，您的這些工作特點與處世精神，使您成為我們的燈塔，我們的表率，我們的模範。敬祝您的健康與努力。」馮玉祥在賀幛中寫道：「黑桃、白桃和紅桃，各桃皆可作壽桃，文化戰士當大衍，祝君壽過期頤高。」趙丹、金山、張瑞芳朗讀了茅盾作品《子夜》的片段。會上，重慶正大紡織染廠陳之一送來十萬元支票，指定作為茅盾文藝獎金。這是歷史上最早設立的茅盾文學獎。

茅盾十分感謝朋友們的光臨和祝賀，他在答謝時說道：「……五十年來，我看到了多少中國優秀的兒女犧牲了，我自己也是從血泊中走過來的，而現在，新一代的青年又擔負了比我們這一代更重的擔子，他們經歷著許多不是他們那樣年齡所需要經歷的事，看到這一切又想到這一切，我覺得我更有責任繼續活下去，繼續寫下去，抗戰的

勝利已在望了，然而一個民主的中國還有待我們去爭取，道路還很艱難。我準備再活二十年，為神聖的解放事業做一點貢獻，我一定要看見民主的中國的實現，否則我就是死也不會瞑目的。」

葉以群對於茅盾的生活起居是十分熟悉的，根據自己多年來與茅盾交往的體會，談了對茅盾的印象：「不認識雁冰先生的人想像著他的生活，總以為他整日坐在窗明几淨的書房裡，凝神寫作。茶水、飯食都由人服侍上手……事實上，他的生活卻是最樸素的，他們不慣用人，日常家務都由他夫人處理，而他也就常常自動地幫起忙來，端菜、打水、抹桌、點燈……他都做得非常有趣味。他常常笑著說：『那些鄰舍總覺得我們這家人非常奇怪，老爺也不像個老爺……』那些人們是不會懂得：他根本不要當老爺的。他愛勞動，愛簡樸生活，這差不多已成了他的天性。」

前面說到茅盾文學獎金的設立，其實茅盾在培養青年作家方便做了很多具體的工作。葉以群創辦自強出版社，約茅盾主編一套無名作家叢書，名稱叫「新綠叢輯」。前面說到的作家艾明之的第一部中篇小說《上海二十四小時》就是叢書中的一種。茅盾為叢書看稿選稿花了不少心思，不僅仔細看稿子，而且還給每一本書寫了序言。扶持無名作者，成了茅盾在重慶的又一個貢獻。

葉以群在茅盾身邊的時候，還陪伴他經歷了一次人生中的巨大打擊。有一天他去曾家岩，周恩來交給他一封信，是身在延安的中共中央宣傳部出版處處長張仲實託人帶來的。信中報告了一個噩耗，茅盾正在俄文學校學習的女兒沈霞做人工流產手術，因細菌感染不治死亡，年僅二十四歲。當時茅盾正在創作五幕話劇《清明前後》，劇團等著排演。葉以群把自己了解的茅盾的生活創作近況告訴周恩來，請示現在通知他是否合適？周恩來囑咐說，先緩一緩吧，等他忙完這一陣再告訴他。

於是這成了葉以群的心病，每次見到茅盾時，他都會在心裡打鼓，這樣的噩耗什麼時候告訴茅盾先生才合適呢？他最希望的是不要由自己擔任這個角色。可是沒有想到，有一天，茅盾來到葉以群的屋裡，兩人正在談論報上的一篇雜文，並等夫人孔德沚來接他回唐家沱。這時剛從延安調到《新華日報》工作的木刻藝術家劉峴夫婦帶著五歲的女兒走了進來。茅盾向劉峴打聽延安的情況，劉峴侃侃而談，閒談中他說，認識沈先生的孩子。說著說著，忽然劉峴唱嘆道：「只是沈霞同志犧牲得太可惜了！」

劉峴的話讓茅盾和葉以群都十分震驚，茅盾被這個消息震懾住了，葉以群卻意識到再也瞞不住了。他的抽屜裡還藏著張仲實的信，是拿出來還是不拿出來？茅盾呼吸急促地問：「你說什麼？！」

劉峴看見茅盾震驚的樣子，自知失語，不知所措，喃喃道：「沈先生，你還不知道？」

茅盾催促道：「你快說，究竟出了什麼事？」

劉峴十分尷尬，想開口又不敢開口，眼睛覷著葉以群求援。

這時，葉以群才迫不得已告訴茅盾：「一個月之前沈霞死於人工流產！恩來同志叮囑我們暫時不要告訴您，怕你們過分傷心，弄壞了身體。您正好又在趕寫《清明前後》……」以群從抽屜裡拿出張仲實的來信，顫抖著手交給茅盾，一手扶著茅盾先生的胳膊，連聲囑咐：「您要節哀保重啊！」茅盾接過來自延安的報喪信，急速地掃視了一下，淚水不由自主地潸然而下，他不相信這是真的。女兒來的前一封信還說，「爸、媽，我很高興，敵人投降了，我們勝利了，等得十分心焦的見面日子等到了，我們一定不久就可以見面。」他沒有想到那成了女兒和他們最後的訣別。

延安的《解放日報》稍早前就登了沈霞犧牲的消息：「本報訊：老革命作家茅盾先生之愛女沈霞同志，不幸於本月 20 日病歿於和平醫

院。編譯局全體同志 21 日曾舉行追悼。」只是當時茅盾沒有見到。

正在他們交談時，門外傳來夫人孔德沚的聲音，茅盾急忙擦乾眼淚，把信藏起來，並關照葉以群和劉峴：「現在不能讓德沚知道，否則她會受不了的。」於是葉以群和茅盾都只能把話題岔開去。這個消息一直瞞著，一直到兩個月後兒子沈霜來到重慶時才告訴夫人。為了女兒的突然逝世，茅盾一直很糾結。他責備自己給女兒的名字起得不好：霞，沈霞，霞的名字起得不好，朝霞、晚霞，雖然美麗，可都是短暫的，不長久的！「此番我有月餘之久胸中如塞冰塊，現在只要靜下來時也鬱鬱難以自解。亞男（就是沈霞）如果死於戰鬥，我倒不會這樣難過的……她是一顆『未出膛的子彈』，這是人的浪費！」在茅盾唯一的女兒病逝幾年後，他的女婿蕭逸也在解放戰爭總攻太原時，不幸被敵人射來的子彈擊中，犧牲了。

1945 年 9 月 26 日《清明前後》正式公演，立刻引起廣泛注意，越演越火爆，星期天還加演場次。這是茅盾創作生涯中唯一的一個劇本，重慶也成為唯一演過茅盾劇作的城市。這齣戲通過當時發生的一樁黃金舞弊案，揭示官僚資本及其爪牙的卑劣無恥，民族資本家的掙扎與幻滅，以及安分守己窮困潦倒的小職員又如何變成了替罪羊，向觀眾生動展示了一幅抗戰勝利前夕陪都的社會縮影。

與徐遲攜手舉辦
羅曼・羅蘭追悼會

　　徐遲是著名的報告文學作家，1978 年 1 月《人民文學》發表了報告文學《哥德巴赫猜想》，造成巨大轟動，開創了報告文學一代新風。徐遲以他知性的筆帶領讀者走進了數學家神秘而又複雜的世界。在呼喚改革和科學救國的時代，為讀者們展現了一個在數學王國中不斷闖關的陳景潤獨特的人生世界。那時真可以說是洛陽紙貴，人們爭相閱讀著這篇作品。面對社會各界熱烈的反應，徐遲非常激動，他說：「應《人民文學》的召喚，寫了一篇《哥德巴赫猜想》，這時我似乎已從長久以來的冬蟄中甦醒過來。」那時我還是上海的一個工人，特地去買了一本雜誌閱讀，被徐遲的文字深深打動，第二年就考上了大學。我完全沒有聽說他和父親有過一段難忘的友誼。一直到他寫出回憶錄《江南小鎮》，裡面有許多地方記錄了他和父親以群相濡以沫的相處。那時我已去了美國留學。在徐遲的文字中了解到，有一段日子他就住在以群的房間裡，兩人同住一室，關係非常好。還有，他們倆籌辦了一場規模宏大的法國作家羅曼・羅蘭追悼

會，那次活動造成了很大社會影響。

徐遲（著名作家，曾任湖北省文聯副主席、湖北省作家協會副主席）是在 1932 年 1 月到燕京大學借讀後，才開始自己的文學創作。其散文處女作《開演之前》發表在 1932 年《燕大月刊》。這一時期徐遲也開始了自己的詩歌創作，那時他的詩歌受西方意象派、象徵派，還有「新月派」的影響較深。到了重慶時期他把專注力已經轉到文學名著的翻譯上，整天沉浸在雪萊、荷馬、泰戈爾、托爾斯泰、司湯達的作品中。發表和出版了譯作泰戈爾《藝術之意義》、《托爾斯泰傳》（第一部：青年時期）《托爾斯泰散文集》等翻譯作品。

香港淪陷後，徐遲回到重慶，曾有一段日子搬到歌樂山蒙子樹去住了。那裡清淨，他想靜下心來一面做他擅長的翻譯，一面進行創作。他一直有一個夢想進行專業創作。可是一段日子後沒有收入，生活出現了問題，他只能又搬回重慶，他坦承自己要做專業作家的美麗夢幻徹底破碎了。「回到城裡了，我又住在葉以群的房裡，我們那時已建立了很好的友誼，是好到極點的。他差不多是我的主要經濟來源，我的經理人了。我的絕大多數稿件都通過他發出去，然後又從他那裡拿到稿酬，來維持我微薄的需求的。他也是很依賴著我的，凡有應景的文章，無人寫時，他總來找我來寫，我是有求必應的。」我可以想像他們互相扶持的日子，以群一直專注於編輯刊物，身邊需要團結一批好作家，寫作快手，善於寫時論的徐遲當仁不讓是一個好手了。

徐遲住在蒙子樹時正在寫一本書《詩的誕生》，書剛寫完就有一次奇遇。一次夏衍告訴他，歌樂山的中央醫院住了一位重要的病人，囑咐他每天上午去看看他，看有什麼事做。結果他去一看那位病人是周恩來。他因小腸疝氣，要做一個小手術。於是徐遲就去病房陪他，看見周恩來在讀一本俄文本的《列寧選集》。陪伴他的只有警衛員龍飛

虎一人。有一天，他怯生生地問周恩來，可不可以看看自己剛完成的一本著作《詩的誕生》。周恩來說，你拿來好了，我給你看看，再告訴你。過了幾天，周恩來就說，我看到你序言中提到「人類共同的永久的美學」是嗎？徐遲答道：我真心誠意地在追求這種理想的東西。於是周恩來揚眉一笑說：人類共同的永久的美學，現在是不可能有的，並且，是從來也沒有過的。有了階級，就只有不同的階級的各自的美學，美學是帶有階級性的。徐遲記得周恩來說話的聲音那麼響亮，分析問題那麼清楚。他就問：這理論是從哪裡來的？何所根據？周恩來又揚眉一笑說：我們是馬克思主義者，我的根據是馬克思主義階級學說。也就是因為這一次與領導人平等的對話，使徐遲覺得自己的美學觀是站不住腳。後來他只選擇了一些篇章發表，那本書就像被斃了。

徐遲是個不事生計的人，生活十分拮据。寫了稿子給馮亦代，也不問發表，就預支稿費。而同住一室的葉以群更是他窮困時的仰賴。窮困這個字放在作家身上似乎有些不相稱，不過在戰爭年代，顛沛流離的文化人中許多人真的是飽一頓飢一頓。他們既執著於自己的信仰、理念，可是同時文章又需要發表，然後拿到稿費才能維持生活。在信念和謀生兩者之間，他們在徘徊。對於徐遲的生活困境，不僅葉以群很關心，喬木（喬冠華）也一直在想辦法，找一些書請他翻譯，但是終不能解近渴。後來聽說郭沫若要創辦一本雜誌《中原》，需要找一名編輯，喬木和夏衍就推薦了徐遲。徐遲就這樣擔任了郭沫若主編的《中原》的責任編輯。那時許多刊物都是精兵強將，以極少的人幹許多事。《中原》編輯部就徐遲和屈楚。茅盾主編的《文藝陣地》審稿和編務就是葉以群一人。老舍主編的《抗戰文藝》就是梅林一人。巴金主編的《文叢》責編就是靳以一人。

喬木非常活躍，在重慶知識界進步人士中威信很高。他每兩週給《新華日報》寫一篇國際時事評論。對國際反法西斯戰場上的局勢變

化，和各國的政治角力進行深入背景分析，開出一張張勝利進軍的清單。那時是他「述評」的黃金時代，他的文字導引著許多讀者對於世界局勢的看法。他對 1942 年蘇德在斯大林格勒的決戰；珍珠港事件後美日的交鋒，揭開了二次世界大戰新的一頁等重要歷史事件都有精闢的見解。

當時徐遲和詩人袁水拍、馮亦代並稱「三劍客」，關係特別好。他和袁水拍都喜歡寫詩，和馮亦代在作品翻譯上的興趣相同。三劍客的英文都很好，他們一起讀了許多英文著作，像《約翰‧克里斯多夫》、《靜靜的頓河》、《戰爭與和平》等，都是讀的英文轉譯本。還互相交流閱讀感想。後來他們又合議成立了美學出版社。馮亦代搞到了一筆資金，又拍胸脯承擔印刷的任務，因為他是政府印刷廠的副廠長。這個出版社出了一些進步作家的書和譯作，其中就有以群轉來的延安作家嚴文井的童話著作《南南和鬍子伯伯》。

當時徐遲暫住在葉以群的屋裡，寫些應景文章，讀英文名著。他的記憶中葉以群一直很忙很忙，雖然看起來彼此的主要聯繫都在文學上，不過一些政治文件也是通過以群才了解到的。譬如毛澤東發表了《在延安文藝座談會上的講話》後，他也是從葉以群那裡第一次看到。他還時常去曾家岩找喬木。喬木和龔澎在馮亦代的撮合下結婚後，在曾家岩三樓上有了一個房間，徐遲常去那裡找他們聊天。當時曾家岩五十號周公館，周圍被國民黨特務包圍已不是秘密，隔壁就是警察局。同一幢房子中的一二樓也有特務租住著，他去時也有些提心吊膽，但是還是去，因為在那裡可以得到「光明的啟示和精神的安慰」。後來徐遲又先後在墨西哥大使館擔任中文秘書和英國駐華大使館新聞處任翻譯。

1944 年 12 月 30 日法國著名作家羅曼‧羅蘭逝世了。葉以群去找徐遲，說要籌辦一個規模較大的追悼會，悼念羅曼‧羅蘭。雖然那時

徐遲已經去了英國新聞處工作，但還是爽快地答應了。葉以群之所以找徐遲，因為他知道徐遲認識一位墨西哥駐中國大使館的代辦瓦葉。徐遲是在喬木的住處認識的，當時瓦葉需要一個中文秘書，喬木便介紹了徐遲。

徐遲這就去找了瓦葉閣下，雖然他已離開墨西哥大使館去了英國新聞處工作，但是原先的友情還是保留了下來。瓦葉是個時髦的人，他說自己在瑞士曾經見過羅曼‧羅蘭。徐遲靈機一動，就告訴葉以群，這可以算一個羅曼‧羅蘭的生前好友，請他到會上講話。葉以群說：「好！羅曼‧羅蘭是這樣偉大的作家，追悼會規模開得越大越好。」於是徐遲又找到瓦葉，由他出面邀請英美法蘇四國文化參贊或新聞處長一起進餐討論如何開好這個會。瓦葉以羅曼‧羅蘭的生前好友出面。這樣一個國際性的大型追悼會的格局就形成了。

緊接著葉以群和徐遲又去找郭沫若，請他參加籌備會。郭老也答應了。於是他們起草了會議議程，請宋慶齡主持大會；立法院院長于右任致開幕詞；法國文化參贊葉里塞夫報告作家生平；生前好友瓦葉致悼詞；郭沫若演講；中央交響樂團演奏貝多芬《英雄交響曲》。

開會那天極其隆重，主席台上坐著宋慶齡、于右任、郭沫若和各國文化參贊。居然何應欽也聞訊跑來了。主持人是著名戲劇家洪深先生。舞台天幕上掛著羅曼‧羅蘭的巨幅畫像，舞台下是八十人的交響樂管弦樂隊。整個會場擠滿了中外人士，真可謂盛況空前。

會議的高潮是郭沫若演講。郭沫若的演講鋒芒畢露，他從這個法國作家講起，講到去年國內戰場上的湘桂大撤退。他說到國民黨軍隊如何潰不成軍，狼狽逃竄，這些敗仗都應該由掌管中國海陸空軍的那個人負責。而大家沒有想到，郭沫若譴責的那個人就是坐在他身後的何應欽。演講到中間，郭沫若說一句，下面就是一陣掌聲，再說一句，又是一陣掌聲。「到了最高潮，郭老簡直就揪心捶胸，瀝血嘶聲，義憤

填膺地大聲斥責這個就坐在他背後的，掛了一身軍功勳章的中國遠東軍總司令何應欽。聽眾很快發現郭老罵的就是他。」

長得白白胖胖的何應欽老神在在不為所動，大家鼓掌他也拍手，他心裡明白仗是湯恩伯打的，對手是侵華日軍總司令岡村寧次。雖然他也在國府開的檢討會上說了一些重話：「我軍作戰無必死之心，風氣壞極。平時吃空額可以，戰時應努力犧牲。」可是他對中日兵力的懸殊心知肚明，豫湘桂戰役不僅挫敗了日軍的戰略企圖，而且大大牽制、打擊了日軍，增加了侵華日軍自身的困難。日軍二點四萬死亡，加上傷病共十萬，損失也十分慘重。

為了此次攻勢，日軍投入了四十一萬名士兵、八百輛戰車和將近七萬匹馬，這是有史以來日軍動員規模最大的一次進攻。短短的八個月中，國民黨軍隊豫湘桂戰役損失兵力五六十萬，喪失了河南、湖南、廣東、廣西、福建等省大部和貴州的部份，丟掉了洛陽、長沙、福州、桂林四個城市和鄭州、溫州等一百四十六個中小城市，失去七個空軍基地和三十六個機場，喪失國土二十多萬平方公里，約六千餘萬同胞處於日軍鐵蹄蹂躪之下。從客觀上分析，這場戰役看上去日軍似達成全部的作戰目標，但事實上，日軍兵力比戰役之前更加分散，日後於中國戰場長期維持守勢。

言歸正傳。羅曼·羅蘭追悼會圓滿落幕，有些洋人覺得上了共產黨的當，但是活動已經造成了很大的影響。

在重慶文人的生活也是豐富的，時常還會參加一些跨界的社交活動。1945 年元旦，馮玉祥副委員長舉行家宴邀請文藝界人士參加。他是國際上很有名的基督將軍。1935 年任國民政府軍事委員會副委員長。中華全國文藝界抗敵協會在漢口成立時，馮玉祥以「丘八詩人」身份參加，當選為大會主席團成員。馮玉祥回到重慶後，投身於各項進步文化工作。魯迅逝世四周年時，重慶文化界舉行紀念大會，馮玉

祥任大會主席，還發表演說，號召學習魯迅的剛硬和堅韌的革命精神，爭取抗戰的勝利。那天應邀到馮將軍家做客的十來人中有老舍、曹禺、吳組緗、夏衍、葉以群、臧克家、徐遲等。徐遲印象深刻的是，時勢不同了，連有識之士馮將軍也開始結交文人了。

1945 年 8 月 15 日正午，日本天皇向全日本廣播，宣佈接受波茨坦公告、實行無條件投降，結束戰爭。消息傳到重慶已是傍晚七八點，整個山城就像發了瘋一樣歡騰起來！那天天氣很熱，徐遲和許多年輕人一樣穿著背心短褲四處奔走，歡慶勝利。山城裡似乎所有的人都跑到街上來了，「無論大街小巷，山裡山外，江河上下，都是一片歡騰。到處是歡呼，鞭炮和鑼鼓，含淚的笑聲，擁擠的人群，連綿的口號，噴濺到酒液，光亮的火把，重慶市民們，總算也有了他們盡情歡樂的一整個晚上。」許多人聚在一起討論的是怎樣回家，回到被日本人佔領的家鄉。是坐船還是乘飛機，坐汽車，走哪一條路更便捷更順暢。

葉以群主編的《文哨》十月出版了「抗戰勝利紀念特輯」，約徐遲寫一篇稿子。他就寫了《七道閃電，七個巨雷以後》。同期刊登的有劉白羽、袁水拍、艾明之和兩篇以群的文章。

徐遲還寫了一篇小說《狂歡之夜》發表在《大公報》上。寫了一位住在歌樂山鄉下的詩人，完全不知道外面的消息，聽到了鞭炮聲，以為是槍聲。很多朋友來看他，要把勝利的消息告訴他，卻嚇了他一跳，以為國民黨的大逮捕大屠殺開始了。因為當時國民黨正在邊區爺台山一代圍剿共軍。詩人以為政治圍剿擴大化了。聽到朋友們的敲門，他即刻跳窗逃跑，跑到稻田裡躲起來。然後又潛行到中央大學的一個老朋友家，發現裡面燈火明亮，人語聲雜。他以為那位教授已經被捕，正在抄家，就沒敢進去。又回到自己家附近的田野裡躲起來，一直到了天亮，最後才弄清楚是怎麼一回事。這個故事的人物原型就是詩人臧克家（著名詩人，曾任《詩刊》主編、中國詩歌學會會長），那是

他勝利之夜的真實經歷。故事的結尾，徐遲寫道：「稻田裡千百顆露珠，粒粒成了紅寶石。而忽然，詩人從中出現了。醋黃的臉頰，通紅的眼睛，流血的額，跛行的腿，受傷的身體，受難的靈魂。他輕輕地問了：『這是勝利的狂歡呢？還是大屠殺的混亂？』」當時還有評論批評這是一篇違反真實的小說。馮亦代還特地為此寫了評論稱：「因為在現實生活裡，有著這樣的一種威脅的存在，才使一個快活的日子，成為詩人的恐怖。作者只是忠實地復述了一篇故事，卻也給我們開啟了一扇門，一扇通達現實的門。」

而被徐遲寫在小說中的這位著名詩人臧克家，那時住得離市區很遠，埋頭寫詩，並不知道外面的世界已經發生了翻天覆地的變化。不過很快他就走進人群中來了。

毛澤東主席 1945 年 8 月 28 日到達重慶後，一直到 10 月份才離開。葉以群負責了毛澤東接見文化界的組織工作。走出周公館，順著幽靜的中山四路前行，走過茂盛的黃葛樹蔭，走過戴笠公館，一幢二層樓的小樓就是張治中將軍的居所桂園。當時毛澤東就下榻於此。毛澤東主席曾在那裡接見了文藝界二十多位代表。葉以群還在中蘇友協參加了兩次歡迎毛澤東的宴會，其中有一次是張治中組織的。

詩人臧克家也是參加會見的代表之一。日後，在回憶錄裡寫道：「沒過幾天，葉以群同志通知我，毛澤東召開座談會，要我參加，地址在張治中公館。我懷著激動的心情準時到會。徐冰同志在門口迎賓，一一向毛澤東介紹，臨到我，介紹說詩人臧克家。毛澤東笑著和我握手。他身材魁偉，頭戴一頂白色布盔，群眾懷著崇敬而好奇的心情擁集於周圍，場面十分動人。這是我第一次見到毛澤東。毛澤東親切而藹地和每位同志交談，時間短，話不多。我向他發問：『國民黨這麼頑固，爭取團結、民主、進步，辦得到嗎？』毛澤東回答說：『雪山草地都過來了，沒有爭取不到的事情！』這兩句話，給我增加了鬥爭

的信心和勇氣。他這次到重慶，我和許多同志都為他的安全擔心。他本人大智大勇，磊磊落落，為國為民，不計個人。參加座談後，我思緒萬千，寫了一篇《毛澤東，你是一顆大星》的頌詩，用何嘉的筆名，發表在 9 月 9 日的《新華日報》上。」

國共和談的大幕重新開啟，中國歷史的一個新時期開始了。

老校友共同完成新使命

1980 年代初，夏季的一天我走進北京三不老胡同，找到了那幢十分不起眼的樓房，那就是作家馮亦代（著名散文家、翻譯家，曾任三聯《讀書》副主編）的家。「聽風樓」是簡陋的新工房二層，又面向西北，北京秋冬季的風聲似乎就要穿透牆壁般的刺耳。所以馮老給自己書房起名「聽風樓」，寫了文章必定在末尾署上，自得其樂地做著「聽風樓」的樓主。馮老有一段話我印象非常深刻：「對家的觀念，我不但從小缺少，甚至有些討厭『家』這個字，安娜亦復如此。我們二人羨慕茨岡人的流浪生活，事實也的確如此。在我們的前半生，沒有一個世俗意義中的『家』，因為我們到處為家，隨遇而安。只有過了花甲，已無浪跡天涯的壯志，我們才真正安定下來。」馮老的這段話講得特別好，也勾勒出了戰亂之年他那一輩文化人的一種普遍性的生活狀態。郭沫若、茅盾、葉以群、徐遲等文化前輩大半輩子都沒有固定的住址。其實並不是他們喜歡流浪，而恰恰是國內的政治形勢迫使他們四處奔波，長途遷徙。一直到新中

國成立後才安定下來，有了一個固定的居所。

那次在聽風樓我還見到了馮亦代的夫人鄭安娜。夫人那時一隻眼睛已經失去了視力，卻仍在屋子裡和廚房中忙前忙後。他們拿出好幾本新出的翻譯作品簽了名送給我。那天我們正聊著天，就聽見門外有人叫二哥，進來的是黃宗江（編劇、作家、演員，表演藝術家黃宗英的哥哥）。他手裡提著幾隻粽子，說是夫人自己做的。和我們說了一會話，他一陣風似地吹進來，又一陣風似地走了。

黃宗江嘴裡的二哥可是有年頭了，也是從重慶時期開始許多人都這麼叫了。馮亦代在香港時就在文藝圈中得了一個雅號「二哥」，一直到後來黃宗英嫁給他，開口閉口的也叫他二哥。因為在那個極其動盪的歲月，許多進步文化人的生活顛沛流離，十分艱苦。在重慶時馮亦代在國民黨的金融機構中有份工作，經濟條件相對優渥。他是個熱心人，自己也喜歡戲劇電影，時常去劇院看戲，見到文化人有困難，十分樂意幫助。遇到應雲衛導演為拍戲經濟上周轉有困難，他就鼎力相助。遇到導演陳鯉庭和夫人名演員趙慧琛時有齟齬，他就從中調解。當時他在印刷廠有一棟兩層樓的宿舍，就經常接濟過路的窮學生和文藝工作者。到後來話劇界的金山、趙丹、黃宗江、黃宗英、藍馬和張瑞芳也都以二哥相稱。秦怡婚變時，離開陳天國去成都前就在馮亦代家裡商量，唐瑜和黃苗子也幫著出謀劃策，幫助秦怡脫離苦海。馮亦代素以莊子的「涸轍之魚，相濡以沫」為人生圭臬，樂此不疲。

1995年底我從美國回國去北京，打電話給馮老要去拜訪他。馮老和黃宗英新婚不久，接了電話說宗英正在休息，說要問問她什麼時候起來。緊接著馮老又說：你現在就來吧，她很快起

來了。

　　當我走進馮老在小西天被他稱為「七重天」的新家，我見到了這對合奏著世人關注的黃昏戀曲的老人。馮老的新居面積不大，兩房一廳的格局。小屋給保姆住了，大房裡放著一張大床，床邊靠窗的一角放著兩張書桌，書桌上堆滿了層層疊疊的書。書桌的區域佔據了臥室的四分之一。馮老的新居比起原先在新街口被他稱為「聽風樓」的舊居無疑品質好了許多。到了「七重天」新居，喜歡遠眺的馮老，每天可以站在朝南的窗前看明晃晃的天色和夜晚的燈火。

　　我們的交談就是在大床邊上四五平方米的區域展開。馮老一直坐在書桌前的靠背椅裡，慈眉善目，話語不多，卻時不時說出機智的言語。黃宗英從另一間屋出來。我就坐在他們的大床上聊起天來。談話的主角自然是黃宗英了。黃宗英說她一年前剛剛經過一場生死的考驗。那時她去了西藏雅魯藏布江大拐彎世界第一大峽一帶，為她的好朋友科學家徐鳳翔的科學「小木屋」做呼籲。在西藏，她發生了嚴重的高山反應。後來同行的人告訴她，在醫院裡她失去知覺長達兩天。

　　馮老就在一邊說：她在西藏發生的這些事都沒有人告訴我，等回到北京了才打電話讓我去接她，剛見到她的時候我都嚇了一大跳，因為我見到的宗英不是白裡透紅，而是臉上手上都發出藍色；而她原來十分明亮的雙眼也是灰暗得可憐，神情木然，不顯悲喜。原來以為就是普通的高山反應，休息幾天就可復原的。後來和她同去西藏的記者在《北京日報》寫了文章，我要了多次也不給我，我心裡起了疑慮。有一天我自己找到了報紙，才知道她在林芝解放軍一一五醫院曾經有兩天兩夜不省人事，原來她到了陰曹地府做了一番「二日遊」。馮老話說得很幽默，

話語中沒有責備，卻含著疼惜。

提起這些話題，黃宗英就像一個老小孩，低著頭偷偷的笑。

「我每天下午都去病室看望，她也彷彿一天天恢復過來。關於她自己的病，她只說過一句：『我大概喝過孟婆湯了，我見到你沒問您尊姓大名就算好了。』」

我問馮老，當初她要去西藏，你沒有阻止嗎？

馮老說：當時沒有人贊同她去的，連遠在紐約的老友董鼎山也馳書相勸，要我說服宗英不作此行。我回一信說這是宗英的一生大業。為了科學家的「小木屋」，她已經伴著徐鳳翔做了十五年的夢了，此番她要幫忙把徐教授的科學考察，畫上個圓圓的句號，我不想阻止她。因為我看她這位白髮蒼蒼的老人一早起來就看有關西藏的典籍，又做筆記，又做卡片，我實在不忍心對她說一個「不」字。

我們正說著，就見黃宗英從隔壁屋裡推出一隻帶輪的小桌，上面整整齊齊放著她的文稿。她解釋說：他是大作家，我是小作家，這是我的工作台，我就坐在這兒寫作。她說著自得其樂地坐在自己一尺多寬的小桌子前面給我看。

當我問她這段美麗的黃昏戀是如何開始的，她直率地說：前幾年，她曾經嘗試過寫自傳，可是她一開始回顧自己的坎坷人生，腦子就停不下來，永遠無法休息，後來她進了精神病院。在醫院裡她多麼渴望自己有一個伴在身邊，時時從精神上給自己以支持。她想到了被她稱作「二哥」的馮亦代，在醫院裡她寫信向「二哥」求婚。

馮老在一邊插話：「安娜走了以後，我的一個親戚要我找個能照顧我，會做飯的伴。後來聽說我和宗英結婚了，就生我的氣了。」

黃宗英又說：「我的一個朋友悄悄對我說，如果早知道他沒有大房子，就不要嫁給他。」

聽著他們像孩子一樣鬥嘴，我真有些忍俊不禁。「人生的路途中多波折並不可怕，只要結局圓滿就好了。」我說這樣的話也是真誠地表達了對兩老的祝福，看到他們在蝸居中其樂融融，我從心裡感到高興！

而對於黃宗英，馮老在他的情書中有自己的讀解和體會，「你是我所見的唯一的天才。天才與瘋狂本來是一根綫兩個面，不能嚴格分別，這是總難以分割，……有人說你處世瘋狂，而我看來卻是你的本色，天才就是這樣的，但是凡人就看不慣。我好不容易找到一個天才，豈能交臂失之。」

我拿出照相機要照相，黃宗英特別提醒我給他們倆各自工作時的情景留個影。她坐在自己的小桌前只要欠一欠身體，伸手就可以把一份稿子遞給坐在另一邊的馮老。多褊狹的空間，幾乎等於零的距離。我真實地拍下了這一幕。這一對藝高德劭的老人，在狹小的空間中，卻擁有著無限廣闊的世界。

給我印象特別深刻的是在馮老寫字桌上的書櫥裡，放著他們各自已經故去的另一半：馮老的夫人翻譯家安娜、黃宗英的丈夫電影表演藝術家趙丹。這兩家原來就是很好的朋友。每逢逝者的祭日，他們都會點上一柱香表達懷念之情。在他們略顯擁擠卻又和樂溫馨的小屋裡，彷彿兩具肉體卻攜帶著四個靈魂在共同地往前走。我也見過不少空曠的豪宅，缺的就是精神家園的充實。

馮老的書房，擁擠卻充實，每天馮老和黃宗英各據一方書桌，伏案耕耘著他們的精神家園。那段日子裡，馮老經年撰寫的「西書拾錦」定期發表在三聯書店出版的《讀書》雜誌，介

紹西方最新的文學作品。黃宗英自從搬入「七重天」，也是筆耕不停，出版了好幾本散文集。他們倆老送給我的書就各有好幾本。他們在扉頁寫上：小友存念！我也很榮幸曾有這樣一對老友！

那天我們聊到了許多父輩的朋友，聊到了徐遲。馮老說，徐遲近來心情不太好，頗沉迷於電腦，我勸他到北京來散散心。也聊到了當年的喬木（喬冠華），自然更多的說到以群和趙丹。兩人都簽了名送我他們新出的合集《命運的分號》。裡面的許多文章都是他們各自回憶趙丹和鄭安娜的。也看到了馮老詳細回憶香港和重慶的文字，記錄了他和葉以群、徐遲在重慶難忘的生活。

1940 年代，葉以群陪同茅盾尚還在香港時，馮亦代已先期從香港回到重慶。巧得很，他住的張家花園的那間房正是原先葉以群住的。他看見黑黝黝的牆上有人用指甲刻的葉以群的名字。牆上還有半幅鉛筆畫，聽人說是艾青醉醺醺時留下的未完成自畫像。

在香港的馮亦代通過友人介紹進了國民黨的中央信託局工作。1941 年馮亦代從香港來到重慶，擔任中央印刷廠的重慶印刷廠副廠長。這個印刷廠可非同小可，負責國民政府的錢幣印製。用馮亦代的話說，白天他要和重慶的魑魅魍魎打交道，上至中央銀行的經理，稽查處和刑警處的特務；下至地痞、流氓、袍哥、青紅幫、保甲長，處處都要燒香拜佛，才能維持印刷廠幾百人的生計。晚上則回到他熱愛的文藝圈，看書、看戲、看電影。有了鉛印設備，他就支持進步作家們成立了出版社，出版雜誌、抗戰書籍。

馮亦代管理的印刷廠為進步文化人提供了強有力的支持。許多具有進步色彩的刊物，其他印刷廠都不敢印，就通過馮亦代的工廠印刷。

郭沫若主編的《中原》，葉以群主編的《文哨》，胡風主編的《七月文叢》，都是在那兒印刷的。徐遲說「所以這個印刷廠是很值得記憶的，並應該給它和馮亦代都記上這麼一筆功勳的。」

馮亦代和葉以群是中學的校友，在高中讀書時就已相識。那時在杭州惠蘭中學，學校中有三個十分活躍從事文藝活動的學生，葉以群和馮亦代就是其中的兩人。馮亦代與葉以群在重慶的重逢是在 1942年，他們都在「皖南事變」以後去香港走了一圈，又都再回到重慶。馮亦代在其《命運的分號》一書中回憶道：「一次在黃家埡口中蘇文協的茶座上我和陳鯉庭同志在喝茶，突然進來一個人，是那樣熟悉的面孔。在座的不知哪一位給我們介紹，我們異口同聲說：『原來以群就是你！』『原來亦代是你！』我是開玩笑，因為我早已知道葉以群就是葉元燦；他卻是真的，因為他還不知道當年的小朋友，現在改了名字。他還是那副老樣子，胖乎乎，矮墩墩，只是手腕上多了塊傷疤，那是戴手銬引起皮肉潰爛的痕跡。在我看來，那正是他為無產階級革命事業獻身的紀念。多年的鬥爭生活，使他變得更沉著了。他對我淡淡一笑，使我想起西子湖邊的那個熱情的，比我大不了幾歲的年輕人，但是十幾年過去，他成了個鬥士，而我卻還在浪跡江湖，依舊是個徘徊歧途的人。」

馮亦代回憶道：「1929 年他（以群）高中畢業，我剛剛考入這個學校的高中。當時他和另外三個人在給杭州《國民新聞》報編一個週刊。引起我們這些初中剛畢業的人興趣的，是這個刊物的內容。那時國民黨 CC 派在杭州的控制十分嚴密，而看起來《國民新聞》的後台，也有神通廣大的地方，不但在新聞上和國民黨 CC 派的宣傳唱對台戲，特別在副刊上，他們也做了努力。就在這樣一個『夾縫』裡，以群和他的兩三個同學編了一個週刊，用巧妙而又有時十分晦澀的文詞，別具匠心地在宣傳馬列主義。只要那時稍稍關心左翼文化運動的人，從

他們的字裡行間，可以猜測到作者們談的是什麼東西。我是這個週刊的忠實讀者，所以嚴格講起來，以群可以說是我的啟蒙人之一。」

這些都是他們年輕時候的事，在重慶葉以群和馮亦代又在一起幹事了。那一年許多離開的重慶文化人又回來了，重慶的文化活動又活躍起來。這時葉以群在編刊物，建立出版社。馮亦代在管理國民黨的印刷廠。他們互相配合，資金不夠，可以賒賬。遇到國民黨書報檢查委員會的審查，他們又各顯其能，想出各種辦法越過障礙進行出版。葉以群就經常使用化整為零的辦法幫助沙汀和其他作家，先把被卡住的作品出版一些章節，等到時機成熟時再完整出版。

在緊密合作中，馮亦代逐漸加深了對葉以群的了解。他十分靈活，善於和各色人等打交道。葉以群雖然自己不說，可是馮亦代可以感覺到，他的一舉一動都是在為共產黨出生入死。他陪同茅盾撤離去香港，又再度回到重慶，這些活動後面都有一根清晰的紅綫。

馮亦代曾深情地寫道：「以群也是我步入文壇的引路人之一，那時我雖然在報紙上發表過一些短小的文章，但始終未在進步的文藝刊物上刊登過東西。他辦雜誌，我就把在香港時譯的海明威的以西班牙內戰時馬德里生活為題材的三篇小說《告發》、《蝴蝶和坦克》和《大戰前夕》重新修改，交以群辦的《文藝陣地》或《文哨》雜誌發表。以群和胡繩還鼓勵我為《新華日報》的副刊寫稿……我寫的第一篇劇評，稿成後先給以群看，他給了我不少鼓勵。我沒有考慮到署名的問題，但是他認為以我在國民黨金融機構工作，用原名在《新華日報》發表文章極不合適，於是我用了樓風這個筆名。」

馮亦代和喬木（喬冠華）是清華同學，是好朋友，在香港時就經常在一起舉行讀書會，交流信息，交流思想。馮亦代和徐遲也是無話不說的老朋友。到了重慶，喬木除了為《新華日報》寫國際述評，還在周恩來副主席領導的外事組工作，經常和龔澎在一起。龔澎是馮亦

代妻子安娜的同學，覺得他們情投意合，就極力撮合，促成了這段姻緣。周恩來也十分贊成。

馮亦代記得抗戰即將勝利時，葉以群又有了新的使命。「1944 年，大概春夏之交，他來找我說有件事要我考慮。原來他得到黨的指示，要在重慶成立一個機構，向國內外中文報刊發播解放區文藝作家的作品，備這些報刊選用。」葉以群告訴馮亦代，做這件事要冒點風險，國民黨方面隨時可能加上罪名。馮亦代覺得這是黨交給的任務立即答應了。於是中外文藝聯絡社成立，由茅盾任社長，葉以群任總編輯，馮亦代任經理。盛舜、李少芳參加工作。此時的文藝聯絡社，和之前在香港成立的文藝通訊社是一樣的功能。而葉以群找到馮亦代來擔任經理，就是委託他具名向國民黨社會局提出申請。於是馮亦代通過當時重慶市長兼重慶防空司令賀耀祖的夫人倪斐君的幫助，得到了批准。倪斐君曾和馮亦代一道協助陶行知籌備建立起難童學校，推行勞動教育。還有一件事一定要說一下。1938 年 12 月，周恩來和鄧穎超剛到重慶，找不到適當住所。倪斐君聽到消息後，與曾家岩五十號房主磋商，將一、三樓房間騰出，租給周恩來和鄧大姐居住。當時倪斐君擔任團長的「難民婦女服務團」同住一幢樓內。她運用賀耀祖夫人的身份做了許多掩護工作，使得國民黨特務不敢膽大妄為。文聯社開辦時的一部分經費，是由孫夫人宋慶齡資助的。在不足三年的時間裡，文聯社推送了千百萬字的解放區作家的作品給海內外的報刊。

那時在重慶，國共的關係還沒有撕破臉，年輕人中一些以前做過同學，做過同事，可是這時因為對於時局和國家前途的不同看法有了分歧，時有爭論，但是到了要辦事，還是存在明顯的人情觀念。許多看似違禁的事，最後都是通過熟人關係通融了。而以群和馮亦代特別能夠在其中如魚得水。他們這對老同學共同揭開了文聯社的序幕，倆人都有一種本事，長袖善舞，把不可能變為可能。

和談最終以破裂告終。和談一破裂，陪都的氣氛又進一步地惡化。隨著日本戰敗後全國各省市的光復，進步的文化人面臨新的轉移。他們要像種子一樣撒向北京、上海等重要的大城市，去佔領全國輿論的高地。周恩來又一次找葉以群談話，希望他能到上海去進行地下鬥爭。於是，茅盾、葉以群、馮亦代都去了上海，把文聯社的運作一起搬去。

1982 年春天，我在大學的郵箱裡收到了來自中共中央宣傳部的一封信，打開來原來是周揚的來信。他收到了我寄給他的即將出版的《以群文藝論文集》目錄。在給我的來信中他深情地寫到：「我回顧早年和他共事的艱苦歲月，想到他最後竟含恨以終，真是感慨萬千，不勝痛惜。但真理和正義是永在的，他一生為革命文藝事業辛勤勞動的功績也將永遠被後人所記憶。」

周揚所說的早年和您共事的艱苦歲月，無疑就是 1930 年代在上海「左聯」時期。起初周揚是黨團書記兼組織部長，後來您接任了組織部長。上海如同您的第二故鄉，那裡有太多的記憶。您在那裡加入剛剛起步的「左聯」；在南京路的大三元酒家裡，您和丁玲、田漢一起參加了共產黨；您在那裡結識了馮雪峰、周揚、夏衍和于伶；您也在革命遭遇挫折時去過魯迅的家向他求救……所有這些記憶中的每一件都是刻骨銘心的，不管您走到天涯海角，那些經歷都永遠伴隨著您。

抗戰勝利後，大批文化人離開了重慶回到上海。許多人都知道上海市民的勢利眼，從重慶回上海的文化人一改以前的窮酸樣，都穿上了西裝。葉以群自日本回來後就喜歡穿西裝，一直以來就如此。

1946年3月，老舍接受美國國務院邀請，赴美講學。他從上海出發，剛從重慶回到上海的胡風、葉以群、馮雪峰、姚蓬子一起到匯山碼頭去送他。老舍和葉以群等都離開了重慶，抗戰文協自然也遷到上海。葉以群在派克路（今黃河路）上頂了三層樓的房子，既做「文協」的辦公室，也為他主持的出版社做準備。葉以群與胡風在重慶時，因為文藝觀點不同，打過筆仗，但是平日還是可以喝茶聊天的。到了上海，胡風記得「現在以群既有錢，也有本事」，還送了兩張梅蘭芳《鳳還巢》的戲票給他。看戲那天全部客滿，他們坐的還是前排。那齣戲的劇情很簡單，可是卻久演不衰，可能是敘述了戰亂中的悲歡離合，最後是弱女子勝利，非常符合戰後人民的心理要求。

葉以群自從1938年離開上海，已經過去整整八年了。放下行裝，未及涮洗，他就到街上溜達，熟悉的街道，卻又陌生的變化，使他浮想聯翩。對於上海，他實在是太熟悉了，他一生中幾個重要的事件都是在這裡發生的。

夏衍（著名文學、電影、戲劇作家和社會活動家，中國左翼電影運動的開拓者、組織者和領導者之一）在回憶錄《懶尋舊夢錄》中記述道：「（《文藝新聞》）這份刊物出版於1931年3月16日。（創辦人）袁殊是湖北人，留日時間不長，但日語講得不錯，他在上海有一些特殊的社會關係，表面上又沒有什麼左派色彩，所以這張以『客觀報道』為標榜的四開小報（週刊），居然能在白色恐怖最嚴重的時期，在上海出版，並很快地就成了左翼的外圍刊物。我認識袁殊是馮雪峰介紹的，……和我一起到《文藝新聞》去工作的還有樓適夷、葉以群等。」

葉以群與夏衍在上海「左聯」時期就非常熟悉。在朋友的眼中，

年輕時的夏衍很機敏，左翼搞飛行集會，參加時他不和別人站在一起，看到有巡捕來了，就站在櫥窗前做欣賞狀。他思維敏捷異常，個性很細密。1984 年 6 月，我在電影金雞獎、百花獎於濟南舉行頒獎儀式時對夏衍進行了獨家專訪。那天在他下榻的酒店裡我見到了這位前輩，他穿著一雙高幫的皮鞋，其中有一隻的鞋底特別厚，以彌補傷殘的腳。那一幕給我留下極深的印象。還有就是他思維的敏捷，我的每一個問題提出後，他都可以滔滔不絕地說出精彩的回答。他瘦削的兩頰凹陷進去，可是眼睛仍然閃爍著銳利的光芒。

當年《文藝新聞》的戰時特刊《烽火》還發表過魯迅、瞿秋白以筆名寫的文章。這份共出了六十期的小型文藝週刊成為當時惟一能夠公開出版的進步文學刊物。馮雪峰、樓適夷、夏衍、葉以群、林煥平等都參加過《文藝新聞》編輯工作。由於始終堅持服務讀者，聯繫讀者的辦刊方針，且自辦發行網絡，曾經風行一時，銷數竟達八千份。那時在編輯室裡，常常去的除了發行人袁殊，就是夏衍、樓適夷和葉以群。袁殊也不是平凡之人，二十世紀三四十年代，他活躍於上海文化界、政界，身兼中共、中統、軍統、日偽、青紅幫五重身份；特工身份活動期間，曾提供德蘇開戰部署及日軍二戰期間的準確戰略情報。葉以群和袁殊的聯繫也就是老闆和編輯的關係吧。不過那時袁殊翻譯出版過日本左翼劇作家村山知義的一個劇本，還是葉以群為他寫的序言。

在熟悉又陌生的街上走著，葉以群又往距離不遠的大陸新邨方向去。走過北四川路時，他放慢了腳步，他熟悉這裡的一街一巷，那段傷心的日子他一輩子也不會忘記。1934 年，某位「左聯」盟員被捕後在報上發表宣言，說是葉以群介紹他加入了「左聯」，公開了以群的身份。報上的宣言給以群的社會活動造成極度的不便。可是不幾天，這位盟員又散佈了謠言，說葉以群已經變節自首。與以群聯繫的上級

組織聽到這則消息，立即斷絕了與他的聯繫。就此，葉以群陷入了精神和生活的雙重困境。為了尋找組織的聯繫，葉以群叩開了大陸新村魯迅寓所的門，他想請魯迅先生代他轉一下關係，使之與組織接上頭，並且想向先生借些錢。

魯迅先生（著名文學家、思想家、革命家、教育家，新文化運動的重要參與者，中國現代文學的奠基人之一）似乎見多了孤獨中求救的青年，立刻說：我這裡只有十塊錢，你先拿去用一下。我現在也剛剛弄得沒有錢，遲兩天，可以再想些辦法。

十塊錢已經很夠了。其實葉以群最多也只希望借到十塊錢，可是一聽魯迅自己的窘迫狀況，又遲疑道：先生，您自己呢？

我不要緊，我會有辦法的。魯迅堅決地說。

葉以群拿了錢就要走，魯迅又叫住他說道：送本書給你，雖不能當飯吃，但很可以看看。他說著，一面解開一個包袱，拿出一本用日本式的黃色硬紙套裝幀的書，封面上印著幾行俄文，三個直排的中文字寫著「引玉集」。那是魯迅選編的第一本蘇聯版畫集。

葉以群接過書，打開翻了一翻就想走。魯迅又急忙把書拿過去，在扉頁上寫上：元燦兄留念。然後整整齊齊地包好，套上橡皮筋才重新交給以群。元燦就是以群當年的名字。

葉以群曾經多次拜訪過魯迅先生。他還記得有一次魯迅坐在書房裡半舊的圓椅上，一面吸著煙，一面不停地講著和他關涉的一些文人的故事。說到自己常常被人罵的事，魯迅說：「被罵，我是不怕的，只要罵得有道理，我一定心服。然而，總以罵得無道理的居多，譬如現在常常有人罵我是『諷刺家』，其實我說的並不是什麼『諷刺』，倒都是老老實實的真話。平常應酬場中，問到別人的姓名籍貫，總是『貴姓大名』，『府上哪裡』；你說了姓名，別人不管有沒有聽見過，總是『久仰久仰』，你的出生地不管是怎樣冷僻的鄉村角落，人家總是『大

地方大地方』，大家都認為老實話，其實這明明是『諷刺』。真的『諷刺』，不稱『諷刺』，於是老實話反變成『諷刺』了！」魯迅毫無倦意地滔滔說著，每一段話都像一篇經過深思的文章，但在他說來，卻又是毫不費思索的。

1932 年底，葉以群陪同魯迅去「美聯」陣地野風畫會的一次公開演講活動，「因為那畫會是我熟悉的，所以約定由我陪魯迅先生去。到那畫會要經過一條冷僻的路，那裡沒有電車，也沒有公共汽車。陪他走出門之後，我很感到一點躊躇，難道讓他走去嗎？我只好說：乘人力車去吧。可是先生卻反問，你走不動嗎？隨後他們就步行前往，沒想到先生的腳步還是挺輕捷的。」（以群《憶魯迅先生》）

在夏衍的回憶中特別提到身為「左聯」行政書記的徐懋庸。徐懋庸 1936 年 8 月給魯迅的公開信，在信中罵了黃源和胡風，並批評了魯迅。夏衍回憶道：於是「我去找沙汀、以群，後來又找周揚、章漢夫，大家都有和我同樣的看法，認為這是一種不顧大局的、莽撞的行動。周揚告訴我『左聯』已經開過一次擴大會，批評了徐懋庸，但他不僅不聽，而且還堅決要寫公開信答覆魯迅。這使我更生氣了，決定單獨找他談話。」夏衍記得與徐懋庸的談話不歡而散，因為徐懋庸非常堅持自己的意見。

徐懋庸與魯迅相熟，當年他才二十五歲，善於寫雜文，因風格酷似魯迅而以「雜文家」出名。魯迅起初對他也非常賞識，1935 年徐懋庸出版《打雜集》，魯迅為之作序。顯然，徐懋庸的信激怒了魯迅先生。魯迅先生那時已經病重，可是這封信卻不得不回覆。後來署名魯迅的著名的《答徐懋庸並關於抗日統一戰線的問題》是魯迅授意，馮雪峰擬稿，經魯迅修改補寫而成的。而據以群的回憶，魯迅在文中所舉兩例：「我又看自己以外的事：有一個青年，不是被指為『內奸』，因而所有朋友都和他隔離，終於在街上流浪，無處可歸，遂被捕去，

受了毒刑的麼？又有一個青年，也同樣的被誣為『內奸』，然而不是因為參加了英勇的戰鬥，現在坐在蘇州獄中，死活不知麼？……」其中所說的後者就是以群的經歷。

離開「左聯」後，徐懋庸去了延安，還向毛澤東解釋了在上海與魯迅的爭議，並獲得了理解。

近期我在網上偶然看到了魯迅先生當年送給父親葉以群的《引玉集》的照片。那本書歷經歲月，流落人間，最近出現在拍賣行的網站上，標價數十萬元。扉頁上有魯迅的字跡：元燦兄留念。魯迅在後記的尾部簽了名。當時這部書由三閒書店印製了三百冊，其中五十冊是精裝本非賣品。魯迅送給葉以群的是精裝本。

委派記者去
接觸張愛玲

讀前輩的故事，也常讓我感慨人生的多變和無常。文化前輩們在他們年輕的歲月中都是四海為家，很難做到常居一地。顛沛流離、頻繁遷徙，似乎是他們中許多人的宿命。在那個年代，他們為了進步的文化事業把個人的安逸置之腦後，特別是有家室和孩子的面對動盪的生活更是不易，無可避免地經歷著分離和守望。還有令我感慨的是，時代變遷說慢也慢，但快起來也是猝不及防。張愛玲說：出名要趁早。她在 1947 年推出的兩部電影取得了轟動的社會效應，大好前程似乎就在前面。可是僅僅兩年之後，她的電影文學路在上海就遇到了掙脫不出的瓶頸，那個坎再也無法逾越。歷史發展對個人命運顯然具有無法避免的制約和影響。

離開七年重新回來，上海已經今非昔比了。抗戰結束，國民政府從日本人手裡收回了上海，包括各國租界。可是當時的城市裡人口暴增，以一年五十萬的速度迅速充斥這個無序的城市，上海變得比以往任何時候都更骯髒嘈雜，充滿了犯罪。市面上交通混亂，高級轎車、

吉普、人力車、腳踏車，還有大貨車，把鬧市區的道路擠得水泄不通。勞工矛盾十分尖銳，大大小小的罷工層出不窮。消防員、電車司機，工廠工人都在罷工。市長疲於奔命，按下葫蘆浮起瓢，顧了這頭就顧不了那頭。市民中還有十萬煙鬼大軍，為了吸鴉片什麼事都做得出，甚至是把親生孩子賣了。加上政局不安定。國共和談已到了最後階段，矛盾越來越激烈，國民黨當局對共產黨加大了圍剿力度，葉以群自覺工作非常艱難。那兩年他晚上時常夜不能寐，聽到街上警車和其他奇怪的動靜，即刻就會起床去觀察。如同驚弓之鳥，時時在緊張中過日子。自 1945 年 10 月回到上海，到 1947 年 11 月又離開去香港，不過兩年時間卻是他生活最忙、工作最繁雜的時間。

1946 年 1 月開始，茅盾、以群聯合主編文聯社的機關刊物《文聯》半月刊。葉以群還主持「新群出版社」，出版了茅盾、劉白羽、沙汀等人和蘇聯作家的作品。此外，葉以群應柯靈之邀為《文匯報》編輯副刊「世紀風」。

1946 年 10 月，葉以群為安排「全國文協理事會」舉行的「魯迅先生逝世十周年紀念會」，四處奔走，先是聯繫周信芳的黃金戲院不成，後來落實了拉斐戲院。周恩來將出現並講話一項議程預先已經安排好，但為了防患於未然，起初秘而不宣。開會之日，參加的群眾非常踴躍，郭沫若、沈鈞儒、茅盾都到會作了演講。會到中途，周恩來突然來到，以群一直在門口迎候。周恩來進入會場後，即席發表演說，他在演說中分析了時局，說明國共內戰終將被和平取代的決心。做了簡短的講話後他就離開了。當國民黨特務聞訊趕來，會已經散了。

1946 年 12 月 5 日，茅盾應邀出訪蘇聯。在外灘的江海關碼頭，郭沫若夫婦、葉聖陶、葉以群、葛一虹等和蘇聯總領事哈林、塔斯社分社社長羅果夫等把茅盾夫婦送上停在黃浦江中的「斯摩爾納號」輪船。

1947 年 3 月上海思南路中共代表團辦事處撤退。周恩來臨走時交付葉以群二千美金，要他設法出版一本解放區的木刻精印本。當時正遇到物價飛漲，紙張和印刷費都飈升。葉以群又想了不少辦法，終於在 5 月將解放區的木刻精印本印成，以《北方木刻》名出版。

　　不久，夏衍、馮乃超先後離滬去港，上海建立了由潘梓年、胡繩、黎澍、葉以群、秋江五人組成的文化工作核心小組。葉以群通過常年擔任宋慶齡的秘書，負責宋慶齡與中共聯絡的廖仲愷女兒廖夢醒的關係，一起組織過由宋慶齡掛帥的中國福利會捐款園遊晚會。郭沫若、茅盾都是晚會的籌備委員。他們籌到了不少錢，幫助一些進步文藝團體解決了困難。

　　作為一個成熟的左翼作家，葉以群辦刊物組織出版社，抗日救國是他加入抗戰文協以後一直堅持的理念。可是他的文藝觀念始終是開放包容的。尤其是到了上海，他考慮的方方面面更為多樣性。原以為他的目光始終聚焦左翼的作家朋友，不管他們是在上海、重慶，或是解放區，他都竭盡全力地為他們作品的出版，為他們的生計考慮。書出版了，文章發表了，就可以拿到稿費，生活才有了依賴。沒有想到張愛玲也曾經在他考慮聯繫的作家名單中。直到看到老報人邵瓊的一則回憶。

　　抗戰勝利後報人邵瓊離開重慶《民主報》，應邀加盟上海《世界晨報》。當時剛剛復刊的這張報紙，由馮亦代、姚蘇鳳主編。而在此之前 1945 年夏已成立了文聯社。社長茅盾，總編輯葉以群，總經理馮亦代。抗戰勝利後，他們三位全都回到了上海。邵瓊到了上海，來接她的是重慶時的老朋友葉以群。我彷彿又看見了穿著淺色的西裝的以群去和邵瓊見面。見到以群，邵瓊明白了，能來《世界晨報》，全靠以群的推薦。葉以群和馮亦代不僅是老朋友，而且都是文聯社的負責人。就是那次見面，邵瓊接受了葉以群交代的任務，要她去接觸張愛玲。

邵瓊通過各種關係獲得了接近張愛玲的機會。第一次見到張愛玲是一天下午，兩位朋友帶著邵瓊去南京路上的新雅粵菜館喝下午茶，「在幽雅的小包房內，她們和張愛玲寒暄後，喝著茶，聊著天，無外乎家長里短，吃喝玩樂之類。我當然帶著任務而去，悄悄觀察張愛玲，見其像一個時髦女郎，一套淡粉色綴花旗袍，長髮呈波浪式披著，待人有點冷淡，有點矜持，或者說她過分清高了。」這是張愛玲給邵瓊最初的印象，難免有些話不投機。這天回家後，邵瓊向葉以群作了彙報。這樣的下午茶去多了，邵瓊也心生厭煩，沒多大興趣了。而葉以群總是耐心開導她，說了解張愛玲，也是文化工作之一，做好了，可爭取她站到我們這邊。

　　又有一次聚會，張愛玲在閒聊中，竟情不自禁地哼唱起「好花不常開，好景不常在」的小調來。這是抗戰電影《孤島天堂》中的插曲《何日君再來》，張愛玲唱得悽楚而無奈。邵瓊最終也未能完成葉以群安排的任務，此事就不了了之。

　　在電影導演桑弧的遺物中，有一張柯靈和漫畫家丁聰的合影，攝於上海魏家花園，有意思的是照片後景中張愛玲正與馮亦代交談甚歡。據說這是文華影業公司舉辦活動。當時柯靈受聘擔任簽約編劇，丁聰經常繪製電影相關的海報。張愛玲的兩部電影《不了情》、《太太萬歲》都是文華出品，桑弧導演的。但張愛玲的個性不喜歡交際，也很少參加大場面的活動。據說這次難得出現在公司的派對上，也是桑弧說要介紹她與馮亦代認識，張愛玲才來了。馮亦代是英美文學的翻譯家，翻譯過毛姆的作品；張愛玲在香港大學文學院讀的是英美文學，還是毛姆的粉絲，所以兩人的話題中肯定有毛姆。（張偉：《桑弧遺物中幾幀圖像的釋讀》）兩人談到毛姆，自然特別投緣。也許馮亦代不僅僅會和張愛玲談毛姆，他還身兼著文藝聯絡社的總經理，自然一定會向張愛玲介紹自己任職的這個機構，看來團結張愛玲的工作，要靠馮亦

代出面完成了。可惜的是，他們見面時是 1947 年 10 月 20 日，沒過多久，11 月上海白色恐怖日益嚴重，葉以群遵照周恩來的安排陪同郭沫若撤退去了香港。文聯社的主要負責人都離開了上海，自然前面的故事就沒有了下文。

在上海那段日子，柯靈把張愛玲介紹給桑弧，桑弧又把張愛玲介紹給馮亦代。所以才有了馮亦代後來去美國訪問時要見張愛玲的事。張愛玲晚年選擇幽居避世，不論在美國，或是來自中國的客人，她都拒絕見面。不過曾經有一次例外，1980 年代初，馮亦代到洛杉磯訪問，想去看望張愛玲，託熟人向她聯繫。張愛玲表示同意見面。可是，張愛玲的答覆總是「遲覆為歉」，待馮先生得到通知時，人已經離開洛杉磯了。後來，馮亦代提到此事，感到萬分惋惜。

在歷史的長河中個人的生命何其短暫，即便風華絕代也是驚鴻一瞥。可是在人生七八十年中，每一日每一週的時鐘滴答，一年由五十二萬五千六百分鐘組成。我卻發現當這些前輩作家臨近人生的晚年，對於幾十年前的往事依然會那麼上心。

1980 年代中期，柯靈在上海寫了一篇文章《遙寄張愛玲》，向在太平洋彼岸的張愛玲致以良好的祝願，親切的問候。已逾七十古稀的老人回憶起 1943 年初次見到張愛玲的情景仍晃若昨日的經歷，記憶猶新。

「那大概是七月裡的一天，張愛玲穿著絲質碎花旗袍，色澤淡雅，也就是當時上海小姐普通的裝束，肋下夾著一個報紙包，說有一篇稿子要我看一看，那就是隨後發表在《萬象》上的小說《心經》，還附有她手繪的插圖。會見和談話很簡短，卻很愉快。」

當時柯靈在上海編輯《萬象》雜誌。雜誌的編輯部設在在福州路晝錦里附近的一個小弄堂裡，一座雙開間石庫門住宅，樓下是店堂，編輯室設在樓上廂房裡。當時上海的文化，相當一部分就是在這類屋

檐下產生的。而就在這間家庭式的廂房裡，他榮幸地接見了這位初露鋒芒的女作家。後來他們又多次見面，歲月已經過去了幾十年，柯靈仍然清清楚楚地記得每次張愛玲不同的服飾，甚至是細節。

上海「孤島」時期，「張愛玲已經成為上海的新聞人物，自己設計服裝，表現出她驚世駭俗的勇氣，那天穿的，就是一襲擬古式齊膝的夾襖，超級的寬身大袖，水紅綢子，用特別寬的黑緞鑲邊，右襟下有一朵舒捲的雲頭——也許是如意。長袍短套，罩在旗袍外面。」

用今天的話來講，柯靈曾經對張愛玲有知遇之恩，張愛玲於 1943 年寫成小說《傾城之戀》，翌年秋改編為四幕八場的現代話劇，請柯靈提意見。後來柯靈還為劇本上演，在多家劇團間奔走了一番。這台戲後來在新光大戲院上演了，導演是當年上海的四大導演之一朱端鈞。這齣戲連演八十場，場場爆滿，盛況空前。

柯靈的文章裡提到的朱端鈞建國後是上海戲劇學院的副院長。他堪稱中國話劇的開拓者，一生執導了九十多部話劇，其中包括了他所經歷的年代中中國所有著名劇作家的作品。我還記得 1976 年北京舉行毛澤東主席遺體告別儀式時，因為我家有一台九英寸的凱歌黑白電視機，住在樓下的朱端鈞上樓來看電視，邂逅了特地步行了二十分鐘也來看電視的柯靈。兩位老熟人只是簡單地點點頭，整整兩個多小時連些許的寒暄都沒有。當時兩人都從牛棚裡放出來不久，尚未獲得平反，還都是戴罪之身，恐怕不便多言。

朱端鈞住在枕流公寓的一樓，他家的陽台上種了不少盆景，時常看見他在陽台上澆花，有時又通過陽台到公寓的大花園裡散步。作為一位中國戲劇界著名的導演，朱端鈞性格內斂溫和。他行走不便，有一次我陪他去公寓對面的上海戲劇學院劇場看學生的演出，他拄著拐杖，說話輕聲細語，頗具仙風道骨。博學的他守護著一個傳統的婚姻，他的伴侶是一位不識字的傳統中國婦女，為他養育多個兒女。我還記

得朱端鈞的死那麼令人措手不及，1978年秋天，文革結束才兩年，他在戲劇學院排練場裡，為上戲表演系的教師執導復排話劇《雷雨》。排完戲演員們尚未離開，他率先走出排練場，突然倒地。送到醫院終告不治，他死於心血管破裂。那時他已七十高齡，《雷雨》是他文革後復出排的第一齣戲。他曾說：「今後我死也要死在排演場。」最終他如願以償。

在《小團圓》中，張愛玲曾經描寫了這樣一個場景：邵之雍（以胡蘭成為原型）過境上海，到九莉家去，坐到客廳裡，正巧燕山打電話來，九莉裝作若無其事地去接，不想讓之雍知道她同燕山的事。張愛玲這樣寫九莉當時的心情：「她頓時耳邊轟隆轟隆，像兩簇星球擦身而過的大的噪音。她的兩個世界要相撞了。」小說中的九莉一個人沉在兩個情感世界中，左右為難。而燕山據說是以電影導演桑弧為原型。其實生活中桑弧認識張愛玲時，抗戰已經結束，胡蘭成已經避難去了溫州。所以小說中描寫的場景是作者戲劇化的文學表現，真實的張愛玲見到桑弧的時候，前面那一顆曾經火熱的星球已經遠去，熱度已經消退。

1946年8月柯靈把桑弧介紹給張愛玲，如果說柯靈是知遇，那麼桑弧就更是名符其實的推手了。抗戰勝利後，胡蘭成背著漢奸的罪名逃到溫州避難，張愛玲也受牽連。在當時的上海，輿論對張愛玲很不利，她被一些左翼文人視為文化漢奸的眷屬，處境艱難。在無奈的沉寂中，桑弧邀請她改編作品，無疑重新點燃了張愛玲的創作慾望。

張愛玲與桑弧合作的第一部電影是《不了情》。張愛玲只用了兩個月就寫完了。影片上映後轟動一時。桑弧趁熱打鐵，又讓張愛玲寫了部劇本《太太萬歲》。電影上映後也十分受歡迎。兩部成功的電影，把張愛玲的影響力從文學領域，擴展到更大的範圍。這兩次成功的合作大為改觀了張愛玲在都市文化氛圍中的窘境，也改善了她的經濟生

活。桑弧珍藏著幾幅張愛玲攝於上海愛丁頓公寓的照片，估計是桑弧拍攝的，其中有的在臥房中、有的在陽台上，照片都是近景，張愛玲也是素顏出鏡，由此可見張愛玲對於拍攝者的信賴，關係親近可見一斑。那時他們正在合作第二部電影《太太萬歲》。他們在創作中建立的友誼，後來曾發展成愛情。可惜好景不長，由於個性和家庭的原因他們沒有走到一起。

柯靈還記得，1950 年上海召開第一次文學藝術界代表大會，張愛玲應邀出席。「季節是夏天，會場在一個電影院裡，記不清是不是有冷氣，她坐在後排，旗袍外面罩了件網眼的白絨緶衫，使人想起她引用過的蘇東坡詞句，『高處不勝寒』。」張愛玲的旗袍顯然留給柯靈極深的印象。如今她留給觀眾的深刻印象，不也就是一個裹挾在旗袍中的多情善感的上海女子嗎？

新中國成立後，時任上海市委宣傳部部長的夏衍曾經想邀請張愛玲到他領導的上海電影劇本創作所當編劇，但因為有人反對而擱置。其實，不論是抗戰後期的葉以群，還是解放後的夏衍，他們都沒有戴上有色眼鏡去看張愛玲，他們珍惜她的文學才華，希望看到她寫出更多的精彩篇章。不過對於張愛玲來說，去亦難，留亦難。擅長於描寫上海公寓中家長里短，男男女女的張愛玲，要改變風格，去描寫新中國的工農兵生活談何容易，除非她真的得了孫悟空的變身法寶，能夠脫胎換骨。1950 年以後張愛玲參加了上海文藝代表團到蘇北農村參加土改兩個月時間，最終也無法寫出「歌頌土改」的作品。

後來沒多久，張愛玲就去了香港，後又去美國。似乎上海是她創作的源泉，她成名於上海「孤島」時期，那是一個畸形的城市環境和文化氛圍。她在那裡如魚得水，揮灑自如。可是離開了上海，她的作品少了；再後來去了美國，先是嘗試翻譯中國清代文學作品和文學研究，後來又嘗試英文寫作，但是一直不順利，無奈之下再回到中文寫

作，即便有也盡失往日的光彩。就像一朵被拔離沃土的燦爛玫瑰，漸漸凋謝。

她在上海的幾位合作者柯靈、桑弧和朱端鈞等，在文革年代經歷了煉獄般的磨難，幸存下來，晚年亦老樹發華枝，創作出名篇佳作。在自己熱愛的事業中，他們算是完成了人生的謝幕。

導演桑弧，解放後在上海電影製片廠做導演，擅長拍攝文學作品改編的作品，文革前他曾拍攝過根據魯迅小說改編的《祝福》，以及戲曲藝術片《梁山伯與祝英台》。他的電影作品在中國電影史上形成了自己獨特的美學風格。文革後，他還拍攝了根據茅盾著名小說改編的《子夜》。影片拍攝時為了幫助年輕的演員熟悉了解十里洋場上海的歷史習俗，桑弧特地請來了老演員孫景路到場為年輕演員輔導。那時我還在上大學，通過上影廠老廠長、劇作家于伶的介紹，帶著同學去攝影棚參觀。我看見溫文而雅的桑弧導演坐在現場，神清氣定，安安靜靜地指揮著拍攝，顯出了著名導演的獨特風采。那天拍攝的是上海證券交易所裡股市狂瀉的一幕，只聽得副導演一聲令下，攝影棚裡的股民一個個像吃了興奮劑似地躁動起來，狂嘯不已。不過《子夜》並沒有像《祝福》那麼成功，當時男主角挑選了擅演農民和共產黨幹部的著名演員李仁堂，出演上海的民族資本家吳蓀甫，遺憾的是這一選擇沒有獲得廣大觀眾的認同。

「文革」以後，柯靈在散文的寫作上達到了新的高峰。他以精雕細琢的態度來鍛文煉句，文字精緻清雅，幾乎每寫一個句子，都有千錘百煉之功。他自稱文字生涯為「煮字」為「墨磨人」。他把寫好一篇文章當作生命中最重要的事情。他起草文章後會在案頭上放上一段不短的時間，然後反覆地琢磨。年輕時我曾聽過他的諄諄教誨：「寫文章要厚積薄發，泛泛而寫不好。」柯靈的家住在上海西區復興西路上的一棟西式小洋樓裡，門前寬闊的街道上長著遮天閉日的法國梧桐樹。

柯靈時常會在苦思冥想的時候，走出家門，在幽靜的路上躑躅躞步。晚年的柯靈，也曾有過宏大的構想，希望創作一部關於上海百年的歷史小說，也寫作和發表過一些章節，但最終未能完成。但他寫了不少回憶往事的文章，《遙寄張愛玲》是其中著名的一篇。

柯靈的文章恐怕張愛玲並沒有看到，因此他傳出去的問候未能環繞地球連接成一個圓滿的循環，張愛玲那方面沒有反應。晚年的張愛玲獨居在洛杉磯西木區的公寓裡，1995 年逝世後數日才被人發現，走得十分孤單。她留下遺囑請友人將她的骨灰撒在太平洋中。人生時常呈現滑稽的結局，若是張愛玲當年留在大陸，經歷頻繁的政治運動，就衝著她和胡蘭成曾經的戀情，恐怕也是凶多吉少。

20 世紀 80 年代末，我就職上影文學部劇本策劃，曾有一位年輕編劇和我商議改編拍攝張愛玲的作品，可是後來也未能實現。如果當時我們的前輩柯靈、桑弧聽到這樣的建議，恐會覺得是時光倒流。到了九十年代年，張愛玲的作品真正地在華人的世界裡輝煌地凱旋了。

交給鳳子的任務

記得 20 世紀 80 年代中期我有一次去北京組稿，拜訪了鳳子女士（著名的話劇藝術家，曾任中國戲劇家協會《劇本》月刊主編）。鳳子的家在胡同巷子裡，七繞八拐地才找到。門臉不大，走進裡面卻是一方書香天地。鳳子最為人津津樂道的是她曾擔任了曹禺四大名劇《雷雨》、《日出》、《原野》、《北京人》中的女主角的首位扮演者，在中國話劇史上留下了不可磨滅的功績。她素以美麗知性著稱。那天還見到她的先生沙博理（Sidrey Shapiro），是一位外文出版局的翻譯家，是建國後第一批加入中國國籍的美國人。我前去訪問鳳子是因為讀到她在《新文學史料》寫的兩篇文章《〈海天〉的天地在哪裡？——回憶葉以群同志片段之一》、《〈人世間〉的前前後後——回憶葉以群同志片段之二》。文章回顧的正是當時在上海時，您要她把兩個舊刊物的刊號拿過來為我所用的往事。

鳳子說：「這是黨交給我們的任務。當時我們黨就需要以群這樣的同志，他在文藝界的接觸很廣泛，三教九流他都接觸，為了進步作

家的作品和刊物，他充分地發揮了自己的社交能力，為大家解決了很多問題。許多別人解決不了的困難，都願意找他，他都會設法幫助你解決。」

「難怪到了和平時期，他還是始終養成了每天工作十幾小時的習慣。他平時應該也不多言辭吧？」我問。

「不多說話，但是說話就是要點。他在大家眼中是一個非常值得信賴的人。張穎和他在重慶接觸那麼多，這點印象特別深刻。也難怪最後周恩來指示由他安排護送郭沫若和茅盾撤離重慶，撤離上海。」

「他親自陪同他們撤離嗎？」

「不僅僅是陪同，而且行前要找車船票，去了住什麼地方，由誰接應。是一整套十分細緻的安排，黨組織只是負責提供經費。反正我記得香港淪陷後茅盾撤離香港是他陪同的，1947年郭沫若從上海撤離去香港也是他陪同的。」

鳳子說，她原來的主要工作都在戲劇表演方面，與以群相熟卻從來沒有合作的機會。那一年在上海她參與編輯了兩個副刊都是以群來找的她，並且在副刊的編輯方面始終給她有力的支持。當時大家都剛剛從重慶來到上海，忙著安定下來確定自己的位置，辦雜誌，搞出版社，組劇團演出。可是那時上海的政治經濟情況越來越糟，做事非常不容易。鳳子提到了兩本雜誌，第一個是《海天》，這是國民黨的報紙《和平日報》的一個三日刊。1945年冬報社的副總編輯找她去編，她一口就拒絕了。可是剛到上海的以群聽到後就帶著夏衍的一封信去找她，要她答應邀約，理由是我們需要陣地。為了減輕她的負擔，以群承諾內容由他主持的文聯社提供。鳳子回憶說：「在重慶，文聯社的成立，以群是請示過周恩來的。」後來以群信守諾言，以群主持的文聯社成了副刊稿件的主要來源，發表的還有郭沫若和丁玲的文章。後來，報社當局也嗅出了不同的味道，隨意撤換她發排的稿件。另一方面又

有一些不明真相的朋友質疑她為什麼要給反共報紙做嫁衣裳。有些內幕又不能對外說，她受不了這口氣，編了幾個月就不幹了。

可是過了幾個月以群又去找她，要她爭取把曾經在桂林出版過的一個刊物《人世間》的刊號拿來，在上海出版。葉以群承諾只要拿到出版證，經費我們自己解決。當時國共內戰已經開始，國民黨當局對出版物嚴格控制，對親共的見了就封，要申請新刊很難拿到出版許可。葉以群的用意就是用《人世間》的刊號，做自己的文章，辦自己的刊物，為我所用。

鳳子接受了葉以群的意見，取得出版證，《人世間》於 3 月 20 日在上海復刊，卷期另起。桂林的《人世間》原為純文藝刊物，但上海復刊的《人世間》則改為綜合性刊物，鳳子說是因為刊物上以前主要登電影方面的廣告，到了上海為了生存，只能也登了許多與文化不相干的廣告，其中有許多是煤號、運輸、銀行等等，其實是否具備廣告效力已不重要，主要就是為了刊物的生存。當時為了拉這些廣告，馮亦代付出了很大的努力。其餘的經濟來源就是募款，而葉以群主持的文聯社不僅給她供稿。其中還從孔祥熙那裡募得了一千法幣的捐款，當然孔祥熙不知道這筆錢是被用去辦進步雜誌。鳳子說，刊物出版了兩年不到，出了十三期，其中有兩期是合集。印數二到四千，發表了郭沫若、茅盾、鄭振鐸、臧克家、徐遲、沙汀等許多進步作家的作品。至 1948 年 8 月出了第十三期後終刊。

編委頭兩期是丁聰、李嘉、馬國亮，後來換了馮亦代。鳳子是主編，而實際上從籌備到每期定稿，葉以群既是經理又是編委會的主持者。丁聰不僅負責版面設計，每期從封面到扉頁的美術設計和文章插圖都是他一人包辦。

文人皆有艱難時

從作家們給您的信，我看見了您和作家們親密的關係，常年以來您「為人作嫁衣裳」，把為作家服務，以推廣優秀作品作為己任。同時我也看到了您參與主持的「文協」對於作家維持艱難生活的重要性，文人皆有艱難時，「文協」是當時文藝界人士心目中一個值得仰賴的組織。

葉以群剛到上海時，就接到了丁玲從解放區寫來的信。這封信刊登在1946年4月11日的《消息》的「作家書簡」一欄中，被隱去了收信者的名字。《消息》半週刊，宋明志（姚溱）、丁北成（方行）是發起人和主持者。該刊出了十四期就被國民黨查封了，但已經造成了很大的影響。文史研究專家的研究確認這封信是丁玲寫給以群的。因為在《消息》上還刊登過艾青、劉白羽同一時期寫給以群的信，談到的也都是希望通過以群主持的新群出版社和相關刊物幫助出版書籍或是發表作品的事。

XX：

聽說你到上海了，很高興。你是很能活動的人，現況如何？上海情況，望來信告知，並設法多寄給我些書報。我暫擬留張，過些時再來上海，那地方住得較久，有感情，無論怎樣也要來看看。你在那裡，當然更好，望不久能見面。

我的著作，我想集中起來，從新校閱，從新印過。但有幾本書是賣版權的，有幾本書是抽版稅的，更有的是別人替我出的，你是否可以幫助我辦理一下。因為我怕有些投機商人趁機又來發洋財，把書印得亂七八糟，而且有些作品是我想淘汰的。雪峰若到上海來了，你更可他同（同他）商量一下。你有權代我去向出版機關商談收回版權等事務。先把著作收回來，或先聲明使別人不先亂出，或先找一個好買主，都看你方便行事，我現鞭長莫及，無法自理。這些稿子，也請你設法代收一下。這件事較麻煩，你看你有時間辦理否？望來信！多來信！

握手！

冰之

丁玲信中所談之事基本上都與出版有關，不僅讓收信人設法多寄些書報，而且全權委託收信人代她去向出版機關商談收回版權並處理後續事宜。當時葉以群將在重慶建立的新群出版社遷至上海，不僅是丁玲，同時期還有艾青、劉白羽、陳白塵、臧克家都寫過信給葉以群，談的都是與作品出版相關的問題。

在前輩的來信中可以感受到葉以群在作家們的心中真可謂是有三頭六臂啊，他在重慶創立的新群出版社這時搬到了上海，設址於梅白克路（今新昌路）祥康里三號，總編輯葉以群，經理陳其堯。曾出版沙汀的《困獸記》、艾蕪的《江上行》、以及茅盾、艾青、劉白羽的作

品和馮亦代的譯作《守望萊茵河》等。當時丁玲等幾位都在解放區張家口，聽說葉以群奉黨組織委派抵滬主持出版社一事，便感覺有了依靠，丁玲即刻將著作出版事宜交由葉以群代辦。透過這些信件以群和作家們的關係可見一斑。他為人厚道，社會關係又廣，十分樂於助人。

在中國現代文學館收藏的由沙汀捐贈的作家書信中，保存了十多封20世紀40年代以群給沙汀的信，說的都是關於稿子發表和書籍出版的事。言辭簡潔，內容具體，可以看出以群為沙汀作品的發表可謂不遺餘力。

摘錄其中一封即可見一斑：

> 敬之兄：
>
> 日前來信收到。長篇既已完成，自然編入《大地文叢》。已面告沈先生，他說你可抄些發表，出版不會很快也。《控訴》已交《聯合日報》晚刊發表，先匯上稿費玖萬元（十一月份），餘容續結。短篇集也可照你說的辦法，望寫一二篇新作之後即編成出版。《煩惱》已交《中國作家》（即《抗戰文藝》所改）一月為期，由「開明」發行。現有兩個雜誌在籌備，望來短篇！《困獸記》紙版已尋得下落，「三聯」根本無力印，我擬代取回另找他家承印。如無適當者，即由「新群」印，仍用新地名義，版稅由「新群」負責。「新群」機構單純，弟可負全責。
>
> 即祝近好！
>
> 沈先生定明日啟程
>
> 弟燦
>
> 十二‧四

在沙汀的十年「潛伏」中，他一度以其岳母黃敬之的名義與外界聯繫，寫信時常署名「敬之」，朋友們的回信也便多以「敬之兄」相稱。

而信中提及的沈先生，就是沈雁冰（茅盾）。這十年中的信件，署名「弟燦」的可為代表——「燦」即葉元燦，即葉以群。其時他正主持著「新群」等小型出版社、《文哨》等雜誌以及「中外文聯社」等工作。他的信沒有多餘的話，都是談書稿的出版和發行，談版稅。一封信中一口氣就談了沙汀四部作品的出版和發表事宜，真可謂高效率。如果原先的計劃遇到了困難，以群也很有辦法，有時候把長篇作品化整為零，分期出版。他對自己的工作和對朋友極度認真負責，作家們以稿費版稅賴以為生，對他有頗多依賴。真乃是文人皆有艱難時啊！

可以看出這封信寫於 1946 年 12 月 4 日。這時葉以群和茅盾已經離開重慶去了上海，葉以群主持的「新群出版社」也移到了上海。信中所說沈先生定明日啟程，是指茅盾於 1946 年 12 月 5 日動身赴蘇聯訪問一事。而「新群」就是葉以群創辦的新群出版社。抗戰勝利後，到了上海，三聯等書店出書受壓制，南方局當時的方針，就辦若干小出版社，取各種名目。葉以群受命辦了新地、新群、自強，都是三聯的人管印刷發行。其實不管葉以群在不在重慶，他和沙汀的這種關係一直保持著。

同時期葉以群還和茅盾一起主編文學刊物《文聯》半月刊。該刊於 1946 年 1 月 5 日在上海創刊，是文聯社的機關刊物。在兩個仿宋體大字：《文聯》旁署名：茅盾、葉以群主編。還有一行小字：報道、批評、介紹，彰顯了刊物的內容主要為報導各地文藝文化活動的通訊及消息，反映各地人民生活及社會活動的通訊、報告、散文，描寫人民生活及現實生活的速寫或小說，各種文藝書刊的讀後感等。

1947 年初，上海金融市場一片混亂，並帶動物價一再狂漲，社會動盪不安。上海的米價 1946 年漲了十五倍，1947 年則漲了二十倍，其他與市民生活密切的商品也無一不漲。各報的標題大多是「物價如脫韁之馬，各地糧價飛升，平民叫苦連天」「百物一致報漲，市上一片

混亂」等等。二月中旬，上海多家米店、銀樓被憤怒的市民搗毀。而在上海的文化人除了要解決家小的生活，還要出版刊物，出版書籍。以群、胡風都遇到了這樣的困境，紙張和印刷費都漲價了，可是書和雜誌還是要出的呀。於是不僅要囤米和日用品，還有囤紙。如果書和刊物不能順利出版，文人的生路也就斷了。胡風曾記錄道：從「文協」分到一些連麥麩都在內的粗粉，可以解決家裡五口人的吃食，那時平價米很難買，黑市又貴得嚇人。自己的稿費都不夠買米。夫人只能用這些粗粉做成油攤軟餅，再抹上自己做的黃梅醬，這樣孩子們也很喜歡吃。有一次他還帶回家一些救濟總署分給「文協」的舊衣服，都是各國捐贈的，有呢子和羊毛衫，還有棉大衣，可以給孩子們穿。當時作家的生活就是這麼艱苦。

在飢餓和貧窮充斥的上海，大部分文化人過著貧困的生活，當時在上海的中華全國文藝協會總會，也做過很多資助在經濟困境中的文藝界人士的生活。「中華全國文藝協會」，其前身是 1938 年在武漢成立的「中華全國文藝界抗敵協會」，抗戰勝利後，去掉「抗敵」二字，改名為「中華全國文藝協會」。抗戰時期，其主要負責人（總務部主任）由作家老舍擔當。抗戰勝利後，老舍接受美國國務院邀請赴美，其職務由葉聖陶繼任。我曾見到從資料檔案館中複印的四十年代上海時「文協」的信件。其中有兩封頗有代表性，從中可以看出「文協」在資助文化人生活方面的作用。

其中有一封著名版畫家陳煙橋的信，他的作品曾被選入魯迅所編的《木刻紀程》。

> 文協理事會諸先生大鑒：
> 　　茲有不得已之事向理事會請求援助者，家母年老體弱，加以數年來經常流徙，致積病不起。據醫生云無生望，深恐於

一二日內逝世。晚因連年逃難，一無積儲，遇此突變，實無餘資完此喪事。故懇求總會體察下情，加以援手，不勝感激。專此奉達，停後明教。臨書愧歉，不盡所言。順頌

　　日祉。

晚　陳煙橋敬上

八月二十七日

「文協」的批覆如下：擬以濟助名義致送二十萬元。

以下是五位理事的簽名：葉聖陶　巴金　胡風　鄭振鐸　葉以群

當時全國文協的會所設於上海建國東路南天一坊五號。

還有一封信是漫畫家丁聰、沈同衡寫給「文協」理事會的信：

　　徑啟者　漫畫家廖冰兄先生在桂林在渝在昆均係文協會員，其從事漫畫工作努力不懈，卓著成績久為同人所傾敬。此次廖先生夫婦暨其幼女附搭新中國劇社復員便車自昆來滬，中途在貴州安順慘遭覆車。廖夫婦均身受重傷，詳情已屢見報端。今新中國劇社全體人員已陸續來滬，而廖先生夫婦以傷勢未癒迄今在筑留醫。惟一以醫藥昂貴、二則舉目無親，生活至為顛困。其幼女乏人照料，廖夫人且又將臨產。日前來信，一字一淚，讀之令人悲痛萬分。同人等及廖先生友好曾集款二十萬元寄助，並擬繼續捐寄，但同人等力量有限且款少債多，實無補助於急，特函懇文協方面在福利金項下准予撥款匯筑濟援，以應眉急，而慰連年辛勤工作之同志。可否之處，尚祈卓裁。此致

中華全國文藝協會

本會會員

漫協理事　丁聰　沈同衡

十一月二十三日

「文協」的批覆如下：擬致送二十萬元。

三位理事的簽名：葉聖陶　巴金　葉以群

而兩封信中除了各位「文協」理事的簽名，信末的「擬以濟助名義致送二十萬元」、「擬致送二十萬元」都是葉以群的筆跡。可以想見當時他還實際負責「文協」的日常事務。葉以群幾十年中一直主持協會、雜誌或出版社的工作，掌管運作的經費，幫助過受經濟困境的文人。「文協」這個於 1938 年成立於武漢的文化人抗戰組織，初期是國共合作的產物，發展到後期完全成為團結領導進步文化人的組織。一直到新中國成立前夕還扮演了文化界的扶貧救弱的功能。

到 1947 年末，國共關係已徹底破裂。早在 1946 年夏，蔣介石命令進攻中原解放區，1947 年春，又限令中共撤消駐南京、上海、重慶等地的代表團，封閉重慶出版的《新華日報》，標誌著國共和談的大門被國民黨當局關閉。此時，國民黨政府對於民主黨派的打壓也已十分露骨，宣佈民盟為「非法組織」後，白色恐怖更趨嚴重。為了避免民主人士受迫害，中共黨組織安排無黨派民主人士陸續離開上海，轉移到解放區去。安全保護郭沫若、茅盾是周恩來的首要考慮。他把這個任務交給了于伶和葉以群。

送郭沫若撤離上海去香港

20 世紀 80 年代，于伶（著名劇作家，曾任上海電影製片廠廠長、上海市文化局局長、上海戲劇學院院長、上海作家協會主席）家住在上海鉅鹿路和常熟路交界處。那時我在讀大學，週末時常去他家。站在他的小書房隔著樓前的小院子，可以看見街上的景色。週末他家的小客廳是我嚮往的傾談場所，那裡時常高朋滿座，幽靜時與他促膝談心，聽他平易的教誨。在他的小客廳裡時常見到文藝界的前輩們找他為自己證明一些歷史上的事情。他在文藝界有崇高的威望，從戲劇界、電影界到文學界都受到廣泛的尊敬。

有一次我去他家，沒多久吳永剛導演來了。吳導剛剛拍完電影《巴山夜雨》，影片放映後取得了巨大的成功。可是那天吳導的心情很不好，滿臉愁雲。吳導向伶訴苦說，有人將他解放前導演的影片說成是反動影片。于伶聽了安慰吳導說：「那些人根本就不懂。他們看過你拍的《神女》嗎？《神女》是中國電影史上的經典之作。」

《神女》是吳導的處女作，由阮玲玉主演，是中國默片時代的最具代表性的作品。吳導接著就嘆了口氣說：「我現在最怕來訪問，問了出去就亂寫，有些捧你，捧得你也不舒服；有些罵你，又罵得毫無道理。」

于伶就說：「主要還是記者們的素質問題，有些事情他們自己都沒有搞清楚。」

于伶以前一直是吳導的領導，聽到于伶的理解，吳老心情好多了。臉上也有了笑容。臨走的時候又說又笑的。

這樣的例子還有很多，儘管于伶已經不在領導崗位上許多年，但是在文藝界人們的心中，他是成就顯赫的前輩，他更是平易近人，可以信賴的朋友。

那年《以群文藝論文集》即將出版，我去請于伶為文集寫一篇序言，他一口答應。可是沒有想到，這一下觸發了于伯伯對許多往事的回憶，艱難歲月的友誼與動亂年代的生離死別交織，思緒一發不可收拾，後來完成的是一篇萬字長文《憶風雲，咀霜雪 —— 懷以群，聊自遣》。當年于伶已經七十多歲，為了寫這篇文章經常被我催討，一次他來信：「文章很想寫得好些，卻幾次握筆，思憶，寫不下去！！！這次北京去去，振振思緒，可能容易下筆！（我精力還是很差，行前有些信債待還，寫多了一些，精神就很不集中了。你看看我這信寫得多糟！有如小學生了啊！）」于伶的字跡頗大，寫了兩張信紙，可以從字跡上看出他的手抖得厲害，難怪他自謙「你看看我這信寫得多糟！有如小學生了啊！」可是他還是堅持寫信。此情可感！

在于伶回憶以群的文章中，提到一起去見郭沫若就有數次，可以想見他們與郭沫若很熟。這也許是周恩來把郭沫若撤離上海的任務交給他們的原因吧。

1937 年七七事變後，抗戰全面爆發，因被國民黨通緝而流亡日本達十年之久的郭沫若（著名詩人、劇作家、歷史學家、考古學家，中國科學院院長、中國文聯主席。中國新文化的奠基者之一），經過在福建省政府就職的郁達夫的斡旋，終於決定回國。為了擺脫日本警察的監視，他都不能把行期告訴日裔妻子安娜。出走的那天郭沫若凌晨即起，在寂靜的晨光中給妻子和五個孩子寫下留言。看見妻子醒了，他揭開蚊帳，在安娜的額頭上重重吻了一下。安娜似乎未曾察覺他的用意，這就是一去不回的告別。隨後郭沫若走出家門，身上只穿了一件居家和服，赤著腳套了一雙木屐。

于伶和以群第一次見到郭沫若就是在他剛抵達上海不久。文藝界人士在上海高乃依路（今皋蘭路）捷克僑民樓上的郭沫若住處舉行了歡迎會。當時參加的有潘漢年、夏衍、阿英、周揚、馮乃超、鄭伯奇、鄭振鐸、洪深等諸位前輩。他們倆津津有味地聽幾位前輩在一起憶創造社、談延安、論抗戰文藝的前景。

後來到了重慶，國民黨有意邀請郭沫若出任國民政府軍事委員會政治部第三廳廳長，周恩來也力薦他出任。起初他不願意，他覺得自己在政府以外保持獨立文人的位置更能發揮作用。周恩來聞訊後做了工作。一天，郭沫若接到了恩來手書的一張便條：

沫若同志
你不是滑頭，你太感情了一點。

廿七·一·卅一
周恩來

在南昌起義失敗後起義部隊南下途中，周恩來介紹郭沫若加入了中國共產黨。雖然後來他去日本流亡，多年來不能公開共產黨員的身份，他內心對周恩來始終是十分尊敬的。這次周恩來的信不稱兄，而

稱同志，郭沫若感受到了恩來的嚴肅和慎重。郭沫若不再猶豫地接下了三廳的工作。

國民黨之所以要郭沫若主持第三廳，目的是想利用他的聲望去籠絡人才，裝璜門面，表明他們煞有介事地在「改組政府機構」了，以掩蓋其一黨專政的真面目。在郭沫若的堅持下，他們只得讓步，撤走了原先安排的副廳長，而且完全依從郭沫若所提的三項條件，即：工作計劃自己訂，在抗戰第一的原則下不受其他限制；人事問題有相對的自由；確定事業費，預算自己提。

郭沫若著手籌組第三廳時，經常與周恩來、董必武密切磋商，最後決定要把第三廳建設成以共產黨為核心的，各民主黨派、人民團體和民主人士參加的抗日民族統一戰綫的機構。由於有共產黨的領導，又有郭沫若這樣的旗幟，很快就把文化界的這些有生力量動員、組織在一起。當時胡愈之、田漢、洪深、馮乃超、陽翰笙、冼星海、應雲衛、張光年、馬彥祥等都加入三廳工作。名單報上去，蔣介石看了也很高興；傳到社會上，人們都稱第三廳為「名流內閣」。

自此之後，三廳便成了進步文化人經常舉行活動的地方。葉以群以前的領導馮乃超被周恩來安排去做郭沫若的助手。于伶和葉以群便時常去那兒參加活動，也時常去郭沫若的家裡敘談。「皖南事變」後，在周恩來安排下大部分進步文化人都撤離去了香港。郭沫若還留守在重慶，就是因為他擔任著國民政府的職位，暫時還是安全的。留在重慶的郭沫若，則按照周恩來的指示，在活動的方式上注意了有所節制，以保存力量。他寫信給已去香港的夏衍，說：「我們這裡幸虧還有一塊小小的『租界』，頭上，還有一棵擎天大樹。」在文化工作委員會這塊小小的「租界」上，周恩來就是郭沫若所依靠的這棵「大樹」。

1941 年 11 月，郭沫若四十九歲生日時，在重慶舉辦的慶祝郭沫若創作生活二十五年活動期間，周恩來在登載於《新華日報》的頭版

的《我要說的話》中寫道：「……郭沫若創作生活二十五年，也就是新文化運動的二十五年，魯迅自稱是革命軍馬前卒，郭沫若就是革命隊伍中人。魯迅是新文化運動的導師。郭沫若便是新文化運動的主將。魯迅如果是將沒有路的路開闢出來的先鋒，郭沫若便是帶著大家一道前進的嚮導。魯迅先生已不在世了，他的遺範尚存，我們會愈感覺到在新文化戰綫上，郭先生帶著我們一道奮鬥的親切，而且我們也永遠祝福他帶著我們奮鬥到底的。」

在周恩來眼中，郭沫若已成為魯迅之後新文化運動的主將。那一次祝壽活動由周恩來、馮玉祥、沈鈞儒、黃炎培、鄧初民、翦伯贊、章伯鈞、羅隆基，以及孫科、邵力子、陳布雷、張治中、張道藩等各方面的代表人物四十名為發起人，慶祝活動在全國都造成了很大影響。遠在香港的文化界近百人也集會慶祝，柳亞子、鄒韜奮、茅盾、夏衍、胡喬木、胡風、葉以群、于伶等人都參加了活動。

後來第三廳被改組成有名無實的文化工作委員會。1945 年文工會主要領導郭沫若、陽翰笙、馮乃超、杜國庠等人當即擬出了六條綱領，由郭沫若執筆，定名為《文化界對時局進言》於 1945 年 2 月 22 日刊登於重慶《新華日報》。要求召開臨時緊急會議，組織聯合政府，實行民主，反對國民黨獨裁統治等等。葉以群、于伶也名列 312 人參加的署名。《文化界對時局進言》一文，使國民黨當局大為震怒，遂下令立刻解散文工會。

國共和談破裂後，郭沫若於 1946 年 5 月 8 日從重慶來到上海。由於抗戰的勝利，文化中心又逐漸轉移到上海，原來麇集重慶的文化人現在紛紛離開。其中一個重要原因是半年前發生了較場口事件，國共的對立已經越來越明顯。那一次事件中，民主人士李公樸、施復亮遭到國民黨特務的毒打。郭沫若、陶行知、章乃器、馬寅初等和新聞記者及勞協會員六十餘人也被打傷。原本是慶祝政治協商會議閉幕的一

個集會，陳立夫召集中統特務組織前來鬧場破壞。正當暴徒、特務行兇的時候，周恩來、馮玉祥等趕到現場，這才使特務暴徒四散離開。最後通過周恩來等代表向蔣介石當面交涉，表達抗議。這件血案引起了海內外極大的震驚。較場口事件後風聲鶴唳，和平對話的氛圍蕩然無存。郭沫若的撤離已經勢在必行。這也是周恩來對他的一種保護。

較場口事件發生後，在上海由茅盾、葉以群主編的《文聯》很快刊出《二‧一〇血案受傷代表郭沫若先生訪問記》。同年 7 月 15 日，聞一多先生遇難，文聯社迅速發出《上海文藝界的怒吼》一文，報道上海文藝界揭露國民黨罪行，和繼承烈士遺志的決心。

說起郭沫若，于伶說起一則已傳為文壇佳話的故事。1944 年 2 月 23 日是他的三十七歲生日。好朋友夏衍、廖沫沙、胡繩、喬冠華等在一家小餐館為于伶慶賀生日。喬冠華提議每人吟一句詩為于伶祝壽，散宴後，他們前去拜訪郭沫若先生。郭沫若不僅是詩人，還是著名的書法家，言談間，夏衍提出請郭沫若將四人的詩句書寫一遍，裝裱後作為禮物贈給于伶。郭沫若讀了詩「長夜行人三十七，如花濺淚幾吞聲；杏花春雨江南日，英烈傳奇出大明。」四句詩形象且生動地概述了于伶的藝術和人生經歷。將「壽星」的年齡、身世、所做生日的地點，尤其是「壽星」的幾部作品，巧妙地嵌了進去。不過郭沫若微微一笑說：「這詩好是好，只是我認為，如果求全責備，整首的詩的主題過於低沉。」夏衍聽了急忙站起身，故意用劇中台詞的腔調道白：「學生這廂有禮了，願高人斧正拙作。」

郭沫若興之所至，答道：「老生獻醜了」，便唸出經他改過的四句詩：「大明英烈見傳奇，長夜行人路不迷；春雨江南三七度，如花濺淚發新枝。」各位一聽拍案叫絕，相比之下，經郭沫若修改的四句詩，只是顛倒了語序，更換了八字，體現的卻是完全不同的心境。昂揚向上、積極樂觀的精神躍於紙上。於是郭沫若鋪開一張宣紙，一氣呵成

把詩寫了下來。那是文人間的雅趣，卻不失為一個美談。

從重慶回到上海，于伶肩負著一個使命，恢復上海劇藝社的活動。上海劇藝社成立於 1938 年，于伶是主要領導人，主要導演有朱端鈞、吳仞之、黃佐臨等，這些都是後來中國話劇界的一綫導演；主要演員有夏霞、藍蘭、石揮、喬奇、黃宗江等。回到上海劇社首先上演的是于伶與夏衍、宋之的創作的《戲劇春秋》，接著又有在重慶被禁演的陳白塵的《升官圖》、郭沫若的《孔雀膽》等。

1947 年 3 月恰逢田漢五十歲生日，于伶得到了中共思南路辦事處董必武的同意，借著為田漢祝壽的名義，籌備了上海文藝界一場五六百人參加的《慶祝田漢五十壽辰及創作三十周年紀念大會》，並演出了田漢的最新劇作《麗人行》。在劇中田漢塑造了女工劉金妹，革命女性李新群和資產階級女性梁若英三個女性在抗戰勝利後的生活遭際。這齣戲真可謂是新鮮出爐，才剛剛完成就被搬上舞台。原來田漢到了上海後，沒有棲身之地，就擠進于伶窄小的家裡，並在這裡完成了劇本。紀念大會後，葉以群受邀與于伶一起陪同田漢前往無錫觀看由抗敵演劇九隊演出的話劇《麗人行》。一起去的還有導演洪深等人。以群不僅受邀去看戲，看完戲後還在座談會上作了長篇發言。會後還留下來為當地的革命文藝團體作了文藝理論和實踐的報告。《麗人行》在無錫連演二十六場，創造了當時話劇場次最多，使用幕景最多的紀錄。茅盾、柳亞子、梅蘭芳、熊佛西都發文呼籲大家去看。

以群是 1947 年冬接到上級組織的指示，安排郭沫若、茅盾撤離上海。父親想方設法買到了去香港的外國船票，然後 11 月 13 日送茅盾夫婦離開，第二天則親自陪同郭沫若乘船去香港。

關於從上海撤離去香港的那段經歷，郭沫若與于立群的小女兒郭平英轉述了于伶的回憶：「1947 年秋天，上海許多進步人士頻頻受到國民黨政府的打壓恐嚇。于伶接受了中共黨組織交代的任務，護送郭

沫若、茅盾從上海去香港。行前在辦理叫做『打針紙』的檢疫注射證明、購買郵輪船票的時候，于伶突然高燒不退，徹底病倒了。郭沫若得知這個消息，即刻帶了兩位日本大夫趕到于伶的住處，為他檢查，叮囑他務必安心治病。經過診斷，于伶患的是阿米巴肝膿瘍，一種即便到今天也不容半點忽視，而且很難根治的疾病。當時，隨父親一起去于伶家的那兩位日本大夫會包括中山高志博士嗎？很有可能。父親是日本九州大學醫學部畢業的，畢業後雖然沒有行醫，但他有比較系統的醫學知識。阿米巴肝膿瘍屬內科疾病，中山高志正是內科方面的專家。

……儘管于伶先生的文章沒有寫這兩位醫生的姓名，但卻可以得出一個結論，父親當時結識的昔日同仁會的成員不止一位。戰後的上海，僅有的幾所大醫院醫療力量都很緊缺。同仁會解散了，但日僑中的一些醫務人員還是選擇了繼續留下來，或被中國醫院留用，或開設小診所，為中國百姓治病防病。父親也正是在自己家人和朋友最急需救治的時候，放心地把他們的健康託付給了這些日本人。于伶先生因為病情嚴重，不得不推遲行期。他肩負的護送任務，臨時改換由葉以群先生接替。」

郭沫若先生的小女兒郭平英回憶道：「為了縮小目標，葉以群安排我們全家人分乘了兩趟郵船。父親帶著兩個大些的男孩（郭漢英、郭世英）先行出發，一星期之後，母親再帶著姐姐和我們兩個年齡小的孩子動身。」當葉以群陪伴著郭沫若和兩個兒子走下輪船時，文委的馮乃超、邵荃麟到碼頭迎接他們。

于伶還記得，半年後他病癒後離開上海去香港，到碼頭接他的就是葉以群。接完于伶，葉以群告訴他已約好了潘漢年、馮乃超、夏衍、邵荃麟幾位在雄雞飯店見面。他們又團聚了。第二天葉以群就帶于伶一起去看望郭沫若、茅盾兩家。

我可以想像離開上海時父親和郭沫若一定十分隱蔽，按照他以前陪同茅盾撤退時的做法，先搬到一個地方住下，然後第二天悄悄地出發。郭沫若先生相貌非常有特點，必定需要做一些化妝，設法使人無法辨認。這不是有些諜戰片的橋段嗎？可那就是父親在上海和香港經歷的真實生活。父親曾在自傳中說，那幾年白色恐怖越來越嚴重，晚上時常被街上的警車聲驚醒。在茫茫大海上他在想什麼？是慶幸終於逃脫了那個紛亂恐怖的環境，還是時刻警覺著周圍的陌生人，擔憂著一路上郭老的安全？

　　父親和郭沫若終於平安到達香港。我的案頭有一幅照片，是他與郭沫若、夏衍、歐陽予倩、舒繡文、丁聰等站在一個坡地上。幾位男士都穿著西裝，打著領帶，其中的父親笑容最為燦爛。那時他接受了潘漢年的指示，籌組電影公司拍電影，照片或許是郭沫若和夏衍去拍攝地探班時一起拍的。

　　我記得有一次去北京翠微西里部長公寓拜訪父親的好友周而復。他說了一句話我印象深刻：「正如我多年和他（葉以群）往來一樣，只要告訴他這是組織上的意見，他就愉快地接受，不斤斤計較個人利害得失，更不顧成敗利鈍，努力去完成。」父親確實是一個忠誠的共產黨員，一個不會為自己著想的忠誠戰士啊！在戰爭年代他沒有孩子，單身一人，不畏艱險，勇於承擔重任；蒼茫大地，苦難的中華，他把個人安危置之腦後，總是奔赴在最需要的第一綫。

父親葉以群和母親劉素明是 1948 年在香港認識的。母親和姨婆的家住在九龍尖沙咀附近的一幢樓房中，與郭沫若先生是上下樓的鄰居。父親時常去拜訪郭沫若先生，就這樣在樓梯上認識了。20 世紀 80 年代後期，我和母親一起去香港探親。我記得有一天陪同母親去尖沙咀附近她曾經住過的地方尋找老屋，我們從香港中環的皇后碼頭坐輪渡過去，到對岸的天星碼頭下船，然後漫步進入以前的住宅區。以前的老樓都被拆了，在原來的地方建起了更多公寓式的樓房，樓房越來越高，人口越來越擁擠。母親靠著自己的記憶導引我走到那些她曾經熟悉的街名，喃喃著告訴我以前這裡是一家雜貨舖，那裡是一家小飯店，父親曾經和她在裡面吃過飯……

當我問起母親見到父親最初的印象時。母親說，姨婆見了說他太老了。父親年長於母親十多歲，那時母親才二十一歲。三十七歲的以群在一直把母親當孩子看待的姨婆的眼中自然顯得老了。不過母親記得，父親是一個喜歡整潔的人，事務繁忙，

重任在肩，他卻依然勁頭十足，平日也仍然恪守著井井有條的生活習慣。他總是衣履整潔，穿著洗得乾淨，熨燙平整的淺灰色西裝，打著精巧的領帶，白皙的臉龐上時常泛著微笑。用戰友的話來形容，他總是顯得忙而不亂，沉著冷靜。在母親眼裡父親去過東京、重慶，又剛從上海過來，父親到過的城市在母親看來都是大地方，比起香港的小是另外一個廣闊的世界，她難掩羨慕之情。

母親再回想起剛剛認識父親時的一些情況，當初就覺得他有一種神秘感，除了拍電影，好像還同時做著很多事。當然她也不便問，問了父親也不會說。後來到了上海的和平環境中，她才逐漸了解了父親在香港除了拍電影，同時還在潘漢年領導下安排社會知名人士北上。想起往事她特地回到九龍天星碼頭，離港的船都會從那兒出發。最後父親也是從那裡坐船北上的。

當時的香港是兩軍對壘中的交叉地帶，為從事地下活動的共產黨人留下了不少可資生存的空隙。這是無數志士仁人瞬間雲集於這一彈丸之地的主要原因。在這裡既有從事地下工作多年的共產黨著名人物潘漢年，又有著名的各界人士，如郭沫若，茅盾、胡風、許廣平、周建人、葉聖陶、夏衍、于伶等。各路社會賢達集結於此，便給這塊淪落於異族的土地增添了不少生機和活力。

著名畫家黃永玉先生在《為什麼老頭兒嚎啕大哭？》一文中回憶道：1948 年時，他到香港後跟著樓適夷先生在九龍一個名叫荔枝角九華徑的小農場做了鄰居，慢慢地那裡也聚集起不少文化人。「記得茅盾先生、夏衍先生、潘漢年先生、喬冠華先生以及不少著名的左派民主人士都來九華徑玩過。香港有什麼會，大家就從九華徑出發到九龍市區的加連威老道葉以群先生那裡集合，再過海到香港某個會場去。我

覺得神聖而隆重，像兒童跟長輩上戲園子那麼開心。」黃永玉用「神聖而隆重」來形容，即刻讓我感受到了當年香港文人聚會的盛況。那時黃永玉才二十三歲，是一個活躍的小伙子。而廖夢醒的女兒李湄才十多歲，她同樣記得在葉以群的辦公室裡度過的美好時光，她說：當時左翼文化人在香港經常舉辦讀書會，葉伯伯在九龍的辦公室就是一個小型圖書館，我常去那裡借小說看，葉伯伯經常不在，我就自己去看書，像屠格涅夫的書都是從那裡找來讀。

我沒有想到父親葉以群在九龍的辦公室在青年黃永玉和少年李湄記憶裡都留下那麼深刻的印象，當他們到了耄耋之年還能清晰地記得在那裡發生的愉快的事情。那是一種多麼美好的記憶，沒有在歲月的沖刷中流逝，卻沉澱在生命記憶的深處，陪伴他們一直到老年。

從前輩的回憶中父親葉以群似乎長了三頭六臂，一面做著他特別擅長的編輯和出版業務，同時又有許多新的工作等著他去完成。這時葉以群一身肩負著各路使命：他和周而復、樓適夷合編了當時香港最有影響的大型文學雜誌《小說月刊》；他主持著專門向海內外中文報刊編發內地進步作家作品的「文聯社」，參加了「七人影評」活動，與夏衍、瞿白音、章泯等人一起為共產黨的《華商報》撰寫影評；他和司馬文森、洪遒領導了由顧而已、顧也魯等組織的大光明影業公司，並親自寫了劇本《野火春風》支持拍攝，影片由歐陽予倩導演，主要演員有舒繡文、顧也魯，顧而已、高佔非等；他主持著南群影業公司……

母親特別說起當時父親在潘漢年的指示下成立了一個電影公司拍電影。她也參加了攝製組，負責服裝管理。當時大批進步文化人集聚在香港，等待著全國解放。香港雖然被港英當局統治，但是相對於仍在垂死掙扎的國民黨統治下的內地，還是安全許多。在這批文化人中，可謂藏龍臥虎，其中更不乏一批有名的影劇藝術家。可是在無戲可演

的境況下，生活是艱難的。為了解決他們的生計，以群奉潘漢年之命成立了「南群影業公司」，開始籌拍電影。這樣的活動，既是為了解決旅港演藝人的生計，同時又可進一步蓬勃香港的進步文化活動。

南群影業公司製作的第一部電影就是《戀愛之道》。著名劇作家夏衍親自編劇。他曾寫過《上海屋簷下》等膾炙人口的話劇作品。影片的導演是歐陽予倩，男女主演分別是舒繡文和馮喆。這些主創人員都是一時之選，都是享譽影壇的傑出藝術家和明星。

據以群的文字記載：拍片資金由潘漢年介紹澳門的「太平紳士」、愛國商人馬萬祺先生和澳門鏡湖醫院院長柯麟先生投資，投資金額是八萬港幣。在當時這筆錢應該是一個可觀的數目了。為了洽談合作，在潘漢年先生的安排下，夏衍、葉以群和馬萬祺先生在香港見了面，商談了投資額。

在中國共產黨的歷史上，潘漢年無疑是一個傳奇人物。他長年從事地下工作，縱橫馳騁於中國現代史的各個歷史時期，代表共產黨與喧囂時代的各種政治力量進行角逐。他曾經和日本侵略者、汪精衛偽政權、蔣介石國民黨政權頻繁過招。在地下工作的戰綫上他更廣結善緣，團結了一大批追求進步的愛國力量。當時被父輩們稱為「太平紳士」、愛國資本家的馬萬祺先生就是其中著名的一位。

當時馬萬祺先生才二十九歲，是風華正茂之年。1941年移居澳門後，他先後與友人組織恆豐裕行、和生行、大豐銀號、恒記公司等並擔任總監督、總經理等職。1944年與柯麟等出任鏡湖醫院慈善會董事、副董事長、董事會主席。1948年出任澳門中華總商會理事，然後任理事長。作為商人的他，怎麼會忽然有興趣去投資拍電影？我不知道馬先生投資過多少部電影，或許《戀愛之道》就是他絕無僅有的一部。馬先生對電影有多大興趣並不重要，重要的是在潘漢年的鼓勵下，他表現了對於潘漢年先生等人所從事的事業的信賴和支持。新中國的建

立，同樣離不開無數像馬先生這樣的愛國僑胞的支持和幫助。

《戀愛之道》的劇本出自夏衍之手，情節曲折，故事通過周家浩和錢蘭英一對夫婦二十年的坎坷人生經歷，寫出了普通市民在中國大革命以來歷史中的生活遭際。男主人參加北伐，四處遷移，與青梅竹馬的女友失去了聯繫，再次相遇時，父母已給女主人安排了婚約，最後女主人終於擺脫了婚約，兩人在上海結成夫婦。一部戰爭年代的愛情故事，表現了顛沛流離的年輕夫妻相依為命，互相扶持的愛情生活。

南群影業公司還拍攝了由葛琴編劇、章泯導演的《結親》。兩部電影的拍攝進行得非常順利，在 1949 年新中國成立前夕順利完成。

在整理家裡的老照片時，我看到一些當年攝製組的合影，有一幅以群、于伶、歐陽予倩、瞿白音、顧而已、馮喆等的合影，男士個個都穿西裝，打領帶。舒繡文和劉素明是照片中僅有的女士，都穿著旗袍。舒繡文是影片的女主角，綢質的面料上印著深色的大花。母親站在第二排顧而已的身邊，頭髮做得很考究，燙成了捲髮，她穿的是淡色的小花旗袍。還有幾張攝製組的飯局，大家都拿著印著花邊的小飯碗，葉以群、瞿白音和唐瑜、舒繡文簇擁在一起，桌上放了不少裝廣式點心的小蒸籠；還有一次在餐館的房間裡，餐桌上鋪著白布，一群人圍著桌子，桌上八個菜。歐陽予倩和以群、瞿白音坐在中間，大家舉杯慶祝，那應該是攝製組拍攝完畢了吧。每一幅照片中葉以群都穿著白色的襯衣，打著領帶。在這些照片中我看見了父親一生照片中最燦爛的笑容。也許因為有了愛情，工作也全面開展頗為順利，那是他精神昂揚的一段生活。

我問母親：「那時拍電影很有意思吧？」

母親說：「其實也很艱苦，資金是有限的，拍攝用的大部分都是實景。」

「可是我看到爸爸那時不僅在拍電影，他還參加了很多其他的活動呢，還參與一些地下戰線的秘密工作。他有這麼多神神秘秘的事，你不好奇嗎？」

母親說：「我曾經幫他送過信。也見過潘漢年和董慧。董慧也是香港人，我們很談得來，她待我就像姐姐一樣。他們沒有架子，待人都很客氣。所以你爸爸說在給潘先生辦事，我不會有顧忌。」

「我很好奇，你怎麼會見到潘漢年和董慧啊！」

母親說：「郭沫若住在我們一幢樓裡，潘漢年和董慧去看他，順道就到我家來坐了一會。」

「郭沫若一家不少人啊，還帶著三個孩子。」

「你爸爸陪他坐船來時只是他帶著兩個大孩子。大約過了一週于立群才帶著其他孩子過來團聚。」

有一天潘漢年和董慧在家裡喝了姨婆煮的糖水後走了，姨婆突然問母親，「葉以群是共產黨嗎？」

母親說，「沒有問過，也許問了，也就是和他說再見了。」她語氣中有不捨。

倒是姨婆顯得很豁達：「人品更重要，當年姨夫願意幫助孫先生，是孫先生的待人接物感動了他，他才願意拿錢去支持。」

母親這才大膽地說，「就我和他接觸下來，他是一個正直的作家，潘夫人也是。」

姨婆點了點頭，「我見過的人很多，雖然和他們也是初次見面，但可以感覺到他們都是正直的人，和他們有的聊。」

「他們正在為建立一個新的社會而奮鬥，姨婆贊同他們的理

想嗎?」

「我看了共產黨『五一』發表的文章,他們要召開政治協商會議、成立民主聯合政府的號召,也得到各民主黨派、無黨派民主人士的響應。如果一個政黨有這樣的胸襟,中國才可能不再亂。」

接近清明節了,母親和我一起去香港西面的薄扶林基督教墓地給姨婆掃墓。母親說以前和父親一起來過一次。那次她說要去給姨公掃墓,父親陪著她上山了,到了那兒父親告訴她著名作家許地山的墓地也在那裡。墓場建在一個大山坡上,成百上千的墓碑層層疊疊地鋪滿了整個山坡,從山腳爬上山頂起碼也有幾百級台階。墓地依山臨海,風水不錯。許地山是文學研究會的元老。當時許先生是香港大學中文系主任。在許先生墓地祭拜完了,他們就在空曠的墓園裡散步,因為聽說孫中山的女兒,還有許多民國時代的名人都安息在這裡。

母親說,在給姨公掃墓時,我父親被墓碑後的一塊碑文吸引了,白色的石碑上用金色鐫刻著姨公的生平。「伍公有功民國革命臣子,夙以殷富為商界重溯。民國九年,孫總理護法南來,伍公攜同行諸君共圖報國為總理效勞。總理以大總統名義任命伍公為供給局長,公隨軍運籌糧草軍需。民國十一年,總統遇叛軍蒙塵困守兵艦煤糧財用告罄,總統手諭下屬赴港與伍公面商,籌款不三月,軍需源源接濟,公之力為多……」碑文是由孫中山先生的貼身衛士馬湘撰寫的。

父親默讀著不由地肅然起敬,原來墓碑上鐫刻著姨公生前支持孫中山從事革命活動的歷史記錄。年輕時姨夫掌握著香港的米業,他承擔起了支持孫中山軍需和經費的重責大任。從北伐到建立民國的歲月中都留下他慷慨的奉獻。

父親關切地向母親問起姨婆的近況，母親就說，姨婆自己沒有孩子，總是把別人的孩子當成親骨肉一樣撫養長大。姨公病逝時，前妻留下的孩子有幾個還未成年，是姨婆把他們養育成人。姨公的孩子們離開了以後，姨婆又與我母親三兄妹相伴膝下，相依為命。母親說，也許就是因為那次掃墓，使我母親和父親的關係更近了。

母親說，當時在香港的生活還是比較艱苦的，城市裡擁擠不堪，她自己喜歡和留戀的是可口的廣東餐飲和食品。他們最喜歡去的就是淺水灣海灘。我看到許多那個年代父親和母親，和朋友在香港淺水灣拍攝的照片。有父親和顧而已、顧也魯光著上身，穿著游泳褲站在沙灘上眺望遠方的照片。還有一幅以群的單人泳裝照，背面有夏衍的幽默題字：「雖則不香艷，但也頗肉感。題以群裸浴」可見淺水灣是他們經常涉足的地方。從那時開始母親劉素明與父親葉以群相識相愛。

電影最後拍成後，可是片頭的字幕上沒有打上葉以群的名字。因為葉以群的地下工作性質，不能公開露面，字幕上打的出品人是唐瑜。唐瑜即是重慶時期著名的二流堂主。他的兄弟是緬甸的富商，抗日戰爭全面爆發後，唐瑜從上海回到仰光，他哥哥給了他兩部載滿暢銷物質的大卡車和一部小轎車，讓他回國做生意。後來唐瑜將這些東西都賣了，在重慶建了兩三處房屋。這些房屋，都用來給當時流落到重慶的進步文化人居住。唐瑜是潘漢年的好朋友，多年來一直用自己的錢支持進步文化人的生活。

在千頭萬緒的忙亂之中，潘漢年又來找葉以群。他交給葉以群一件十分繁重的任務，請他協助安排大批知名人士撤離香港進入解放區，去迎接新中國的黎明曙光。潘漢年有不凡的容貌和儀態，戴著金絲邊

的眼鏡，梳理得整齊光亮的背頭，圓圓的臉上露出斯文的微笑，然而，在他斯文的笑容裡蘊藏著無數革命的經歷：他參加過著名的長征，親臨國共和談的談判桌……他是位活生生的傳奇人物。

接受了潘漢年的任務，葉以群便經常出現在迎來送往，為統戰需要而舉行的宴席上。潘漢年代表共產黨開展統戰工作時常需要請客，根據不同的對象又往往需由葉以群出面宴請。潘漢年不會飲酒，飯桌上的杯來觥往，潘漢年不能應付，便全由葉以群包了，即便三杯兩盞下肚，葉以群依然能保持老練沉靜的微笑。就為此，潘漢年在相熟的同志間贈了葉以群一個雅稱「新進酒家」。潘漢年曾經在朋友中評價過葉以群的為人，低調做事，不亂講話。這也是這位中共特科的領導人信任葉以群的原因。葉以群和潘漢年在日後發展了較深的友情。

由一張接送人員的名單上，便約略可見葉以群當時的繁忙：

郭沫若、茅盾的活動與家庭生活由以群負責。

許廣平、周建人、馮雪雄、葉聖陶、鄭振鐸之女、胡風抵港，由以群負責迎接、歡宴與安排。

陳毅司令員早年的友人，作家金滿城，由以群接待，由潘漢年安排去煙台找陳老總。

王紹秋、余心清與三位西北軍的中級文官要進解放區，由潘漢年在以群家設宴歡送，乘海輪離港。

解放區要求購買樂器、西藥、文具和戲劇與電影用品，由以群與戴耘，柏李等代買了運去。

于伶說：「濟南解放了，淮海戰役大勝利了，天津解放，接著北平和平解放了！喜訊一個接一個，文藝界慶祝會、聯歡會一次比一次更歡樂，而規模一次比一次更大！其中以群始終是組織者之一。只見他笑眯眯地奔走相告，多方通知。又多方去聯繫約請漢年、夏衍、滌新、

荃麟等同志到會。還得接送郭老、茅公等參與其盛。」有一次在白楊家召開的電影界讀書會，也是由葉以群做總結性發言。

1949 年 3 月的香港，已是仲春時節，海邊吹來的每一陣風中都夾帶著撩人的春意。葉以群送走了又一批去解放區的各界人士。

當葉以群隨著潘漢年、邵荃麟登上輪船的甲板，走進船艙逐個地與人們告別時，他心中抑制不住地對他們生出羨慕。特別是當他看見好友于伶，更是緊握著手久久不願鬆開。

于伶凝視著他，相對無言，可是他們心中所想的，早已在目光的傳遞中交織起來。

「真想跟你們一起走」！葉以群說。他已經多少度地請求回到解放區去了，可是夢寐以求的事卻幾次三番地未能變成現實。他後悔嗎？遺憾嗎？1949 年 3 月站在香港碼頭的他，恐怕還不曾有這樣的情感！

與于伶惜別之後，葉以群回到了自己的寓所。他只能時時從電台裡收聽人民解放軍勝利的喜訊。大批人員的離港，使香港沉寂了不少。電台裡又不斷地傳來解放軍新的勝利喜訊。當他聽到華北解放區和國統區的作家藝術家於 3 月 22 日在北平歡樂聚會時，他的心早已飛到了北京。他多麼想即刻趕到北京，和他相識的和不相識的戰友們會師，為新中國的文藝事業大幹一番。可是他主持的「南群影業公司」投拍的兩部片子還沒有完，他不能離開。所以直到 1949 年 7 月 2 日在京召開中華全國文學藝術工作者代表大會時，他依然滯留在香港。

不久，《戀愛之道》、《結親》先後攝成，葉以群在料理完所有餘下的工作後，準備離港赴京。行前他約顧而已、顧也魯見了一面，交給他們一件任務。

葉以群說：「我很快就要離開香港，並且我也希望很快在新中國的土地上看見你們。在我走以前，一定請你們替我辦成一件事，請你們以我的名義向李麗華、孫景路、陶金、歐陽沙菲發出邀請，歡迎他們

回到新中國來。」他提到的四位的名字都是銀幕上活躍的電影演員。

顧而已和顧也魯望著面前這位熟悉的朋友，體味著他話中的分量。儘管他們先前也依稀猜測著他的身份是共產黨員，現在更確信這一點了。他們答應了葉以群的要求，先後向四位在港的著名演員發出了邀請。孫景路和陶金不久即回到了上海。

我母親在香港居住了那麼多年，沒想到第一次去爬獅子山是和父親一起去的。位於九龍和新界之間的獅子山，遠遠望去像一隻獅子頭，是香港一個著名地標。民間相傳九龍這地方過去有九條龍為患，所以上天派了一隻獅子下凡鎮壓。收拾了其中八條龍，餘下一條則被獅子壓在八仙嶺腳下。鎮住龍患的那一隻獅子就變成了現在的獅子山。獅子山南面的九龍是一個人口密集的居住區，魚龍混雜，山邊寮屋、唐樓、公共房屋和山寨廠密密麻麻地佈滿了街區。父親離開香港的前一天，約我母親一起去爬山。他們一身輕裝像是去登山休閒，順著陡峭的山路爬上山，山道上很幽靜，幾乎沒有人，從那兒可以遠眺香港，也可以眺望九龍和新界的大片土地，遠處的維多利亞港依稀可見。

父親第二天就要乘船離開。他告訴母親，自己會在內地安定後等待她儘快過去。要離開自己生活了二十多年的香港，母親顯然依依不捨。這裡不僅有她熟悉的生活，還有兄妹和姨婆，她怎麼會捨得？

「香港畢竟不是久留之地，今後很長一段日子裡，還是英國人管轄的地方。而內地是我們自己的國家。」父親說。

「自己的國家，好啊！在辦公室裡我最憋氣的就是英國人高高在上，等級分明。」

「和平年代就要來到了，我終於可以回到自己的書齋，讀書、寫文章。那才是我最嚮往的生活。」

「我的想法其實很簡單，就是再不要有戰爭，平平安安地過日子。沒有動盪，沒有擔憂，一起好好地活下去。」

父親說：「我們一定會好好地活下去的！還要生很多孩子。」

「你連生孩子都想到了？怎麼帶啊？」

「等我們把家安了，把姨婆接過去給你做伴。姨婆帶大了那麼多孩子，她是孩子們最好的教母。」

母親一聽倒樂了，急忙說，「你這麼有心，連請姨婆帶孩子的事都想到了。」

他們下山時太陽已經西斜，天邊升起了一層薄薄的迷霧，密密麻麻的樓宇建築在薄霧遮擋下反射出朦朦朧朧的夕陽。等到走上九龍城寨附近的街道，狹窄的街道已經出現密集的人流，商家店舖前的燈也亮了起來。霧氣越來越濃，迎著風他們在迎面而來的霧氣中相攜著，一面行走，一面談話。這是他們在香港的最後一個夜晚。

1949 年 7 月的某一天，葉以群盼望已久的日子終於來到了。一度因國民黨軍隊封鎖而停航的輪船又通航了。他提著輕便的行裝，匆匆辭別了二度輾轉停留的香港，途經天津去北京。

在他離去不久，一夥國民黨特務衝進了顧也魯的住處，要他交出葉以群和歐陽予倩。所幸的是他們都已離開了香港，逃過一劫。

當葉以群站在甲板上望著逐漸遠去的香港，他感覺到自己心中的牽掛。上一次離開香港，是他陪同作家茅盾一起從九龍徒步前往東江地區。那次行程經歷了千難萬險，承受了千辛萬苦。可是這次他不再像上一次那樣無所牽掛，因為香港這塊土地上已經有了他的摯愛。

1950 年 8 月，父親您趕到北京。這時，中華全國文學藝術工作者協會結束不久，成立了中華全國文學藝術界聯合會，由郭沫若任主席，茅盾、周揚任副主席。下設七個專業協會，主席、副主席安排甫定。

您不知道在新中國的文藝機構中自己將從事什麼工作，如何發揮自己的作用。自然作為一名忠誠的共產黨員首先不是去找相熟的朋友郭沫若和茅盾，您前去請示周揚。您與周揚曾經有過一段共同戰鬥的經歷，1932 年「左聯」在上海活動時，周揚是黨團書記，您擔任的是周揚卸下的組織部長，兩人之間自然需要經常地聚會。只是後來周揚去了延安，您長期從事地下活動。十七年後再度相見時，周揚已經成為中國文藝界的領袖人物和馬列和毛澤東文藝思想的權威解釋者了。您對他肅然起敬，您向周揚傾訴了自己急於工作的迫切心情。周揚聽完後告訴您，您的工作已基本安排妥當，預定讓您擔任即將成立的中央文化部對外文化聯絡局副局長，局長由蕭三擔任。您欣然接

受了。可是後來您去了上海，並在朋友們的挽留下定居上海，我曾經聽于伶伯伯說過您剛到上海的事情。

上任之前，閒不住的葉以群覺得憋得慌，他乘上了南下的列車到上海去看看朋友。一到上海，就由好友，已就任上海市委統戰部副部長的周而復安排在上海大廈。當時的上海大廈完全變成了公務人員的招待所，一切新到上海而未能有住宿的同志都住在這裡。陳毅市長也曾在這裡住了一段時間。

放下行裝，未及涮洗，葉以群推窗眺望著黃浦江兩岸的景色，熟悉的街道，卻又陌生的變化，使他浮想聯翩。對於上海，他實在是太熟悉了，他一生中幾個重要的事件都是在上海發生的。他急切地想上街去走走。

周而復告訴他上海的情況還較複雜，敵特的活動仍很猖獗，說要給他派輛車。

葉以群微笑地拒絕了。是啊，以前幾度來上海，不是喬裝打扮，就是隱姓埋名。今天終究是自己的天下了，還用得著這一套地下鬥爭的方式嗎？他告訴周而復，別替他擔心，他要沿著上海的街道大踏步地走，揚眉吐氣地尋訪舊地。

他迅捷地下了樓，沿著蘇州河邊往西走。他沒有去外灘，去觀賞上海華麗的門面。他邊走邊俯拾著他對上海的記憶。「左聯」成立於上海，他由樓適夷介紹加入，他難以忘懷當時自己如癡如醉地工作狀態，從那時開始他真正投入了國內的革命文藝運動。認準了這條路，他沒有想過退卻、改行；數十年後「左聯」的成員中，有的人退卻了，或者頹廢了；有的人棄文從政，棄文從商。各有各的榮辱，有無數的淪落，也有無數已成高官。葉以群是實心眼，他準備一桿子到底。把文藝當成自己畢生的事業。

走過北四川路時，他放慢了腳步，他熟悉這裡的一街一巷，更使他記憶猶新的，是他曾經在這裡遭到國民黨反動派的逮捕。1934年，他奉黨的命令在此與「上海反帝大同盟」的人員劉丹（建國後任浙江大學校長）秘密接頭時，突然衝上來一群匪特，將他們劫送入獄。在獄中關押一年。熬受的肉體折磨且不說，出獄後隊伍內部某些人時常投來的異樣的目光常使人禁不住心兒在打顫。

　　他不願再去回首那段痛苦的歷史，加快步子向南去。他走上了南京路，如今依舊繁華熱鬧。他無心去流覽商店裡的擺設，順著南京路向南走。

　　在浙江路南京路口的大三元酒家門口，他停了下來。正是開午餐的時候，大三元依舊地人流不息，食客盈門。他也曾有一次做過它的座上客，是在二樓的一間雅座裡，可那次沒有美酒，沒有佳餚，一張圓桌圍著六個人。四位神情激動的年輕人：葉以群、田漢、丁玲、劉風斯正在度過他們神聖莊嚴的時刻，在這一天他們同時加入了中國共產黨。對面一位戴著金邊圓眼鏡的是代表中共中央宣傳部前來祝賀的瞿秋白，還有一位是文委負責人潘梓年。介紹以群入黨的是馮雪峰和樓適夷。那是1932年3月，以群時年才二十一歲，已經十七年過去了，十七年的滄桑，十七年的坎坷，大三元你知道嗎？唯有你盛景依舊！

　　葉以群來到中國人民解放軍上海市軍管會的文化教育管理委員會，一進屋，他一路的感慨便煙消雲散了。他的老朋友于伶、黃源、陳白塵、姜椿芳一起湧了上來，熱情地與他握手。他手不暇接，靦腆地囁嚅道：「我來遲了，來遲了！」

　　于伶一把拉他到辦公室後面的小倉庫裡，指著他的西裝說：「看你，還穿這個。」

　　他這時才來得及注意于伶的裝束、軍便服式的人民裝，腰際束著

一條闊皮帶，頭上戴著一頂軍帽。

「喝，加上領章帽徽就真正成軍人了。」他樂得合不攏嘴。

「是呵，軍管會的工作人員，都是軍人嘍！」

于伶替他挑選了一套合適的人民裝。讓他換下西裝。

葉以群顫抖著手去解衣扣，越想快卻動作越不利索了。

性急的于伶跑上前去幫忙。

穿上了軍便服的葉以群，戴好了軍帽，他退後了一步，望著于伶。

于伶也望著他。

就像在香港的輪船上，他們依依惜別；在軍管會的小倉庫裡，他們又深情地重逢了。身材瘦瘦高高的于伶總是那樣豪爽地開懷大笑，身材矮小的葉以群則無聲的微笑著，伴著微笑，他的眼眶裡盈滿了淚水。

此時相對凝望的于伶和葉以群，怎麼也沒有想到，從此開始，命運將把他們捆綁在一條小船上。儘管他們的性格是那麼地不同，一個開朗、直率；一個含蓄、深沉；他們的擅長也有差異，一位是著名的劇作家，一位是著名的文藝理論家，可是他們作為社會活動家的卓越領導與組織能力卻是共同的，他們為黨為國為民的事業獻身的信念是同樣堅定的。他們如此這般相對凝視的時刻在歷史上有三回，只是1949年時的他們滿懷豪情，正期待以全身心的精力去一酬壯志，揮展宏圖。他們沒有，也不可能想到，當他們第三度相對凝視時，迎接他們的是人生的磨難！

于伶陪著葉以群四處去拜見戰友和領導：在上海市人民政府的穹形辦公室裡，葉以群又見到了潘漢年。當時，他已任上海市副市長。他們坐著潘副市長的汽車，趕到榮昌路上的防空指揮部，拜見了初識的市長陳毅與相熟的老領導，市委書記劉曉。在「建設大廈」的市委宣傳部，他見到了已就任市委宣傳部長的夏衍。從市委宣傳部出來，

夏衍、于伶和葉以群一起回到軍管會文藝處吃供給制的飯。在飯桌上，對於葉以群日後的工作他們展開了一場有趣的辯論：

夏衍對黃源介紹說：「潘漢年在香港時給以群起了兩個雅號『新進酒家』，『新進劇作家』，可惜我們今天沒有酒，以水代酒，歡迎以群歸隊！」

「他還是『新進電影公司老闆』呢。」于伶說。

大家向葉以群舉起了茶碗。

葉以群毫不遲疑地開懷暢飲。

談到對葉以群的工作安排，劉厚生希望以群搞戲劇改革，因為以群喜歡京戲。呂復主張以群領導話劇的理論研究。鍾敬文說：新進電影公司老闆，自然是搞人民電影嘍。黃源則權威地說：從歷史上、本質上看問題，以群當然是文協的領導！

「還是讓夏衍部長全面考慮吧！」于伶說。

葉以群看看夏衍，看看大家，安詳地微笑著，同志們的理解和盛情，使他覺得心裡暖洋洋的。可是他坦誠地告訴大家，周揚已經在北京給他安排了工作。

飯後夏衍找以群談，說上海就要成立中蘇友好協會，很需要他這樣既熟悉中蘇關係，又積極肯幹的同志。還提到潘副市長也有意思要挽留他，說他穩重深沉，跟外賓交往不會信口開河，自說自話。

葉以群素來有一個特點，他認為自加入共產黨以後，自己的一切都已屬黨，他絕對地服從組織，對於組織的安排絕不提出異議。於是，在周揚的安排和夏衍的挽留面前，他並沒明白表示自己的意向，同意由夏衍去與周揚協商決定他的工作安排。

不久，夏衍從北京回來把協商的結果告訴他，周揚同意讓他留在上海。他首先接受的任務是負責籌備「上海中蘇友好協會」的工作。

同年 12 月，經過葉以群和其他工作人員三個月的緊張籌備，「華

東和上海中蘇友好協會」宣告成立。陳毅市長兼任會長，潘漢年副市長兼任副會長，夏衍任總幹事，葉以群和蔣燕任副總幹事。

他又一次和上海發生了密切的聯繫，這回可真正是不解之緣了。

他終於有了一個

溫暖的家

　　前幾年我回上海，特地選擇住在外灘的上海大廈，是因為父親您和母親剛到上海時，落腳的就是這家大酒店。如今的外灘今非昔比，是上海最亮麗的門面。這幢已有九十年歷史的建築，不僅是上海歷史的見證，也是您和母親在上海生活的起點。我在酒店中尋尋覓覓，在周圍的街道上徘徊，似乎是在尋找您和母親昔日的蹤跡。

　　1950 年，我的母親劉素明從香港來到上海，住在黃浦江邊的上海大廈。父親在即將成立的中蘇友協中擔任副總幹事，後來又負責整合私營電影公司。走出酒店的大門，正是黃浦江與蘇州河的交界處。父親白天出去辦公時，母親就在寬大的客房裡讀讀書，她時不時推開沿街的窗戶，撲面而來的是蘇州河的氣息，河面上異常繁忙，行船人家的小船在並不寬敞的河道上擦肩而過。不遠處就是奔騰的黃浦江，江上不斷地傳來輪船的喇叭聲。這是一個比香港更加繁華的城市。

　　晚飯後母親常和父親一起跨過外白渡橋，沿著黃浦江邊散步。父親曾經告訴她，抗戰時期，日軍封鎖了外白渡橋，禁止外國人通過。

蘇州河上一橋之隔，劃分了兩個世界，北岸充滿恐懼、死亡與日本人的刺刀。而南岸，一派歌舞昇平……兩岸的聯繫僅靠一座外白渡橋，橋的兩邊對立著兩個世界。父親曾經充滿自豪地告訴她，現在所有的這一切都回到了人民的懷抱，而我們就是人民中的一分子。父親說這番話的時候激情飛揚，臉上是燦爛的笑容，母親從來沒有看見父親這麼高興過。當然，他們心裡藏不住一件喜事。1950年他們在位於汾陽路79號的上海中蘇友好協會所在地舉行了婚禮。那是一座規模宏大的文藝復興式建築，因其外觀是白色的，又被稱作「小白宮」，原為上海法租界總董官邸。父親的好朋友，又是中蘇友好協會的領導潘漢年、夏衍站在他們身後，擔任主婚人和證婚人。

婚禮以舞會形式舉行，同志們買來了大蛋糕，蘇聯領事館的友人們送來了花籃和一套銀餐具。葉以群的喜慶之日真可謂賓客盈門，文化藝術界的好友和同事都一起來賀喜。

葉以群時年三十九歲，身著一套合身的黑西裝，內繫一條紫絳紅的領帶，天然捲曲的頭髮又經理髮師加工了一番，薄薄地抹了一層油，更顯得年輕精神了許多。

他攜著年輕貌美的夫人劉素明站在門口迎接客人。

汽車魚貫而至，于伶、周而復早早地到了。婚禮上的兩位重要角色主婚人潘漢年夫婦和夏衍也到了。

又一輛轎車停在門口，葉以群抬眼望去，是市長陳毅，市委書記劉曉夫婦的車來到。

葉以群樂得合不攏嘴，他逐一地向來賓介紹自己的夫人，同時又悄悄地在劉素明的耳邊說明來客是誰誰。對於剛剛從香港來滬的年僅二十一歲的劉素明，這一切顯得既新鮮又有趣。她撲閃著一對大而亮的眼睛，欣喜地望著眼前的一切。

新中國成立後，劉素明暫別了在危難中養育她長大的姨媽，到上

海與葉以群建立了家庭。在日後十六年的夫妻生活中。她為葉以群生育了五個孩子。在葉以群蒙受誣陷和迫害憤而辭世以後，又是她和姨婆咬著牙關，把五個尚還年幼的孩子撫育成人。

當然，這些都是後話，在 1950 年汾陽路上的歡樂時刻，不論是飽經滄桑的葉以群，還是清純明淨的劉素明，都不可能想到會有悲劇性的那一天。他們在眾目睽睽下邁著嫻熟的舞步，旋舞著優雅的華爾茲繞全場一周，他們的臉上都溢滿了幸福的歡笑！

日後，和于伶伯伯閒談時曾聽他說起過爸媽那場婚禮上的一個小細節：「解放初期你爸爸以群結婚時，陳毅、潘漢年、夏衍都參加了在中蘇友協舉行的舞會。我們（潘漢年和夏衍）都不會跳舞，就在一邊打撲克。陳老總走過來把牌一撸說：『你們不跳舞，還拉走了我的舞伴。都去跳舞。』陳老總好厲害啊。現在有些電影，拍地下工作者就是跳舞，我們三個都搞地下工作，都不會跳舞。」

生命路上無法逾越的一個大坎

　　父親的路走到了 1955 年，出現了一個坎，一個大坎。說這是一個大坎，是因為富於應變各種情況的他，不知如何逾越。事情始由他一位尊敬的上級的命運突變上。

　　3 月的某一天，潘漢年副市長匆匆地飛往北京，通知時說是請他作為中共華東區的代表赴京參加全國黨代會。此次一去，潘漢年就再也沒能回來。後來的傳言是，在會議期間他被公安部宣佈作為內奸、特務逮捕關押。

　　當時，上海暫時還不很知道這樣的情況。潘漢年走後不久，葉家老大過生日，原先說好的，一定要請孩子的乾媽潘漢年的夫人董慧吃飯。這天家宴都已準備好了，可是就是遲遲不見董慧光臨。父親在母親的焦急催促下，往潘府打了電話。

　　打完電活，父親神色黯然地回到餐廳裡。他告訴母親，接電話的是潘府的警衛，說董慧也已離滬去了北京。她為什麼連個招呼都不打就走了呢？父親百思不得其解。他料想不到這竟是他和潘漢年、董慧的永訣。從此往後，他們誰都不可能再見到他們尊敬、平易近人的潘副市長和待人和藹、溫厚的董慧了！

4 月中旬的一天，葉以群接到市委的通知，前去參加了一個小型的會議。在會上他看到仍在住院的于伶也應召前來，便覺出了會議的不同尋常。主持會議的人鄭重宣佈：潘漢年是「內奸」，已於 4 月 3 日被中央批准逮捕接受審查！到會者必須嚴守秘密。此外，限在兩天之內，每個到會者必須寫出揭發檢舉材料，越具體，越詳細，越快越好！

　　幾天後的一個下午，葉以群拖著沉重的腳步走進了華東醫院南樓于伶的病房。平日來客不斷，充滿著歡聲笑語的病房如今顯得異常的清寂，此中原因只有于伶和葉以群心裡明白。

　　于伶給葉以群讓座，葉以群便悶頭坐著，兩人相對無言，讓寂靜陪伴著他們。良久，葉以群抬起了頭，呆呆地望著于伶，于伶也望著葉以群，可是依然是相對無言。

　　兩個小時就在相對默坐中過去了。一位護士推門進來送飯，她放下東西邁著急促的碎步逃跑般地奔出了病房，她無法忍受幽暗的病房裡的壓抑氣氛。

　　「你吃飯吧，」葉以群站起身要走，他的目光正好落在病床上的小几上一疊厚厚的稿紙上。他知道被沉疴纏身的于伶，仍然每天在寫著沉重的檢查。「你保重！」葉以群留下極簡短的三個字走了。

　　葉以群就這樣悄無聲息地離開了上影廠，這個由于伶和他及幾位副廠長在凌亂紛雜的矛盾頭緒中梳理清楚，在一片無秩序狀態中扶植起來的新中國第一大電影基地。當全廠上下，甚至是與以群最親近的工作同志都還在猜測于伶和葉以群出了什麼事時，于伶和葉以群已經接到張春橋宣佈的市委決定：撤銷于伶的上海電影製片廠廠長職務、葉以群的副廠長職務。因有作為潘漢年的同奸同夥的嫌疑，他們被勒令接受審查。可是叫他百思不得其解的是，潘漢年這樣一位在黨的歷史上做出過重要貢獻的人物，何以一夜之間成了潛伏的特務，並且有

人說：他常常在自己那輛行馳的汽車上向敵人總部發報；解放初期國民黨飛機空襲上海就是他策劃的……。真乃是欲加之罪，何患無辭！

四十四歲正當壯年的葉以群被剝奪了工作的權利，天天枯座在寓所的書房裡回憶往事……

上海的冬天，是潮濕和陰冷的。這年又偏偏下了場不暢不快的小雪。葉以群終於接到了市委組織部的通知，說他所寫的交待自己和與潘漢年關係的材料可以了。難得的而又終於盼到的解脫，使葉以群忘記了屋外的陰冷，他圍巾也沒戴就獨自上街去散步。

路邊的瓦頂上積著幾片殘雪，太陽蹦了幾下卻又躲到厚厚的雲層後面去了。路面上沒有雪，卻是潮濕的，印著一道又一道沾著泥漿的車轍。

葉以群在人行道上踽踽獨行，他希圖使自己去想些什麼，可是卻怎麼也集中不起精力，腦子裡似乎是一片空白。

不知不覺他已經走到了靜安寺，猛一抬頭，就看見一個朝夕相處的高個子站在面前，面無表情地望著他。

「于伶，你怎麼在這兒？」葉以群幾乎有些不相信這樣的邂逅。

「到藥房買些藥。」于伶說。

「我也已經好久沒有上街了。」葉以群打了個頓又說：「市委組織部已經通知我，交待可以不用寫了，可能近期安排我去上海作家協會工作……」葉以群望著于伶，想問一問他的處境，可是他的話又嚥在喉嚨裡。這是從事地下鬥爭時養成的習慣，人家不說的也就不要問。

于伶聽了葉以群的話，頷了頷首。他握著葉以群的手，相對地苦苦地笑了笑，就無言地告別了。

不幾天，葉以群接到市委宣傳部的通知，讓他去上海作家協會會刊《文藝月報》編輯部理論組當編輯。以群終於又有了工作，每天準時地騎著他那輛油漆斑駁的英制「三槍牌」自行車去鉅鹿路上班。

顯然，比起葉以群的戰友，他已屬幸運。有的人被逮捕，有的人沒說逮捕，可也被關押。也有的人沒有被關押，可已形同軟禁。于伶的遭遇就比葉以群壞得多，自從離開了電影廠，從此就被無限期地擱置起來。

　　1983 年初，潘漢年的案子終於得到平反，但是潘漢年和董慧夫婦早已離開人世。1983 年 4 月，于伶接到了上海市委的通知，參加了代表團，前去湖南湘東區洣江茶場迎接潘漢年夫婦骨灰運回北京八寶山安葬。一路顛簸回來，于伶伯伯幾乎心力交瘁，他寫了幾首詩發表在報紙上，以此表達對潘漢年的沉痛悼念！我記得詩中有這樣幾句：「敵壘森森步從容，出生入死立千功。」「天若有情天亦老，桃花依舊笑春風。」記得有一次去他家，他讓我讀了談談感想。我說我這樣年紀的年輕人讀了詩後可以了解潘漢年智勇雙全的革命鬥爭經歷；了解作者對潘公的深厚戰友情誼，字裡行間都可以體會到作者對死者很深的感情。于伯伯聽了欣慰地笑了。我仍然記得平日十分健談的他，那一天長時間的沉默。一樁歷史冤案，扼殺了智勇雙全、功勳卓著的潘漢年的生命，也耗去了于伯伯二十年的黃金歲月。可是他對生活的熱愛，對藝術事業的熱愛沒有絲毫的減弱。

他走進上海作協辦
公樓去做一名編輯

　　2011 年在上海作協舉行的葉以群百年誕辰座談會上，我見到了耄耋之年的錢谷融先生。他發言簡短，卻感情深切：「我和以群同志接觸不多，我進入文學理論界之後引來一片討伐之聲，有人公開講我是右派分子。但以群在一次上海舉辦的座談會上，公開維護了我。他是非常維護人的，非常正直，好心好意，與人為善的。這個事情我一直記得，一直非常感念！……我對以群同志一直懷著良好的感情，一直非常尊敬他，懷念他！」

　　座談會結束後，我和錢谷融、徐中玉兩位老先生在前廳閒談，還一起合影了。我知道錢先生一生坎坷，受了很多批判，做了三十八年講師，直到六十歲才終於當上教授，他心裡的苦悶不是常人能夠承受的。我問錢先生：「幾十年裡您受了那麼多委屈，為什麼能夠堅持下來？」

　　錢先生幽默一笑：「我喜歡吃，被批判完了就上街去吃小餛飩。」

　　我知道錢先生的話中，一半是真實的，一半是自嘲。我們

聽了都笑了，但那是苦澀的笑。錢先生的笑是幸存者勝利的笑，而我作為葉以群的兒子，卻又是無限惋惜的笑。如果父親不要那麼剛直，也能夠把身體彎曲，甚至捲縮成一團，匍匐在地上，興許也能活下來。

當葉以群走進鉅鹿路六七五號的作協辦公樓時，是 1955 年的歲末。在此之前，《人民日報》已連續發表了三批《關於胡風反革命集團的材料》。毛主席親自給這些材料寫了序言和編者按語。不久之後，北京又傳來了消息，中宣部召集了關於「丁玲、陳企霞事件的傳達報告會」，傳達了中國作協黨組對丁、陳批評的情況。在新中國的土地上，批判、鬥爭逐漸地成為人們生活中不可缺少的一部分，「階級鬥爭」的火藥味日漸濃了起來。

葉以群目睹著這一切，並且也經受了潘漢年事件的衝擊，可是他依然很鎮靜地走進了那棟於 1931 年由匈牙利著名建築師鄔達克設計的典雅別墅式小樓的環形樓梯。也許是一種歷史的巧合，那棟小樓落成的年代正是他從日本留學回到上海參加「左聯」的年份。「左聯」時期他活動的區域都在虹口一帶，他也許從來沒有來過鉅鹿路一帶，他更不可能想到，一棟新落成的小洋樓將是他文學生命最後的歸宿。

當時，《文藝月報》的編委有巴金、唐弢、魏金枝。他們都曾經和葉以群在重慶等地共事過，都是相識、相熟、相知的朋友。所以，在這樣的環境中，葉以群可以舒心地從事平凡的工作。

據說，時任中共中央宣傳部副部長周揚在北京聽到葉以群的工作安排時，大為不滿，他了解葉以群的過去，更賞識葉以群的理論修養、學術見識。他傳話給上海市委宣傳部：你們若不起用葉以群，我將調他到北京任用。其實，1949 年，新中國成立之初周揚就已經在北京給葉以群安排了工作。

上海市委的文教書記張春橋，無奈之下只得通知作協，給葉以群安排一定的工作。之後，葉以群擔任了編輯部的執行編委，成了編輯部的主要領導。

葉以群又成了最忙的人了，天天騎著自行車準時上班，又準時下班。刊物的具體事務需要他一一解決，作協機關的具體事務也由他負責處理，甚至是作協工作報告，時常也是由王道乾起草了，經他修改定稿。他還時常接到宣傳部的電話，要他就文藝形勢和文藝問題撰寫文章，他還要寫些自己想寫的東西。在妻子劉素明的記憶裡，他沒有星期天，他沒有下班的時間，每天他都是工作到晚上二三點鐘才熄燈睡覺。

在一個熟悉的環境裡，葉以群開始和逐漸增多的陌生人打交道。所謂熟悉的環境，是說像作協這樣文人聚集的環境他經歷過許多，如重慶的文協，香港時期和上影，並且他都曾擔任組織和領導工作。而所謂陌生的人，是說當他來到作協時，他初到上海時的一批摯友卻紛紛離去，潘漢年早已入獄，于伶獨居家中，夏衍、周而復又先後去京……即使在作協，巴金等相熟的作家時常外出或在家寫作，難得到作協露面。有事找誰去商量呢？

葉以群進作協擔任領導，尤若來到一處腹背受敵的裸露地帶，他無以保護自己，卻將自己暴露在外，任人攻擊。當時，上海作協的黨組會，是一片荊棘地，每逢社會上有了運動，其中有些人就殺回來，端起架子檢查工作，不幹事的人成了最最清白的檢查官，年年歲歲幹事的人成了小媳婦。他知道：作協要存在，要活動，總得有人來端平這碗水啊！

尷尬的處境塑造出尷尬的人。面對來自上面的壓力，和背面的冷槍暗箭，葉以群更是小心謹慎，對上級的意旨不能違抗，可在執行的過程中又不能違背自己為人的良心和正直。他在這種尷尬處境中工作

了十年，了解和熟悉他的同志深有感情地說：「他是在夾縫中做一個正直的人啊！」

從葉以群在作協工作期間，對幾件事情的處理上即可見當時他的一番苦心：

1957 年，政治氣候乍暖轉寒，反右鬥爭開始了。一天葉以群在辦公室看到當天出版的上海報紙，上面有幾篇華東師大學生寫的文章指名道姓地尖銳批判了該校的講師錢谷融，指責錢是反黨的右派，而證據就是幾個月前發表在葉以群主持的《文藝月報》上的《論「文學是人學」》一文。

葉以群讀完了報上的文章，聚攏的眉頭久久沒有鬆開。理論組的同志頗為緊張地跑來徵求他的意見。他沉默著，前傾著身子，湊近手指間夾著的煙捲，慢慢吸著。

「你能不能先去師大了解一下情況？事情的起因，名方面的反應……」葉以群不慌不忙地叮囑那位年輕的同志。

年輕的同志回來之後告訴葉以群：「情況已經基本清楚，是學生自發的批判，報紙給登了。」

葉以群深深地鬆了口氣，接著又問：「那麼學生們對你的出現有什麼反應？」

「他們提出讓我們也發文章批判。」

「發文章可以，但是得說理。」葉以群清晰地記得，幾個月前，他應邀參加了華東師大召開的科學討論會，錢谷融（著名文學評論家、華東師範大學中文系博士生導師，時任講師）在會上作了《論「文學是人學」》的精彩發言，尖銳地批判了創作上的公式化、概念化和理論上的教條主義，公開地舉起了人道主義的旗幟。葉以群聞此如獲至寶，當即決定將稿子索回在《文藝月報》上刊出。可誰知陰陽難辨，氣候驟轉，又遇上這批激進的學生，所幸的是他們還沒什麼來頭。

「告訴學生，我們會發表文章展開討論，也歡迎他們來稿支持。」葉以群以緩兵之計穩住了學生。將組來的稿子靜靜地壓在案頭，待反右高潮過去後才刊出。於是，一場險些被納入政治領域的殘酷鬥爭，在他的努力下成為學術範圍內不同觀點的爭鳴和辯論，儘管錢谷融先生仍然承受了不少偏激的批判，但可慶幸的是沒有因此而遭受沒頂之災。

日後，錢谷融回憶道：「以群同志雖然不贊成我文章的觀點，但他是堅持把它作為學術問題來處理的！當會上有同志在發言中說到我的某些觀點與胡風很相似這樣的話時，以群同志連忙叮囑各報記者在報導中不要提這句話，說這太可怕了。第二天《解放日報》在頭版右上角的醒目地位報導這次座談會的情況時，措詞也是極平允的。」

又有一次，思想界掀起了「拔白旗，插紅旗」的運動，蔣孔陽（著名文學評論家、復旦大學教授）先生因在所著的《文學的基本常識》一書中對文學階級性問題提出過自己的看法，認為有些優秀的作品未必表現明顯的階級性。為此復旦大學中文系的學生就把他當成批判的靶子。在輿論的壓力下，刊物也發表了編輯部一位同志寫的批判文章。批判高潮過去以後，葉以群就對這位同志說：「你寫了批判錢谷融、蔣孔陽的文章，他們自己怎麼看呢，你應該去徵求一下他們對你文章的意見。同時，也代表我再向他們組稿。」通過彼此的對話，最後雙方達到了諒解，兩位先生也先後應約為刊物寫了稿。

在葉以群擔任作協和刊物的領導時，十分反感將文學問題無限上綱的做法。他多次對編輯部的同志說：「不要把自己不同意的觀點都看成是錯誤的，刊物要容納各種不同的觀點，既使是錯誤的意見，也還有非馬克思主義和反馬克思主義的區別，要嚴格掌握。」在貫徹「雙百方針」時，他特別注意團結那些受到批評、冷落而又有影響的知識分子。

反右鬥爭結束以後，葉以群在作協除了分管刊物之外，還分工負責與已被錯劃為右派的傅雷聯繫。一天葉以群剛剛走進辦公室，就聽到一個不幸的消息：傅雷先生在波蘭學習音樂的兒子傅聰，聽到他父親在國內的遭際，自由出走英國。上面關照這一個消息由作協通知傅雷。

如何把不幸的消息告訴傅雷？如何使他破碎的心免受更大的傷害？葉以群托腮沉思。

他撥通電話，請來翻譯家周煦良。「想請你替我去看望一下傅雷，告訴他一個不幸的消息……」

與傅雷私交甚好的周煦良聽了葉以群介紹的情況後同意了。

「你告訴他，傅聰的事由他自己負責，和傅雷沒有絲毫關係，讓他珍重！」

周煦良如期地傳達了葉以群的意思。傅雷經受了「失子」的痛苦，當時卻沒有為這件事受到更多的牽連和責難。

　　「文革」結束後，教育部要求重新出版《文學的基本原理》。1979 年 4 月葉子銘來上海說起：一次在北京開會討論該書的修改。周揚、林默涵、羅蓀出席了。葉子銘提到：「這本書以前說它是毒草。」周揚說：「『四人幫』講它是修正主義的，但現在教育部指定要出書，做教材，沒有社會主義的，就先用修正主義的。」周揚的話把大家都逗笑了。對修訂該書的計劃，周揚強調：「主編以群不在了，書要儘量保持其本來的面貌，作小改。」他特別強調，你們可以在當年以群的意見當中選。很顯然周揚很了解葉以群，知道葉以群當年想突破的一些教條框框，但是那個時候有所限制，無法突破。一年後該書的修訂本再次走進大學的課堂。

　　葉以群一生辦刊物，名義上做主編的很少，可是實際上他做著每一件最具體，最煩瑣的事務，從一篇稿子的組織，到每一篇稿件的簽發都浸透著他的心血。他承擔著最具體、最沉重的責任。三十多年，辦了十幾種刊物，恐怕在他的記憶中，沒有比《上海文學》和《收穫》

更難以把握的了。在上海辦刊物，需要時時揣摩某上級的意圖，稍有不測，便可能遭遇沒頂之災。在主持這兩家刊物的年月中，是他寫檢查最多的時候。當年和他一起辦《收穫》的蕭岱說：「反右以後，《收穫》發過不少右派的稿子，後來都捱了柯慶施和張春橋的批。以群從來沒有埋怨我們，他總是自己不聲不響地寫檢查，力求對上交待。」

葉以群是以一位文藝理論家而為世人所了解的，他的這一聲譽來自於建國以前的幾十年他所從事的文藝理論實踐和理論評述。「左聯」時期，他以華蒂為筆名，那時就是著名的左翼評論家。1937年，他從日文版轉譯的蘇聯維諾格拉多夫的《新文學教程》，是蘇聯早期一本有價值的文藝理論教材，也是較早引進的具有馬克思主義文藝觀的理論著作。解放前後曾數次重版，在國內產生過深廣的影響。著名作家劉白羽憶想當年曾寫道：「他譯的《新文學教程》，在廣大青年中傳播馬克思主義文藝觀，產生了巨大的影響，就像普羅米修士把火盜給人間，他在國民黨統治的茫茫黑暗中播下革命火種，引導不少人走向革命的戰鬥的道路。」

可是新中國成立以後，有了安定的生活和固定的工作，葉以群卻似乎反倒沒有更深入地開展他對文藝的理論思維了。儘管他也寫過不少文章，可惜的是，他更多的注意力已經無法集中在文學文藝自身規律的探討研究上，卻偏向對於文藝的時事性問題的議論中。這又是歷史給予理論家的一種尷尬境地。

葉以群曾經遇到過一次充分展現他的理論造詣的機會。那是1961年4月，高等學校文科教材編選計劃會議在北京召開，時任中共中央宣傳部長陸定一、副部長周揚到會作了報告。會上周揚鑒於當時國內還缺少一本有一定品質的、符合國情的文學理論大學教材，便把這個任務交給葉以群，希望他組織一個班子，盡快完成一部把馬列主義的文學原理同我國現代革命文藝運動的實踐經驗與我國古代文論的優秀

傳統結合起來，具有中國特色的理論教材。

回到上海，葉以群立即從復旦、上海師院和華東師大抽調了一批年輕的理論教師，還請來了南京大學的葉子銘，開始著手編寫教材的準備。

他多次對組內的青年教師們說：「我國的『文學概論』教材，解放前是抄日本和歐美的，解放後則是抄蘇聯的，我們應該打破這些模式，著重總結我們自己的經驗，建立起我們自己的新的理論體系。」在寫作上，他不同意當時甚為流行的以觀點代材料即所謂「以論代史」的說法，贊成「論從史出」，從文學實際中去尋找帶有規律性的東西。

起初，年輕同志的認識帶有很大的片面性，他們把文學理論教材狹隘地理解為對於馬恩列斯有關文學問題的論述，尤其是對於《在延安文藝座談會上的講話》的有關觀點作些排比、介紹。連教材的綱目也基本上按照《講話》的內容順序編排，教材中所列舉的作家作品和文學理論家則大都局限於中國現當代。對中外過去時代的作家與文學理論言論，則很少涉及。當時他們還單純地認為，只有這樣做才能體現馬克思主義理論的純潔性和戰鬥性，才是對既往的文學理論教材的重大變革。

葉以群深知帶著這樣片面的認識是不能寫出有品質的教材的，他首先耐心地做通了教師組長的思想工作，再通過他去說服其他年輕的教師。按照葉以群確定的思路，他佈置編寫組成員根據每人分工的章節，把古今中外重要作家、理論家有關的精闢論述摘錄出來，搞成卡片，然後進行分析歸納，引出比較可靠的結論。

葉子銘（茅盾研究專家、曾任南京大學中文系主任、中國茅盾研究會會長）曾經回憶道：「就我所知，在以群同志的晚年，由於意識到我國革命文藝運動的歷史教訓，他曾力圖在當時客觀歷史條件許可的情況下，突破教條主義的束縛，從我國革命文藝實踐的經驗教訓出發，

編寫一部具有我國特點的，系統地闡述馬克思主義文學原理的教材。這樣的信念對他是堅定不移的。他殫思極慮，耗盡心血，帶領一批青年教師，經歷幾度春秋，前後數易其稿⋯⋯」

《文學的基本原理》於兩年後出版發行，成為全國文科大學的文學理論教材。它帶著產生它的那個時代的明顯烙印，更帶著以群和一批青年教師的嚴謹治學態度和良好願望走進了大學教堂，它曾經滋養了無數代人，使他們從略知文學一二，走上了從事文學事業的道路。

胡耀邦的女兒滿妹在《思念依然無盡 —— 回憶父親胡耀邦》一書中回憶：「為了豐富群眾的文化生活，1980 年 2 月在京西賓館召開了劇本創作會。為了開好這次會議寫講話稿，父親用了兩天的時間，重新閱讀以群主編的《文學的基本原理》一書。」

周而復回憶道：「1979 年，在一次黨的會議上，我聽到黨中央一位負責同志說：最近看了一本《文學的基本原理》，是葉以群同志寫的，我看寫得不錯嘛！以群同志要是能夠聽到，我想，他一定會感到無上的安慰和最大的鼓舞。」這位負責同志就是胡耀邦。

也就是在那次會議上，胡耀邦對文藝界存有爭議的一些劇本發表了意見：「文藝創作必須真實地反映生活。但這種真實必須是藝術的真實，生活本質的真實，作品必須對生活進行典型概括，才有思想價值和藝術價值⋯⋯」同時強調了對於作家創作個性尊重的重要性，從而避免了又一場文字獄和因文藝作品而引發的政治運動。

1983 年葉子銘來上海開會，我去酒店拜訪他。閒談中他談起對當代文藝理論的見解時說：現在的文藝理論可用兩個三角來體現。西方文藝理論只強調內部規律，即作家個性—風格—淵源。我國文藝理論則強調外部規律，即作品—作家—社會。兩者都有偏廢。正確的方法應是兩者的融合。他言簡意賅，對東西方的文藝理論框架作了勾勒。我了解到他原先是研究古典文學的，後來從古典領域轉入現代文學。

跨越不同歷史時期的文學研究，提供給他宏闊的視野。

1960 年代初，葉子銘還是一個二十多歲的大學生，他將一篇研究茅盾作品的大學畢業論文投稿給上海文藝出版社。稿子轉到社外專家葉以群手裡，引起了他的重視。葉以群與茅盾交往密切，看到一位素昧平生的初生牛犢對文壇巨擘作品的分析全面而又獨具見解，滿心喜悅。葉以群及時給葉子銘去信提出修改意見，並建議他多花些功夫，把論文擴充成書。經過葉子銘的努力，成書後的《論茅盾四十年的文學道路》內容翔實，結構嚴謹，所體現的扎實學術品格，使之成為茅盾研究的奠基性著作。葉以群還以著名的文藝評論家的身份，親自為該書作序，稱：《論茅盾四十年的文學道路》是「第一部比較全面地研究和分析茅盾的創作道路的著作，視野開闊，格局恢弘。」葉子銘先生的著作，經受住了時間的考驗，是後來學者進入茅盾研究領域必讀的入門書。

這一段文壇前輩扶植新人的佳話並沒有就此畫上句號。「文革」結束以後，以群已經含冤離世。1978 年上海文藝出版社要重印葉子銘的《論茅盾四十年的文學道路》，並因為以群還沒獲得平反，而要求作者刪去葉以群的序言。葉子銘堅決不同意，為此推遲了該書的重印。

一年之後，以群含冤十二年終於獲得平反。上海文藝出版社準備編輯出版《以群文藝論文集》。葉子銘主動承擔了編輯任務。

在葉子銘為葉以群編輯文藝論文集期間，他曾和我通了數十封信，每一封信都不是三言兩語，有的更是數頁之長。如今記憶中仍能清晰地看見他那一行行纖細的向右傾斜的字體。從他的字裡行間，我真切而深刻地感受到他是一個極其認真而又追求完美的學者。

葉子銘在論文《艱難的追求　歷史的選擇 —— 文學理論批評家以群》一文中寫道：「就『五四』以來，為數不多的一批重要理論批評家來看，以著名作家兼理論批評家或兼而不成家者，大約可以列出一批

名單，但以畢生經歷主要從事文學理論建設的專家學者卻寥寥無幾。這裡要提的著名文學理論批評家以群就屬後者的行列之中，他同魯迅、茅盾、郭沫若、瞿秋白等先驅者相比，屬左翼文壇的後起之秀；同周揚、邵荃麟、胡風等相比，屬同一輩人；而同胡適、周作人、朱光潛、李健吾等相比，則分屬不同的文學理論批評流派。他，不像先驅者們那樣聲名顯赫，在同輩之中，也算不上叱咤風雲的人物，然而他有自己的個性、追求與獨特貢獻。從二十世紀二十年代末到六十年代初，在風浪迭起的歷史環境與屢遭挫折的曲折經歷中，他做了自己的選擇，並以執著而艱難的理論追求、嚴謹認真的態度和實事求是的精神，不斷匡正已知的謬誤和尋求新的突破，為馬克思主義文藝學在中國的建設與發展，為新一代青年文學理論工作者的成長，做出了重要的歷史貢獻。儘管他和他的時代，已成了歷史；然而從中國現代文學理論批評的發展史來看，他對自己的時代所做出的選擇與貢獻，他留給我們的寶貴經驗與不斷追求的足跡，則將載入史冊。」

電影《魯迅傳》
流產紀略

　　1979 年在父親葉以群的平反昭雪追悼大會上，我見到了專
程從南京趕來的陳白塵先生。追悼會結束後，巴金、陳白塵等
前輩陪同家屬護送父親的骨灰到龍華烈士陵園安放，那時陳白
塵已年逾古稀。後來又見過一次陳白塵，他出差到上海，住在
東湖賓館，作協秘書處通知母親，說他想見見我們。於是母親
和我一起去看他。他和藹可親，見面中還和我們聊起三十年代
在上海和父親的往事。陳白塵伯伯與父親結識於三十年代，但
是更緊密的合作是 1960 年創作電影《魯迅傳》劇本時。那時父
親葉以群是創作組組長，陳白塵是劇本執筆者。

　　儘管葉以群畢生主要的精力都在文學上，不過他與中國電影也有
深入的聯繫。新中國成立前夕，他接受潘漢年的指示，在香港開辦了
電影公司，親自創作劇本，拍攝進步電影。1949 年後到了上海，在私
營制電影公司國有化的過程中擔任了上海電影界的領導。

　　1951 年 7 月，葉以群代表文化局電管處去北京向中央文化部電影
局報告了取消私營電影廠，使電影製片事業國家化的意見。之後又參

加了中央文化部電影工作委員會和中央宣傳部陸定一部長、胡喬木副部長召集的會議，決定了取消私營電影廠的方案。9月，公私合營的「長江電影廠」和私營的「崑崙公司」合組成「長崑聯合廠」，葉以群任廠長。1952年1月，「長崑聯合廠」又與全市七個私營廠聯合組成「上海聯合電影製片廠」，于伶任廠長，葉以群任副廠長。

于伶回憶道：「從聯影廠到上影廠的電影業務與藝術方面的任務，主要靠以群同志！……對決定投入生產攝製的故事片、美術片等劇本，以群和我讀了先交換意見，有些問題則找夏（衍）公或「電影劇本創作所」副所長柯靈同志商量，由以群跟創作人員反覆討論，研究修改處理。攝製中的樣片多半由以群先看。……」幾年中，廠內同仁有幾起家庭難題與社會糾葛等難以處理的事，也是由以群等商量和調查後尋求解決。

上海聯合電影製片廠成立後，真正參與一部史詩式電影的創作，是電影《魯迅傳》的籌備拍攝。雖然那是一曲沒有唱響的遺憾之歌，可是卻餘音繞樑，在中國電影界留下深遠的影響。1960年代，拍攝一部《魯迅傳》是那一代文化界人士的夢想。我看到一幅照片，是周揚和電影《魯迅傳》攝製組的創作人員在一起。照片中有葉以群、陳白塵、杜宣，導演陳鯉庭，演員趙丹、于藍、于是之和謝添等。

電影《魯迅傳》的創作，起始於1958年12月以群的劇本《艱難時代 —— 魯迅在上海》。

1958年「大躍進」時期，上海市委領導人柯慶施在《紅旗》雜誌發表文章，提出了「超越魯迅」的口號。周恩來總理對此表示不同意見，認為我們應當先了解魯迅、學習魯迅，才能談到所謂的「超越魯迅」，為此，他指示上海文化部門的領導人拍攝一部反映魯迅生平的電影，幫助廣大人民群眾，特別是青年了解魯迅。

1958年12月，葉以群寫出了電影劇本《艱難時代 —— 魯迅在上

海》。由於葉以群是歷史見證人，曾經與魯迅有過交往，也了解在當時的歷史條件下寫魯迅充滿難度，於是他的最初劇本聚焦於客觀表現在風雨如晦的舊上海，魯迅作為一個文學家所經歷的艱難歲月。後來葉以群的劇本被認為太像記錄片，於是成立了龐大的創作組，請來了著名劇作家陳白塵，進行重新創作。可是各種意見提供給創作者的依據卻又莫衷一是。

1960年初，葉以群利用在北京開會的機會當面向周總理彙報了劇本的情況。周總理指出：「既然要重寫，我看拍上、下兩集，表現魯迅的一生。爭取明年七月先拿出上集，作為向黨成立四十周年的獻禮片。」上海市委書記石西民得知周總理的指示後，就指派上海電影局長張駿祥和葉以群在1月7日晚上邀請在京的文化部副部長夏衍、中宣部副部長林默涵、中國作協副主席邵荃麟等人開會商量如何落實，拍攝反映魯迅一生的電影。

在會議上決定成立由葉以群、陳白塵、唐弢、柯靈、杜宣等人組成的《魯迅傳》創作組，陳白塵擔任執筆人。另外按照上海市委的指示，決定成立由沈雁冰（茅盾）、周建人、許廣平、楊之華、巴金、周揚、夏衍、邵荃麟、陽翰笙、陳荒煤等人組成的《魯迅傳》顧問團。周總理在聽取有關人士的彙報後，指定葉以群擔任創作組組長，夏衍擔任顧問團團長。陳白塵受命參加電影《魯迅傳》創作組，並擔任主筆。在電影劇本《魯迅傳》的創作過程中，他和葉以群等創作組的成員殫思極慮，在傳達官方政治理念和尊重歷史尊重藝術的矛盾與艱辛中艱難跋涉。

陳白塵（著名劇作家、曾任南京大學中文系主任）在諷刺喜劇方面的扛鼎之作《升官圖》曾經轟動了一九四〇年代的山城重慶。《升官圖》開一代先河，是中國現代政治諷刺喜劇的代表作。1988年慶祝陳白塵八十華誕時，南京重演了這部經典喜劇。舞台上貪官污吏群魔亂

舞，使觀者聯想到現實中的一些腐敗現象。觀眾在笑聲中思索，感受著半個世紀前的一齣戲劇對現實的震撼。演出結束後，陳老登台演講。他語重心長地說：「如果生活中消除了腐敗之風，我這個戲也就沒有什麼針對性了，希望《升官圖》這樣的戲以後會喪失演出的現實意義！」他的話在劇場中引起經久不息的掌聲。

在漫長的創作生涯中，陳白塵擅長處理歷史題材。他創作的電影劇本《烏鴉與麻雀》、《宋景詩》、歷史話劇《大風歌》，和根據魯迅同名小說《阿Q正傳》改編的電影及舞台劇都享譽盛名。他不僅是中國的一代喜劇大師、中國諷刺喜劇的開山鼻祖，在「文革」結束後，他還主政南京大學中文系，並成功培養出一大批新時代的戲劇人才。

1961年初，《魯迅傳》攝製組（籌）成立，決定由上海天馬電影製片廠籌拍電影《魯迅傳》（上下集），攝製組中彙集了全國電影界的精英：于伶擔任歷史顧問，陳白塵、葉以群、唐弢、柯靈、杜宣集體編劇，陳鯉庭執導。1963年，電影《魯迅傳》已經選定攝製陣容：趙丹飾魯迅，于藍飾許廣平，孫道臨飾瞿秋白，藍馬飾李大釗，于是之飾范愛農，石羽飾胡適，謝添扮演阿Q。

可是如何定位魯迅，始終是創作組一直爭論不休的一個焦點。最初葉以群根據周總理的囑託寫出了初稿《艱難的歲月 —— 魯迅在上海》。主要集中描寫了魯迅在上海的艱苦生活。葉以群二十世紀三十年代一直在上海從事左翼文化工作，與魯迅是相識的。在他自己的文章中曾經記錄過與魯迅的幾次見面。

1960年籌拍《魯迅傳》時，周恩來總理接見創作組長葉以群。周總理問葉以群：關於創造社、太陽社同魯迅的筆戰問題，你們準備如何處理？葉以群說：想避開矛盾不寫。總理說：客觀存在的歷史事實不能迴避。……在黨的「六大」以前，創造社、太陽社的年輕黨員受「左」的思想影響，與魯迅打筆戰。黨中央發現以後，及時解決，最後

壞事變成好事，促進了上海革命文藝界的大團結。……最早發現這個問題，向黨中央報告的，是惲代英同志；具體處理這一事件的，是李立三同志。他們功不可沒。潘漢年在這個問題上也起了很好的作用。這個問題在影片中可以接觸一點。這不要緊，總結自己的正面和反面的經驗。當然，寫得太多是不好的……

在周總理於 1960 年 4 月 3 日解答《魯迅傳》創作組的疑難問題並就影片的基調作出詳細指示之後，4 月 8 日，《魯迅傳》顧問團團長夏衍召集創作組開會，討論劇本的提綱。夏衍在講話中強調指出：「整個戲最主要的兩點：第一，必須以毛主席對魯迅的評語為綱，以中國革命為背景，寫出中國革命知識分子所走過的道路和思想上經歷的變化……第二，是黨的領導，特別是黨對文藝運動領導的一條綫……魯迅的進步實際上是靠攏黨，思想上起了變化的結果。魯迅和黨的關係早在廣州就開始，不是直到左聯才開始的，更早的還有李大釗，這條綫應該寫出來。」

夏衍強調的毛澤東關於魯迅的評價發表於 1940 年 1 月。當時毛澤東在延安新創刊的《中國文化》雜誌創刊號上發表了著名的《新民主主義論》，對魯迅給予高度評價：「魯迅是中國文化革命的主將，他不但是偉大的文學家，而且是偉大的思想家和偉大的革命家。魯迅的骨頭是最硬的，他沒有絲毫的奴顏和媚骨，這是殖民地半殖民地人民最可寶貴的性格。魯迅是在文化戰綫上，代表全民族的大多數，向著敵人衝鋒陷陣的最正確、最勇敢、最堅決、最忠實、最熱忱的空前的民族英雄。魯迅的方向，就是中華民族新文化的方向。」

陳白塵在寫出劇本二稿，周揚看過劇本之後，在 3 月 19 日找葉以群和于藍等人說了幾點意見：主旨是凡涉及重大歷史事件、政治事件的地方，沒有確實根據的，不要隨便編造。周揚強調：「總的意見就是這兩點：一個是重大的革命事件和重要的歷史人物，大體上要符合實

際、符合歷史的真實。至於細節，當然可以虛構。……再一點是革命
文學家魯迅和革命運動相呼應是精神上的呼應，直接聯繫減少一點，
這樣才顯示出他的偉大，不然，老是人家在幫助他，又是李大釗在跟
他談，又是陳延年在跟他談，而他自己摸索、奮鬥就反而削弱了。」
周揚的意見顯然與夏衍最初定的大綱不同，他正確指出了劇本存在的
最主要的問題。寫歷史人物，還是要尊重歷史人物本身。後來夏衍親
自重寫了一稿，不過仍然不能得到方方面面的滿意。（沈鵬年《巨片
〈魯迅傳〉的誕生與夭折》）

　　當年正在積極準備扮演魯迅的趙丹憑著他藝術家的直率，在 1961
年撰寫的《角色自傳》和《角色自我設計》的筆記中直言：「無論如何
不能抱著主席誇讚魯迅的幾個偉大去創造角色，那就糟了，必須忘掉
那幾個偉大。……藝術家要用自己的語言說話。」毫無疑問趙丹的話
才是真知灼見。但是，陳白塵是「奉命創作」，他在撰寫劇本時不得不
按照政治需要或者說是命令來創作，他不可能完全按照自己的理解來
塑造魯迅形象。

　　創作組先後五易其稿，劇本確定下來，上集劇本在《人民文學》
發表，並出版了單行本。但就在準備開拍之際，遭到上海市的主要領
導柯慶施的所謂「大寫十三年」的干涉而被迫放棄拍攝，攝製組被張
春橋宣佈解散。這成為上海電影乃至中國電影的一個遺憾。

　　陳白塵的女兒陳虹，在為父親的回憶錄《對人世的告別》一書撰
寫的序言《父親的故事》中，這樣描述陳白塵創作《魯迅傳》劇本時
的情景：「由於被塑造的人物是『中國文化革命的主將』是『偉大的文
學家』和『偉大的思想家』與『偉大的革命家』，因此把關者除上海
市委外，更有中宣部的諸位領導。父親的手被眾人牽制著，他不敢去
描寫魯迅的常人情感與凡人生活，也不敢按照寫戲的規律，賦予他一
定的性格。一層層的審查，一遍遍的修改，父親已沒有了自己的思想，

寫到最後，魯迅到底是人還是神，連他自己都糊塗了。」

陳白塵也坦言：「一位前輩曾批評我說：『你是把他當著最尊敬的人去敘述他，而不是當著你筆下所創造的人物來描寫他的。』這也許是的。我現在又能從這狀態中超脫出來麼？」

魯迅在歷史上是一個無黨無派的自由知識分子，他在大學裡教書，以小說和雜文在文壇上馳名。他文筆犀利，愛憎分明，不畏懼權勢，不阿諛強權，他同情共產黨，與共產黨的進步文化有聯繫，並給與力所能及的支持。但是，對於他看不慣的事，也語出辛辣，他毫不掩飾與「左聯」領導人周揚、夏衍的分歧，並在文章中稱他們為「四條漢子」。在情感上他偏向於胡風、馮雪峰⋯⋯。他與瞿秋白在上海結為摯友，而並不因為瞿秋白在黨內路綫鬥爭中失敗下台而受影響。這些因素，都表明他是一個活生生，充滿血性的人。可是這些陳白塵都不能觸及。

魯迅與許廣平的師生之戀，也不為中國傳統的倫理所容，他傾情於自己的學生時，賢妻還在北京伺候他的老母，魯迅個人情感上的糾結也不能寫。魯迅具有獨具個性的是非標準，不論是朋友，還是進步文化人，與他都有過毫不留情的爭論。可是對於年青人，他總是熱情扶持，出錢出力，甚至為了青年的事危及到自己的生命也毫無怨言。他當之無愧地被尊稱為「青年導師」。他所處的中國正是內外危機四伏，社會矛盾激化的特殊歷史時期。可是父輩們所具備的與魯迅交往的直接經驗都無法施展。他們又能寫出多少自己心中的那個活生生的魯迅？陳白塵自謙地說，他沒有看見過魯迅的眼睛。我充分的理解他這種說法的理由。儘管他沒有和魯迅交往過，可是他同樣身處於那個時代，耳濡目染加上他的才能早已足夠讓他寫出一個具備鮮明個性色彩的魯迅，可是他又能夠有多少發揮的餘地？

1980 年春節之前，趙丹前去拜訪陳白塵，趙丹再次表達了自己

渴望有機會扮演魯迅的強烈願望，希望陳白塵能夠重新修改劇本，使《魯迅傳》重見天日。對於趙丹的願望，陳白塵充滿理解，他說：「1961 年時，演員陣容無比強大。除了您演魯迅外，藍馬的李大釗、于藍的許廣平、于是之的范愛農、石羽的胡適、謝添的阿 Q、衛禹平的陳源……都是高標準的人選。但藍馬已不幸逝世，衛禹平也中風在床……」對於趙丹對自己的信賴，陳白塵也非常感激，但是最終他卻說「曾經滄海難為水」，不能滿足趙丹的願望。

陳白塵後來在 1981 年撰寫的《一項未完成的紀念 —— 電影劇本〈魯迅傳〉記略》中對自己創作的《魯迅傳》劇本進行了深刻反思，並回答了為什麼二十年後自己也無法承擔起塑造出魯迅真實的銀幕形象的重任。他說：「人貴有自知之明。對於原劇本自己既然並不滿意，則不會因為它被『四人幫』踐踏過，就更加美麗起來。更何況是二十年後重新拍攝，怎能不重新寫過？重新寫，我有必勝的信心麼？」

「十年來，一些想做神的後裔的人們曾經在魯迅的塑像上又胡亂的塗抹過一些金粉。近年來有人想為它洗刷，但又不自覺的另塗上些別色的粉末；而同時為之修補的又大有人在。我不是文學史家，又不是魯迅研究專家，能有如此能耐，使這被污染的塑像恢復本來的面目麼？」

如果魯迅走不出那政治光環籠罩，無法恢復他作為知識分子的真實面貌，他就不可能呈現所具備的個性色彩。在諸多限制之下，與魯迅有過交往的葉以群不能，編劇大師陳白塵也不能塑造出具有個性色彩的魯迅。在缺乏個性的創作中，又有誰能夠寫出心中的魯迅？

1996 年，我曾拜訪了著名表演藝術家黃宗英和著名翻譯家馮亦代。那時他們新婚不久，住在北京小西天的七重天。那天我和黃宗英聊的較多，談到了她的前夫著名的電影藝術家趙丹，

也談到了趙丹逝世以後她個人的諸多人生坎坷。至今我仍然深刻地記得黃宗英當時的一句感嘆:「我和趙丹的命都很苦!」當時我們坐在窄小的屋子裡,面對面地聽到她的話,我心裡劇烈地顫抖了,這不應該是這一對燦若晨星的,受到人民廣泛愛戴的電影藝術家對於人生的感嘆吧。

記得我看到的趙丹的最後一次演出是七十年代末的一個春節期間,在上海市對台灣同胞的一次電視演播中,趙丹栩栩如生地扮演了魯迅先生。同台演出的是上海電影界的一批著名演員,白楊、王丹鳳、秦怡、黃宗英、孫景路、韓飛等。趙丹操著濃濃的紹興話說:「我怎麼跑到電影界來了?大概是因為我寫了《阮玲玉之死》吧……」趙丹扮演魯迅可謂是厚積薄發,當年籌備拍攝《魯迅傳》時,他就迫不急待地向導演陳鯉庭毛遂自薦,要演魯迅。趙丹的自述中說「明確宣佈由我主演魯迅。我得到了自己最傾心的角色演,渾身經脈都舒暢,興奮得不得了,就像換了個人似的。」他穿著魯迅的衣服回家,把家裡變成了魯迅的書房,細心琢磨著魯迅的舉手投足和言語顧盼。趙丹的試妝簡直是神形皆備。可是沒過多久上海市委發了通知,要大寫建國後的十三年,《魯迅傳》不拍了。

當趙丹脫下魯迅的長袍時,望著鏡子裡自己為了演出特意留長的鬍子,他百感交集。臨終時趙丹極其痛苦地感嘆:「我以二十年的藝術年華迷醉飾演魯迅,終於成了深深的遺憾。」這一遺憾不僅僅是趙丹個人的遺憾,同時是整個中國電影界的遺憾。因為時至今日,我們的銀幕上還沒有真正樹立起栩栩如生的魯迅形象。

陳
荒
煤
記
憶
中
的
重
慶
見
面

1995 年，我去美國留學六年後第一次回國，11 月去北京醫院看望陳荒煤，同行的有趙丹的女兒趙青和陳明遠。在去北京前，我去上海華東醫院看望了于伶伯伯。于伶特別和我說起，這幾年荒煤寫了很多文章，向他表示祝賀！同時又說，近期和荒煤通信，他越來越念舊了，時常想起舊事和過去的朋友。

當我走進北京醫院的單人病房時，穿著病員服的荒煤伯伯緩緩地從椅子上站起來，我急忙上前和他握手。我去美國留學時，行前給荒煤寫信辭行。次年春節過後，也是我在美國最艱苦的留學歲月，我收到了家人寄來的荒煤發表在上海《解放日報》的文章《九十年代第一個新春的祝願》。他在文中引用了我的信，並情真意切地寫道：「我當然希望等待那一次見面暢談的機會，早日看到孩子們都能夠在祖國的大地上展翅高飛！但我還能等若干年 —— 我能否硬硬朗朗地等到那一天！因此，我也真希望孩子們能聽到我真摯的呼喚和祝願：我等待你們，落葉歸根，早日學成歸國！」自從那一個時刻開始，荒煤的呼喚便

時時在我耳際迴響。每當我遇到艱難困境，對自己沒有信心的時候，我就會重讀荒煤的文章。多少年他一直在鼓舞著我！當我的畢業作品——紀錄片《文化對話》在哥倫布國際電視節獲獎時，面對記者，我的第一句話就是：「我在回應一位老人的呼喚！他就是我的忘年交，我尊敬的荒煤！」幾天後，我就把報紙上有關的報導剪下來寄給荒煤。在病房的書桌上放著一疊書，我看見那份剪報就夾在書頁中。

荒煤與六年前比瘦了一圈，精神也略顯疲憊。我說：「于伶向您問好！他誇您這些年寫了很多文章！」

荒煤的嘴咧開了，不出聲的笑了。

「于伶還說，您越來越念舊了……」

這一回他臉上的笑消失了，消失得那麼快，瞬息間彷彿沉入專注的冥想。沉默了一會又輕聲說：「你來得真巧，這幾天常做夢，夢見了以群，還有君里……」

餘下的交談時，荒煤談到了以群，談到了和以群最初的認識，談到了趙丹、鄭君里……

1965 年，以群似乎已經預感到自己能夠工作的時間不會很多，他將自己的工作節奏調節得更快了。他先後出差到了北京和成都、重慶，似乎也想再去那裡看看朋友。他不想說是去告別，可是穩重沉著的他，此回留給朋友們的印象像是變了一個人。

春天，他到北京，他約了自己高中時的校友馮亦代來住處談。北京朋友自然很關心上海的情況，葉以群沉鬱地告之：「我有個可怕的預感，上海不對味，要整人！」

葉以群又去看望了郭沫若先生。因為青年陳明遠有幾部研究郭沫若的稿子在葉以群手裡。葉以群告訴郭沫若：「現在形勢變化很大，這

些稿子恐怕一時不能印了，怎麼處理呢？」郭沫若呆呆地望著憂思重重的葉以群，忿忿道：「算了吧，關於我的那些東西最好都燒掉！」他們相對著緊緊握著手，默默無言，可又有千言萬語通過他們的手傳給了對方。

荒煤曾經在文章中回憶道：1965 年冬季，葉以群到重慶開會，荒煤當時離開了文化部副部長的位置調到重慶擔任副市長。他們相約重訪了以群抗戰年代在重慶工作過的地方抗戰文協，又去了朝天門、枇杷山。最後他們來到曾家岩五十號的周公館。葉以群站在周恩來的辦公室桌前，一隻手顫抖著輕輕撫摸著桌面，似乎重又憶起了重慶陪都時期的在這裡的一個個難忘夜晚，他來這裡向周恩來副主席彙報抗戰文協的工作，接受周副主席的指示，與茅盾、老舍及其他文藝界人士緊密聯繫進行抗戰文藝活動。可是恍然間他又清醒地意識到：畢竟已經時過境遷，他和周恩來之間相隔著千山萬水，他無法對總理說什麼。

荒煤回憶到，臨離開時葉以群戀戀地望著桌前的座椅，好像在與恩來同志告別。就如同歷史上有過的那樣，他走出了曾家岩，去上海，去香港，按照周恩來的指示，掩護郭沫若、茅盾撤退轉移。可是這一回荒煤驚奇地發現，葉以群眼裡閃動著淚光。

當時荒煤被批電影的「夏衍、陳荒煤路綫」，而葉以群也正感受到上海咄咄逼人的政治氛圍。從周公館回來，葉以群和荒煤一起吃晚飯，可是飯桌上的話題總是圍繞著抗戰時期在重慶的許多往事，葉以群喝了點酒，臉色微紅。他說起了上海的一些情況：張春橋一夥在上海文藝界整風，在電影界號召要批什麼「夏衍、陳荒煤路綫」，要批什麼「通天幹部」——指文藝、電影界能夠經常見到周總理反映上海情況的人；市委某些人有句名言：「他們究竟是聽黨的，聽我們市委的，還是聽誰的？」

葉以群突然地激忿起來，敲著桌子提出一連串質問：「周總理難道

不能代表黨？我們為什麼不能向他反映情況，不能聽他的話？一個黨員對市委領導人有些看法不同意，就是不聽黨的話？我們……我，夏衍和你要反黨？……」荒煤記得，不易激動，溫和的以群此時慷慨激昂，聲色俱厲。「以群，不要講了！」陳荒煤大聲地說。於是，他們沉默不語地悶坐著，最後在瀰漫的大霧中分手……葉以群轉身走了，他邁著平穩、快捷的步伐無聲地走了。待到陳荒煤領悟著他最後的話，抬起頭來時，葉以群已經被滔天滾滾的霧浪吞沒了……

我看見荒煤那段回憶已經很久了，起初更多地覺得荒煤和父親非常尊重周恩來。在艱苦的戰爭歲月他們接受過周恩來的領導，在他們心中周恩來是一個令人尊敬、和藹可親的領導。可是當我閱讀了越來越多前輩的回憶文章，包括郭沫若、茅盾、沙汀、胡風和徐遲等等的文字，終於發現他們對於周恩來的感情，不僅僅限於一個文化人對於一個領導人的尊敬，其中更有那種血濃於水的交融關係。作為中共高層領導人的周恩來和這批進步文化藝術界領軍人物的交流互動中，充滿了信任和扶助，像同志、像朋友，他影響你，扶持你，幫助你，他還尊重你。

重慶時期父親葉以群和他的戰友們都是三十歲左右的年輕人，從中國的不同地方，為了追求進步文化，救亡抗日集聚到重慶，一個山脈連綿，被江河環繞的孤城裡。他們對於艱苦的生活具有極堅強的承受力。父親曾經參加了戰地訪問團，奔赴戰鬥前線，訪問總司令、將軍和士兵，採訪日軍戰俘……我看到父親在戰地留下的照片，白皙的皮膚曬得黑不溜秋的，混身上下沾滿了塵土。他曾遠離故鄉，遠離家人，在一個曾經陌生的山城裡與志同道合的朋友們肩並肩克服困難，相濡以沫。他們是那樣靈活，時有進退，數次進出重慶，在短短幾年中去香港，去上海，不斷調整自己去追尋偉大的目標。追隨著代表先進方向的共產黨，與國民黨特務周旋，完成了一件件載入史冊的文化

事件，影響著中國乃至世界。他們又像種子，走到哪裡就在哪裡生根發芽，茁壯成長，等待合適的時候又從那兒出發，像種子一樣撒開來，遍地開花，成為中國主流文化的棟樑。

在戰爭環境下建立起來的互信，使這種關係對抗戰進步事業產生了深遠的影響，也建立了父輩們一生的信仰。政治領袖的真誠和熱情展現了崇高的人格力量，使萬眾歸心，使進步文化精英們積極配合著共產黨的政治綱領，團結在紅色的旗幟周圍，為民族的解放事業不懈奮鬥。周恩來成為他們心中的可親可敬的領導人。他們可以交心，在他爽朗的笑聲中他們可以敞開心胸，袒露真情，獲得教誨與關愛。尤其當生活環境十分艱難困苦時，這種信賴和關愛對於奮勇前行者的鼓舞非常重要。不論在父親葉以群、陳荒煤、于伶和胡風的文字中，我都看見了這樣的記錄。這樣的信賴關係貫穿了他們一生，成為他們信仰的基石。即便在和平歲月中，當他們經歷了令人難以想像的挫折後，這樣的精神鼓舞仍然支撐著他們後半輩子的人生。從陪都重慶開始的生活是他們值得驕傲的人生的一個重要部分。

1988 年深秋，我去北京木樨地荒煤的家裡。他為我開的門，又去廚房為我倒了一杯茶，我們坐在他的小書房裡聊天。話題也聊到了重慶，荒煤說了一件事，一直強調在重慶時以群是直接在周恩來的領導下進行工作的。

荒煤說：「再有一件事情更是令人難忘的。大概是 1942 年，我愛人張昕同志在延安接到她母親廉維同志自晉察冀邊區託人帶來的一封信，告訴說，她的弟弟大衡在前方因病犧牲了。我們便設法帶信給以群，請他迅速轉交給張瑞芳一封信，告訴她母親的下落和弟弟去世的消息。

後來以群給我回了一封信。在信封的左上角，我突然看到周恩來同志親筆簽名和批語『即送魯藝荒煤與張昕』，覺得很驚奇。

打開信看，才知道以群並不知道我們信裡的內容，在瑞芳同志演出的中間把信交給了她，她在後台當場哭了⋯⋯

以群把這件事也告訴了周恩來同志。結果，周恩來同志又親筆在以群的信後批了一句話，說我們應該和瑞芳多通信。

通過這件事，我才清楚以群在重慶的許多活動和工作是直接受到周恩來同志的領導，關係比較密切的，並且也知道了瑞芳受到了周恩來同志的親切關懷。我也通過這件事，第一次了解了周恩來同志即使在極其繁忙的工作中，對許多看來是日常生活的瑣事也十分認真處理的精神⋯⋯」

當年張瑞芳正在演出郭沫若的歷史名劇《屈原》，她在其中出演女主角嬋娟。該劇上演後造成全城轟動，取得了巨大的成功。郭沫若還給張瑞芳寫了一首詩：「憑空降謫一嬋娟，笑貌聲容栩栩傳。贏得萬千兒女淚，如君合在月中眠。」那天，葉以群拿到信後匆匆趕去國泰戲院，走進後台把信交給張瑞芳。

當面聆聽荒煤的回憶，我才知道重慶抗戰歲月在他心裡的地位。他重提舊事，也許是一種懷念老友的心境下的自然反應，也說明他對老友的一份特殊的感情。雖然他在訴說一段往事，可是時不時嘴唇哆嗦著，我可以感受到他心裡湧動的激情。

看著面前的荒煤伯伯，我想像著父親如果活到今天，他也會告訴我自己年輕時壯懷激烈，引以為豪的人生故事。我相信父親年輕時的遷徙遠征，一定深刻地影響了他的人生，如同給生命淬火，在人世的風霜雪雨中使自己的追求變得更為純粹。

　　這一年父親您在家的時間十分有限，前半年基本在農村參
加「四清」工作隊，有幾次回上海開會，開完會您回到家裡，
躺在客廳的藤椅上心事重重。您越來越沉默了，臉上也很少有
笑容，您已經感受到政治運動的浪潮向您湧來。我記得您吩咐
我坐在您的身邊，把您習慣吸的好煙「牡丹牌」裝在普通煙「飛
馬牌」的煙盒裡，準備下鄉去抽，以免到了農村給人特殊化的
不好印象。這是您吩咐我為您做的最後一件事了。與您在農村
同住一室的年輕人日後回憶，回到農村您時常夜裡在床上輾轉
反側，夜不能寐。

1966 年 6 月，葉以群被從「四清」工作隊召回，回來之後在市委
分管文化工作的市委書記處候補書記張春橋找他去談話。其實葉以
群和張春橋並非到了上海才相識，早在三十多年前的「左聯」時期，他
們就有過不少的往來。曾經聽陳白塵說過張春橋加入「左聯」是葉以
群和陳白塵引薦的；張春橋曾經辦過一個翻譯刊物，可是張某人不懂
外語，許多事還時常請求葉以群的幫助。斗轉星移，時代已經不同了，

張春橋自從得寵於柯慶施之後，便平步青雲，不斷提升。他陰森的神情伴著冰冷的聲音對葉以群發出一個信息：你已經無需工作了，回家寫交待，接受審查吧。

我有什麼問題？葉以群困惑。

交待你與周揚的關係，你的歷史問題，你與潘漢年的密切往來，你在重慶的活動……

葉以群愕然了。

葉以群走進作協的大院，撲面而來的是鋪天蓋地的大字報，上面用激烈的辭句製造著他與孔羅蓀的種種罪名。他邁著艱難的腳步，爬上作協的環行樓梯，走進自己的辦公室。辦公室換了一副面孔，新成立的「作協文革領導小組」的幾位成員在裡面辦起公來。「文革小組」的一號人物，一位四十多歲的詩人告訴葉以群：張春橋已經明確指示，你和孔羅蓀都是反黨反社會主義的反革命修正主義分子，尤其你是文藝黑綫的總頭目周揚在上海的代理人。張春橋已經說了，把葉以群、孔羅蓀打倒了，作協的運動就取得了勝利！

葉以群再度驚愕了！

作協系統先後舉行了數次批判大會，葉以群和孔羅蓀雙雙成了批判對象。葉以群坐在椅子上，手裡拿著一本筆記本埋頭做著記錄。可是他無法承受的是，此次降臨在自己頭上的災禍與歷史上發生在這個大廳裡的任何一次都不相同，發言者言辭之激烈，幾乎一個個都像法官在宣讀死刑判決書。他的手劇烈地顫抖起來，無法再記下去。批判會後，葉以群被勒令在家寫交待，「文革小組」中一位戴著黑邊眼鏡的聯絡員每天按時地上門來向他要交待材料。他將辦公桌從客廳移進臥室，閉門不出，整日苦思冥想，寫著每天都有人來取的交待。他不能停筆，他必須在來人按響門鈴時完筆，稍有懈怠，聯絡員便會對他施以更大的壓力。

7月1日，《紅旗》雜誌在重新發表《在延安文藝座談會上的講話》的同時，加了編者按，公開點名批判周揚等文藝界的領導人。於是上海也緊鑼密鼓，展開了對周揚在上海的代理人的批判。

葉以群在專案組的逼迫下不停地寫著寫不完的交待；請看他當時自己留下的一份記錄：

> 6月20日交周揚發言記錄13份。
>
> 22日交與周揚的關係的交代。
>
> 24日交三次見周恩來的經過及其談話的交待（附筆記本及對《魯迅傳》創作組談話記錄）。
>
> 27日交56—57年思想檢查及幾篇文章。
>
> 29日交周揚批示文學概論。
>
> 7月2日交全部文件及周揚對兩個教材的發言記錄。
>
> 7月6日交檢查初稿及筆記本。
>
> 7月8日交62年廣州座談會情況交待。

無休止的逼供，使以群疲於應付，從《魯迅傳》到《文學概論》；從周揚又追到廣州會議，可廣州會議是周恩來總理到會講了話的呀！葉以群迷惘了。他終於痛苦地擱下了筆。

黨的生日的前夜，他流著淚在筆記本上寫下了這樣的詞句：「明天就是黨誕生的四十五周年的紀念，在這光榮的日子裡，共產黨員應該從心裡感到多麼驕傲和幸福啊！可是我一向以贖罪的心情來為黨做工作，卻料想不到近年來卻對黨犯了大罪！今天，唯一能做的只是對黨立下誓願：堅決相信黨、接受黨的任何處分，永遠跟著黨走，徹底批判自己，改造自己，重新做人。」

父親的心理承受力已經到了極限，至使他在一天晚上破例地向母親傾吐了煩惱。他問母親：「我要是離開你們怎麼辦？」

母親奇怪地問:「你怎麼會離開我們?」

「萬一我被關了起來呢?」

「你會自殺?」母親驚問。

「不會!」父親略顯激動地否定,「自殺是反黨行為,我是黨員,我不會自殺,自殺了你們就要變成反革命分子家屬了。我十幾年來工作上有錯誤是難免的,我願意從頭幹起。……」父親的聲音幾乎在呻吟,他幾乎如同面對著至高無上的上著,傾吐著自己的忠誠。他已經無所適從。

沒有人來指引他,回答他的是愈發猛烈的批判浪潮。7 月 30 日《文匯報》和 7 月 31 日《解放日報》攤在他的桌上,兩報刊載著一篇內容相同的批判電影《魯迅傳》創作組的長文《徹底粉碎周揚黑幫詆毀魯迅的大陰謀》。鋒芒所向,不言而喻了。而父親就是電影《魯迅傳》劇本的原創者。

1966 年 8 月 1 日,是中國人民解放軍建軍三十九周年的節日。傍晚,戶外是爆竹、鑼鼓伴奏下的喜慶,而在父親的臥室內卻充滿了焦慮和恍惚。他彷彿置身於一團極凌亂的綾團之中,失卻了理清綾索、把握自己的判斷力。

當天下午,作協專案組那位戴黑邊眼鏡的聯絡員再度光臨了他的臥室兼書房。一個多小時的閉門談話之後,父親便失去了一貫持重的神態,他脫下了腕上的歐米茄錶放進抽斗裡,又從抽斗裡拿出沒有吸完的幾盒三五牌香煙送給姨婆。

晚飯以後,大樓裡進行滅蚊煙熏。姨婆讓他帶我們出去走走,他說有事。他獨自外出了一會,他踽踽地在幽靜的路上走了一遭又回來了。他似乎已經感覺到,在家附近有一輛黑色的轎車在逼視著他的行蹤。事後才知道,那是奉公安局的命令監視他的汽車。

他回進樓裡,敲開了底樓的上海戲劇學院副院長朱端鈞的家門。

朱端鈞驚愕地接待了這位神情反常的稀客。父親連坐都沒有坐，匆匆地囑咐他轉告于伶，「我過去所寫的許多老實交待與潘漢年關係的材料，都被張春橋翻了一個個，一件件定為罪狀！叫于伶當心！」待人忠厚的父親，即使在最後時刻也不忘對戰友發出緊急訊號。

等到我們在院子裡玩得滿頭大汗回到家，經過客廳，見到父親躺在寫字桌邊的躺椅上沉思。他對我們招招手，我和弟弟妹妹擁到他的身旁。他用手撫摸著我們汗涔涔的頭，用異樣的眼光看著我們。我詫異地問：「爸爸累了？」他輕輕地說：「爸爸累了。」我困惑地看著爸爸，因為他從來不會說累了。我催促道：「爸爸，快去休息吧。」爸爸對我苦苦地笑了笑，他好像有話對我說，可是終於沒有開口。他捧著我們幾個的臉，用嘴親我們。那天他沒有刮鬍子，下巴上硬硬的鬍茬扎得我好疼。他幫才四歲的妹妹撩開掛在前額的散髮。妹妹撒嬌說：「爸爸明天帶我們去玩！」爸爸起先不語，隔了很久才說：「都去睡吧，爸爸……明天……」我們以為爸爸一定答應，沒等他把話說完，就笑著奔進屋裡去了。

不久，媽媽回來了，弟弟又回到他身邊。媽媽洗了一個梨給爸爸，他卻硬要分一半給弟弟。媽媽對弟弟說：「給爸爸吃。」可是爸爸堅執地說：「這是爸爸給你的，你就吃！」弟弟接過一半梨吃了，爸爸心滿意足地看著弟弟吃下去，然後讓他進屋去睡覺。

夜深人靜的了夜時分，他又一次與媽媽在客廳的沙發上相依著談心。

「文化大革命還有多久結束？」爸爸神色黯然地問。

「可能還有半年。」媽媽說。

爸爸深深地嘆了口氣，「要我再寫半年交代怎麼寫得出呢？他們要我將三十年前的事情全部詳細交待，我精神不好，寫不出，而且也實在沒有什麼重要材料可寫了。我並沒有做過對黨不利的事，寫流水

賬又沒有意思，假造又不行，怎麼辦？重慶的事總理和張穎都是了解的，可是現在又找不到證人，怎麼辦？他們要我揭發周揚，也可以揭發別人，但是，我怎麼能隨便揭發呢？」

媽媽劉素明是黨外的，又不是文藝界的人，面對爸爸的一連串怎麼辦，她無法回答，只能一般地安慰：「事情總會搞清楚的。」

「事情真會搞清楚嗎？」爸爸仰著臉問，他像在問自己，又像在向冥冥中的上蒼發問。沉默了一會，他痛苦地說：「有些人為了保自己，有些人為了向上爬，不會為我說真話的，他們既然選中了我，就不會輕易地放過。解放前被捕過不死，仍然能為黨工作。在潘漢年事發後，經過組織審查後仍然能繼續為黨工作。但現在我變成反黨反革命修正主義分子了，今後不可能再為黨工作，對國家對人民不能再起作用，在家庭也不能再教育子女了。……今後，你要教育孩子站在革命人民一邊來憎恨爸爸，不要對孩子說爸爸沒有罪。如果出了什麼事情，你也不要為我可惜……」

「你放心吧，就是你關起來，我和姨母也會把孩子們帶大。」

唯有這時，爸爸憔悴的臉上泛起了隱隱的微笑。

妻子進屋睡去了，整幢房子陷入了黑暗和死寂。但是對於爸爸，這孕育著騷動不安的寂靜黑夜已經是最後的時刻。他寫下了絕筆：

> 素明暨孩子們：
>
> 近日身體、精神都在變壞，如再拖延下去，既對黨不利，又會不斷增加你們的精神負擔。思想上幾經反覆，只好最後走自己處決的路。……
>
> 孩子們稍大一點，都儘早爭取到邊疆、到社會主義建設的大家庭裡去，儘早離開自己的小家庭……
>
> 最後一句話就是要求你們認真讀毛主席的書，聽共產黨的

話！為黨立功！

以群留

父親的絕筆端端正正地寫在三百格的稿紙裡，字跡不潦草，也沒有一個字的塗改。面對死神的迫近，他是坦然無畏的。

8月2日當天色微明的時候，父親離家登上了去六樓的階梯。他穿著一雙軟底皮拖鞋，一件白色的圓領汗衫和黑色的西短褲。他腕上沒有手錶，所以他不知道準確的時間。他站在六樓樓梯拐角的窗口，窗台齊胸般高，他靠在窗台上，望著窗外，苦思不已。

晨曦普照下的城市，使他感受到一種溫馨，就這樣告別了它——幾度在它懷抱中出生入死的上海？他還只剛剛走到了人生的第五十五個年頭，就這麼倉猝地告別人世？他一定有無限的留念；可是他又想到三十五年坎坷的革命歷程，不去說可歌可泣，可卻落得個罪行纍纍的結局又極度悲哀……

他的失蹤，在清晨被發現。

媽媽睜開眼睛見身邊的床空著，尋遍了各個屋子都沒有。「他會自殺？」媽媽閃過這個可怕的念頭。很快，她的念頭被證實了，在父親書桌的檔案袋裡，她找到了他留下的絕筆信。

全家大驚失色，紛紛出門去呼喚、尋找，可是誰都沒有想到上樓去。無奈之下，媽媽閃過一個念頭，尋找組織，她即刻給作協專案組的頭頭掛了電話。

已經是8月2日早晨七點多了，路上的行人和車輛多了起來。父親已經在樓梯拐角的窗口徘徊了三個小時。到了孩子們暑期返校的日子，我和弟弟正是這個時候走出大樓的門口去上學。我相信站在樓上的父親，一定能夠認出我們的身影。父親不在了孩子們還能相攜著去上學，他是否會感覺到些許的慰藉？

沒過多久，一輛黑色的轎車駛進大樓的門口，又是一輛可怕的黑色轎車。當轎車裡下來的一行四人走進大樓時，父親徹底地堅定了他赴死的信念。他用雙臂支撐著自己爬上齊胸高的窗台，最後望了一眼灰蒙蒙的上海，與上海告別。他奮身向著大地撲去……

　　父親辭世時，年僅五十五歲。這是他入黨的第三十四個年頭，到上海工作的第十六個年頭。

周總理和朋友們的惦念

縱觀父親您的文學生涯，在所經歷的各個時期，您與同時代的文壇巨擘們都曾有過十分緊密的合作。在上海「左聯」時期，您與丁玲、馮雪峰、周揚共度艱苦歲月，為開拓革命文藝事業建立功績；抗戰和國共內戰時期，在周恩來副主席的領導下，您與老舍並肩主持「文協」工作，輔佐茅盾主編《文藝陣地》，歷盡艱險，撤離香港；建國前夕，您掩護郭沫若、茅盾撤離上海；您在香港執行潘漢年指示，將四百多位著名文化人士安全送往新中國。新中國成立初期，您和于伶並肩打造上海的電影事業；稍後，又接受周揚的委託主編高校教材《文學的基本原理》，這本教材走進大學課堂，滋養了數代文學人；二十世紀六十年代，您輔佐巴金主編《收穫》和《上海文學》雜誌，在時風時雨的文壇上如履薄冰，殫思極慮，盡己所力，創建文學品牌，培養年輕一代……

想起這些我終於覺得，父親您的生命不長，可是活著時極盡了精彩！

葉以群冤死四年後，1970 年冬初的一個星期天，在北京中南海西花廳，重慶時期周恩來的文化秘書張穎前去探望周總理。「周總理關切地問起了文藝界許多同志的情況。我便將從小報上讀到的和道聽途說的講了一些。總理對一點一滴的情形都聽得入神，並且關切的追問。只見他眼神顯得憂鬱了，常常陷入深思，並發出低低的慨嘆。」周總理問起了田漢的病和死，又問張穎是否見過舒蕪。「他又提到，聽說連冰心都下放勞動了，巴金在上海地下防空洞搬磚，光未然的手臂曾經折斷過，是否也參加勞動了……他突然又問我：『以群真的死了嗎？』我肯定地點點頭，證實他已於『文革』初期故去了。從上海派來的外調人員曾經多次嚴厲地對我說過。恩來同志為這位對革命事業忠心耿耿，共事多年的戰友之死，表現出難以抑制的悲痛！」

　　張穎的回憶似乎是一條銀色的絲綫，將一段歷史的因緣完整地聯繫起來，不論是在荒煤的記憶中，或是周恩來的匆忙閃念，他們從來沒有忘記彼此，也永遠不會忘記彼此。

　　然而，歷史是殘酷的，1974 年 4 月中共上海市委作出批覆：「將叛徒、修正主義分子葉以群清除出黨。」葉以群的冤屈再度由張春橋統領的市委作出的組織決定固定下來。

　　直到 1978 年 6 月，粉碎「四人幫」近兩年後的新上海市委才重新審查，批覆撤銷原市委的決定，為葉以群平反昭雪，恢復名譽。此時葉以群已蒙冤離世整整十二年！

　　1978 年 1 月 3 日，上海作家協會為父親舉行了平反昭雪的追悼會，巴金先生為父親致了悼詞。那幾年，全國各地的平反昭雪的追悼會一場接著一場。我還清晰地記得那天很冷，剛剛經歷了十年風雨的巴金先生穿著一身藍色卡其布的中山裝，裡面還穿了不少衣服，顯得鼓鼓囊囊的。在追悼會中，巴金先生始終神情凝重，在讀完悼詞過來和家屬握手的時候，我看見他的眼睛裡噙著淚水。追悼會完了以後，

他和爸爸的一些老朋友陳白塵、吳強、孔羅蓀、鍾望陽、杜宣、王西彥、張瑞芳、任乾等和我們一起把父親的骨灰送到了烈士陵園的革命幹部室中存放。爸爸的鄰居是同樣在「文革」中冤死的著名電影導演鄭君里、著名作家魏金枝。

父親葉以群與巴金先生是多年的朋友，建國以後在災難深重，歷經種種政治風暴的上海文學界共事。巴金先生是上海作家協會的主席，父親是副主席，主編刊物。在「文革」前的好多年，巴金先生主編的刊物《收穫》和《上海文學》都是父親在具體負責。可是「文革」開始後，父親首當其衝，成了上海文學界的重點鬥爭對象。災禍的源頭就是前面提到的這個張春橋點了父親的名。一同被點名的還有文學評論家孔羅蓀。後來巴金先生也進了牛棚。再後來，巴金先生的妻子蕭珊也在「文革」中病重身亡。

追悼會後，媽媽帶著我和兄弟們去巴金先生的家裡向他致謝。我還記得那天的情形。孔羅蓀先生已經先到了巴金先生的家裡。

「謝謝您！」媽媽和巴金先生握手時說。

「你要保重自己，孩子們都長大了，很不容易。」巴金先生看著我們。

「孩子們總算還聽話。」

「那個時候，孩子們還很小吧？」

「最大的十六歲，最小的四歲。」

「才四歲啊！」巴金痛苦地搖了搖頭。「你那時又要工作，怎麼帶孩子？」

「我的姨母幫我。」

「她還好嗎？」

「她還好。」

「喔，我記得追悼會的時候看見她了。」

臨近會面結束的時候，巴金先生的視綫望著面前的地板，聲調極其低沉地說：「他們都沒有能夠活到今天，真可惜！」我明白巴金先生想到了在過去十年中逝去的以群、蕭珊、還有他的一些好朋友。

　　談話的氣氛是平靜的，有一半的時間由沉默佔去了。巴金先生坐在茶几旁的座椅裡，沉思的目光從他的老式的眼鏡後面望著我們。他沒有說過任何一句慷慨之詞，也沒有豪言壯語，每一句話的結構都是那麼簡單。這也讓我看見了一個真實的巴金。我以前也見過巴金先生陪外賓一起到我們家作客，那時的他有說有笑。可是「文革」後再見到他，他愈加沉默寡言了，我幾乎沒有從他臉上看見過笑容。冰心說過一句話，「痛苦的時候就是巴金快樂的時候。」這應該指的是文革以後的巴金先生。後來接觸過巴金的一些人都有這樣的感覺：他一直很痛苦，而且很憂鬱。是誰奪走了巴金先生的笑容呢？是誰把那麼深重的痛苦和憂鬱壓在他的心頭？

　　1986 年盛夏，我在父親的祭日寫了一篇文章《二十年祭》發表在上海的《新民晚報》上。我在文中寫到：「這是二十年前的一齣悲劇，悲劇的病灶在哪裡呢？揑整的人和成批的受矇騙者都極虔誠地相信那被篡改了的信條，都在極認真，極仔細地反省自己，揭露別人。或許，大家都是為了一個目標，把無產階級的江山和天地鑄造得通紅剔透。然而，歷史恰恰無情地證明了，黨內的敗類正是利用了他們的虔誠，戲弄了他們的信仰，為自己的貪贓枉法覓得了難得的氣候和機緣，於是，一幕幕人間悲劇就在這樣一種沒有任何抵禦的情況下蔓延氾濫。」

　　沒過多少天，我又在《新民晚報》上同樣的版面上看見了巴金先生的文章《二十年前》。「倘使大家都未喝過迷魂湯，我們可以免掉一場空前的大災難；倘使只有少數幾個人清醒，我可能像葉以群、老舍、傅雷那樣走向悲劇的死亡。在『文革』受難者中我只提到三位亡友的名字，因為他們是在這次所謂『革命』中最先為他們所愛的社會交出

生命的人，但是他們每一個都留下不少的作品，讓子孫後代懂得怎樣愛我們的國家和我們的人民。」

「『文革』期間冤死的我的朋友中，以群是第一個，……我只知道他是讓人以『莫須有』的罪名逼死的，但是真實的具體情況，就是說應當由什麼人負責，我仍然不很明白，也許我永遠不會明白了，因為大家都習慣於『別人說了算』，也從不要求知道真實。」

「過去的事也只好讓它過去，有人不想舊事重提，有人不能不舊事重提，我屬後者。因為記住過去的教訓，我才不怕再次上當。只有承認每個公民的權利，才能理直氣壯地保衛自己。沒有人願意在我們國家裡再發生一次『文化大革命』，那麼讓大家都牢牢記住那十年中間出現的大小事情。最好的辦法我看只有一個：創辦『文革』博物館。」

這是我和前輩作家巴金先生在紙媒上一次十分有意義的對話。

結
語

　　我曾經在上海生活了三十多年，卻只去過虹口數次。中學時曾經去虹口公園的魯迅墓拜謁魯迅，其餘的數次都是路過。前幾年我從洛杉磯回上海，特地去拜訪了位於虹口的「中國左翼作家聯盟大會會址紀念館」，並向該館捐贈了幾本父親以群的著作和數幅相片，以彌補館藏中資料的缺乏。

　　父親葉以群的文學生涯起步於上海，他從那裡開始走進了中國現代文學的滾滾洪流。我故地重遊就是要去尋找他留下的印跡。走在虹口的多倫路上，迎面撲來的是不一樣的氣息，多倫路原名竇樂安路，是上海虹口區的一條小街，毗鄰山陰路，全長五百多米，路雖短卻幽深，夾街小樓，櫛比鱗次。建國後上海幾乎大部分主流文化機構都落戶在上海市西區周邊的地帶。在多倫路文化名人街建成開放以前，這條小路一直被四川北路農貿市場佔據著，搭了個鋼結構彩鋼板瓦屋頂，日日喧囂。而沿街兩側的小弄堂裡，分佈著魯迅、郭沫若和許多其他文化人三十年代在上海的住處，卻無人知曉。自 1999 年修葺建成名人文化街，那一幢幢二三層樓的洋房才被修葺並保護起來，給這個古老的街區帶來了更多老上海的氣息。

我彎進一條小弄走進「中國左翼作家聯盟大會會址紀念館」。底層約二十平方的大廳裡放著一張講台和幾條長凳，1930 年 3 月 2 日，中國左翼作家聯盟的第一次主席團會議就是在這裡舉行的，當時這幢樓是中華藝術大學的校址。那時父親葉以群還在日本東京政法大學留學。他暑假從日本回滬時與丁玲、馮雪峰和茅盾建立了聯繫，之後回到東京組織了日本分盟。等到他 1931 年夏天回國，左聯已經蓬勃地開展起活動，周圍團結了不少文學人士，以鬆散的組織方式開展著活動。

　　在「中國左翼作家聯盟大會會址紀念館」的院子裡，立著一尊左聯五位烈士的塑像，我與同去的妹妹新桂和紀念館資料部主任顧良輝在塑像前合影留念。以柔石和胡也頻為代表的左聯五烈士是我青年時就心儀的革命先烈，那時就在魯迅的文章《為了忘卻的紀念》中讀到過他們為革命殉難的故事。可是至於導致他們殉難的事實真相是到後來才了解到的。當年他們是在東方旅社的一次聚會中被公共租界捕房和市警察局的聯合行動逮捕，然後在短短二十多天中被槍殺的。

　　「在左聯五烈士犧牲後，左聯著手調整策略，開始了曠日持久的『塹壕戰』。因為胡也頻犧牲，丁玲迅速左轉，之後北四川路先後迎來了從日本回來的樓適夷、葉以群、胡風，安徽回來的周文、劉丹和東南亞回來的艾蕪等左聯骨幹戰將，左聯秘密機關也於 1931 年底轉移到北四川路底，北四川路的左翼文化運動迎來了一個全面出擊的新局面。」「中國左翼作家聯盟大會會址紀念館」研究人員俞寬宏的文章《林中的響箭 ── 論上海北四川路的左翼文化運動》十分清晰地概括了左聯前後兩個階段鬥爭的特點。

　　從「中國左翼作家聯盟大會會址紀念館」中走出來，我在繁忙的街道上漫步，我彷彿看見年輕的父親在街上疾步行走。他的身邊還有同伴茅盾、周揚、馮雪峰、丁玲、夏衍、于伶等前輩，在十里洋場上他們個性鮮活，各領風騷，在文化戰綫上扮演著重要的角色。在歲月

的波瀾起伏中他們是衝浪者、奮進者。他們在中華大地上生活過，思想過，行動過，並留下了自己深深的文化印跡。這些左翼文化運動中的熱血青年，在他們尚還十分年輕的時候就獻身革命，甚至拋頭顱、灑熱血。他們的人生經歷也許只是歷史大潮中的一個小水滴，卻曾經發光發亮，折射出屬於他們自己的獨特光芒，值得歷史永久銘記！

二稿於 2021 年 9 月 22 日

定稿於 2023 年 12 月 22 日

參考書目

葉以群：《以群自傳》，手稿

胡風：《胡風回憶錄》，人民文學出版社，1997 年

吳福輝：《沙汀傳》，十月文藝出版社，1990 年

徐遲：《江南小鎮》，作家出版社，1993 年

馮亦代、黃宗英：《命運的分號》，江蘇文藝出版社，1995 年

夏衍：《懶尋舊夢錄》，生活·讀書·新知三聯書店，1995 年

張穎：《走在西花廳的小路上》，中共黨史出版社，2005 年

張穎：《思情日月長 —— 文藝家摯友周恩來》，中國戲劇出版社，
　　1987 年

茅盾：《脫險雜記》，中國社會科學出版社，1980 年

廖全京、張大明編：《作家戰地訪問團史料選編》，四川省社會科學院
　　出版社，1984 年

楊奇：《香港淪陷大營救》，三聯書店（香港）有限公司，2014 年

于伶：《憶風雲　咀霜雪 —— 懷以群，聊自遣》，收入葉周編著：《文脈傳承的踐行者：葉以群百年誕辰紀念文集》，上海三聯書店，2011 年

陳荒煤：《在霧都重慶的永訣 —— 懷念以群》，收入葉周編著：《文脈傳承的踐行者：葉以群百年誕辰紀念文集》，上海三聯書店，2011 年

劉白羽：《以群印象》，收入葉周編著：《文脈傳承的踐行者：葉以群百年誕辰紀念文集》，上海三聯書店，2011 年

鳳子：《〈海天〉的天地在哪裡？ —— 回憶葉以群同志片段之一》，收入葉周編著：《文脈傳承的踐行者：葉以群百年誕辰紀念文集》，上海三聯書店，2011 年

李東興：《馳騁敵後的「筆遊擊隊」—— 抗戰時期中國作家戰地訪問團筆征太行紀實》

上海市孫中山宋慶齡文物管理委員會、上海宋慶齡研究會編：《遠東反戰會議紀念集》，中國出版集團、東方出版中心，2014 年

鄭育之：《多年的心願》，中國三峽出版社，2022 年

艾明之：《追思綿綿 —— 悼以群》，收入葉周編著：《文脈傳承的踐行者：葉以群百年誕辰紀念文集》，上海三聯書店，2011 年

沙汀：《皖南事變前後》，載《中國現代文學研究叢刊》，1986 年第 1 期

葉以群：《憶魯迅先生》，收入氏著《以群文藝論文集》，上海文藝出版社，1983 年

顧也魯：《追記香港影學活動》，收入氏著《藝海滄桑五十年》，學林出版社，1989 年